中国工程院咨询研究项目（2018-XY-45）
教育部人文社科青年基金（19YJC630174）
博士后基金（2018M630461）

两人风险决策研究：
基于人格特质与脑神经的视角

DUAL RISK DECISION MAKING RESEARCH:
PERSPECTIVE FROM
PERSONALITY AND NEURAL MECHANISM

王 欣 ◎著

经济管理出版社
ECONOMY & MANAGEMENT PUBLISHING HOUSE

图书在版编目（CIP）数据

两人风险决策研究：基于人格特质与脑神经的视角/王欣著.—北京：经济管理出版社，2019.10
ISBN 978-7-5096-2247-6

Ⅰ.①两… Ⅱ.①王… Ⅲ.①风险决策—研究 Ⅳ.①F069.9

中国版本图书馆 CIP 数据核字（2019）第 221906 号

组稿编辑：	申桂萍
责任编辑：	申桂萍　宋　佳
责任印制：	黄章平
责任校对：	董杉珊

出版发行：经济管理出版社
（北京市海淀区北蜂窝 8 号中雅大厦 A 座 11 层　100038）
网　　址：www.E-mp.com.cn
电　　话：（010）51915602
印　　刷：北京晨旭印刷厂
经　　销：新华书店
开　　本：720mm×1000mm/16
印　　张：13.75
字　　数：232 千字
版　　次：2019 年 10 月第 1 版　2019 年 10 月第 1 次印刷
书　　号：ISBN 978-7-5096-2247-6
定　　价：58.00 元

·版权所有　翻印必究·

凡购本社图书，如有印装错误，由本社读者服务部负责调换。
联系地址：北京阜外月坛北小街 2 号
电话：（010）68022974　邮编：100836

前　言

在企业风险背景下，人们对于个人决策、轮流决策和共同决策的主观偏好是怎样的？在实际风险决策情境下，人们的风险偏好、收益、情绪体验是否有差异？个人风险决策是否和感觉寻求相关？在轮流决策和共同决策中，不同感觉寻求组合的被试风险偏好及收益是否有差异？

本书针对以上问题，结合管理学相关决策理论和心理学人格特质理论、认知神经科学相关研究方法，通过仿真冒险任务、感觉寻求量表、情感体验、ERP脑电实验相结合的方式，对个人决策、轮流决策、共同决策进行了系统研究。

首先，本书通过企业风险问题相关问卷研究发现，人们倾向于选择共同决策，其次是个人决策，不倾向于选择轮流决策。

其次，通过行为学实验发现，个人决策的风险偏好大于轮流决策和共同决策。个人决策的收益小于轮流决策和共同决策。

再次，在情感体验方面，个人决策、轮流决策、共同决策的成就感无差异；个人决策的控制感体验小于轮流决策和共同决策的控制感体验，轮流决策和共同决策的控制感无差异。个人决策的喜悦感小于共同决策的喜悦感。然而，个人决策与轮流决策时的喜悦感与轮流决策和共同决策时的喜悦感没有显著性差异。个人决策的后悔感程度要高于共同决策时的后悔感，但个人决策的后悔感和轮流决策的后悔感，轮流决策的后悔感和共同决策的后悔感无显著差异。

接下来按照感觉寻求总分、放纵欲望分数、危险与冒险、不甘寂寞、经历寻求等内容进行控制变量分组讨论各自的风险偏好和决策收益。

最后，在脑电研究方面，轮流"存存"和个人"存存"的差值（ASS – ISS）与轮流主动决策和轮流被动决策的P300差异（AAP – APP）正相关。共同"存"和个人"存"（JS – IS）与共同主动决策和共同被动决策的FRN差异（JAF –

JPF）相关性边缘显著。共同"爆存"和个人"爆存"的差值（JPS－IPS）与共同主动决策和共同被动决策的 P300 差异（JAP－JPP）相关性边缘显著。

因此，在公司组织架构设置方面，本书建议总体上采用两名决策者的架构，但应考虑两名决策者的风险寻求人格特质的差异及组合。

本书创新点主要包括研究目的、研究内容、研究方法三方面的创新。结合其他学科领域关于轮流的研究，本书首次定义并研究了轮流决策；通过对个人决策和群体决策优劣的比较，本书首次对两人决策进行系统研究。情绪是决策双系统理论中的一个因素，前人的研究也多局限于个人决策研究中，本书第一次研究了在轮流决策和共同决策中的情绪体验，以及与个人决策情绪体验的差异。感觉寻求是研究较多的人格特质，但之前研究都是针对个人决策而言。本书中将两人感觉寻求的组合作为研究对象，分析了在轮流决策和共同决策模式下，不同人格特质组合对于风险偏好及收益的影响。本书将心理学风险模拟任务 BART 第一次应用在管理领域的研究中。同时，将行为学实验和量表相结合，实现了跨学科研究。本书首次将 ERP 脑电实验研究用于双人决策相关研究中，为个人决策、轮流决策和共同决策的风险偏好、情感体验、人格特质的相关性提供了科学依据。

目 录

第一章 绪论 ··· 1
  一、研究背景 ·· 1
  二、研究目的 ·· 3
  三、研究内容 ·· 4
  四、研究方法及思路 ·· 7
    （一）研究方法 ··· 7
    （二）研究思路 ··· 8
  五、研究意义 ·· 9
  六、研究框架 ··· 10

第二章 相关概念简述 ·· 12
  一、决策 ·· 12
    （一）风险决策 ··· 13
    （二）个人风险决策 ··· 14
    （三）群体风险决策 ··· 16
    （四）两人风险决策 ··· 19
  二、人格特质 ··· 22
    （一）人格特质的研究现状 ·· 22
    （二）感觉寻求量表 ··· 23
  三、情感体验 ··· 24
    （一）情绪 ··· 25
    （二）情绪在决策研究中的分类方法 ······························· 25

（三）心流体验 · 27
（四）成就动机 · 28
四、仿真气球冒险实验任务 · 28
五、ERP 研究 · 30
（一）P300 成分 · 31
（二）FRN 成分 · 31
六、问题的提出 · 32

第三章 决策模式选择意愿 · 34
一、问卷设计 · 34
二、数据收集 · 35
三、统计性描述 · 35
四、数据分析 · 36
五、本章小结 · 45

第四章 两人风险决策的情感体验差异 · 46
一、实验被试 · 46
二、实验设计 · 47
三、实验流程 · 48
四、数据分析 · 50
（一）风险偏好和收益 · 50
（二）情感体验分析 · 53
（三）相关性分析 · 58
五、本章小结 · 63

第五章 人格特质对于两人风险决策的影响研究 · 64
一、研究目标 · 64
二、实验被试 · 64
三、实验设计 · 65
四、实验流程 · 65
五、数据分析 · 65
（一）比较三种决策模式风险偏好和收益的差异 · 66

（二）感觉寻求量表和个人风险偏好及收益相关性分析 …………… 68

　　（三）按感觉寻求高低分组风险偏好和收益差异性 ………………… 69

　　（四）按感觉寻求分组，比较各分组轮流决策、共同风险偏好和

　　　　　收益差异 …………………………………………………………… 120

　　（五）决策模式和感觉寻求量表交互作用分析 ……………………… 145

　六、本章小结 ………………………………………………………………… 149

第六章　两人决策脑神经机制研究 ………………………………………… 154

　一、研究目标 ………………………………………………………………… 154

　二、实验被试 ………………………………………………………………… 154

　三、实验设计 ………………………………………………………………… 155

　四、实验流程 ………………………………………………………………… 155

　五、脑电结果记录 …………………………………………………………… 156

　六、数据分析 ………………………………………………………………… 157

　　（一）EEG 波形 ……………………………………………………………… 157

　　（二）EEG 分析 ……………………………………………………………… 159

　七、本章小结 ………………………………………………………………… 168

第七章　研究结论与应用 …………………………………………………… 170

　一、本书结论 ………………………………………………………………… 170

　二、局限与展望 ……………………………………………………………… 173

　　（一）局限性 ………………………………………………………………… 173

　　（二）展望 …………………………………………………………………… 174

　三、研究的应用 ……………………………………………………………… 174

　　（一）企业组织架构 ………………………………………………………… 174

　　（二）组织行为 ……………………………………………………………… 175

　　（三）企业决策 ……………………………………………………………… 176

参考文献 ……………………………………………………………………………… 181

附录1　感觉寻求量表 ……………………………………………………………… 204

附录2　决策模式选择意愿问卷 ………………………………………………… 207

第一章 绪论

一、研究背景

近年来，随着全球化程度的不断加深，市场竞争加剧，所有企业都处在一个前所未有的、复杂多变的环境中，摩托罗拉、诺基亚（Nokia）、柯达（Kodak）以及雅虎（Yahoo）等国际大企业纷纷在激烈的市场竞争中败下阵来，其主要原因是企业领导在进行企业战略、市场、运营、财务等风险决策中做出的错误决定，迷恋既有优势导致决策失误，或投资方向单一无法在竞争中生存。因此企业领导者在面对风险时，做出正确决策是企业生存和发展的关键。

华为是一家国际知名企业，发展迅速。从 2000 年以后，在经历了高层管理人员因各种原因发生变动后，任正非曾表示，按照企业传统做法是将权利放在一个人身上，就将公司的命运放在了一个人身上。大量的事例已经证明这样做风险是相当高的。因此自 2012 年起，华为开始实行轮职 CEO 制度，即 CEO 由副董事长轮流担任。与华为的企业制度类似，法国雅高（Accor）集团也是由两名 CEO 掌管；SAP 和 Workday 公司均起用了两名 CEO 共同执掌大权；而 RIM（现已更名为黑莓）公司也曾使用双 CEO 的管理模式；在微软 CEO 退休后，有专家建议起用两名 CEO 可能要比起用一名 CEO 更有意义；国内最大的影视娱乐制作公司华谊兄弟由王中军和王中磊两兄弟共同创立并管理；在阿里巴巴集团内部，陆兆禧和彭蕾的地位是保持平行的，用阿里系内部的说法是"双 CEO"。由此可见，在现实的企业经营、管理中，"双 CEO 制"是普遍存在的。那么双决策者的存在，是否真的会降低企业运营风险，提高企业决策水平呢？如果能，这种决策能在多大程度上提高绩效？使绩效得到提高的内在原因又是什么？在决策中，人是主体。人的某些特质是否会影响风险决策呢？不同决策模式下人们的脑神经机制是否有差异呢？

一直以来风险状况都被认为是一种长期不变的人格特质，这种特质涉及人们的风险态度和风险偏好。Koosha 比较过冲动和风险决策的关系。已有研究表明，感觉寻求是风险决策及行为研究最多的人格特质。Young 等的研究也表明风险行为和感觉寻求显著正相关。因此，我们相信，个体人格差异是引起风险偏好差异的重要原因。那么人格对风险决策究竟会产生什么样的影响呢？在类似双 CEO 制的两人决策背景下，两名决策者的感觉寻求人格特质是否会对其单独决策或共同决策的结果产生影响呢？如果会，影响是怎样的呢？在共同决策中，每位决策者自身的风险状况是否会发生改变呢？为了回答以上问题，我们对比了心理学领域经典的风险偏好测量任务。

对于影响风险决策的因素及现实中风险寻求的研究，仿真气球实验任务（BART）是广泛使用的范式之一。在这个任务中，被试需要吹气球，每次气球爆炸的概率都是未知的，且都和一定的奖励相关。每吹一次后，被试可以保存收益或者继续吹气球。如果气球爆炸，被试就会失去奖励。气球爆炸概率随着被吹次数的增加而增加，但是爆炸的规律被试是不知道的。Lejuez 等将仿真气球冒险实验任务与很多其他的冒险实验任务进行了对比，发现了仿真气球冒险实验任务的诸多优点。爱荷华赌局任务（IGT）也是一种研究风险决策常用的典型任务，但是却过于烦琐。另外，IGT 的风险水平是随机设置的，而 BART 的风险水平是动态的，它随着吹气球次数的增加而增加。在 BART 任务中，在一定程度上利用奖赏测量药物滥用及其他一些风险行为已经通过这个任务进行研究。如 Aklin、Fernie、Hopko、Lejuez 等的研究都表明了这个测量的生态效度。因此，本书的研究将采用 BART 任务。

除了人格特质，情绪也会对人们的决策行为产生影响。积极的情绪会对人的决策起正面作用。Lerner 揭示出情绪对于决策会产生有效的、有说服力的、可预测的、或好或坏的影响。除了伴随决策结果发生情感体验，偶然情绪能从一个决策持续到另一个决策并对之产生影响。Lerner 和 Keltner 曾提出了一个关于特定情感对决策和选择产生影响的模型。Yates 研究了延滞效应和评估倾向的广泛影响，尤其是在具体的、现实的决策中。

两人决策属于决策人数最少的群决策。群决策最早由 Black 于 1948 年提出，随着研究的不断深入，关于群的研究产生了大量的成果。群体决策和个人决策不同，通常来说，人们认为群体决策要比个人决策好，而且群体决策也比个人决策更自信。Miner 的研究表明群体决策要好于个人决策的平均水平，相当于选中个人里的最好水平，次于个人的最佳方案。当个体融入群体后，共同决策的结果或多或少与成员的初始个体决策不同。在群体风险决策中，群体的风险偏好会发生改变。两人风险偏好转变也有相应研究。Sarin 和 Weber（1993）通过研究发现，在市场背景下，独立出价时模糊厌恶会减少，共同出价时则不会。高风险条件下，两人决策比个人决策更加规避风险，两人决策会表现出模糊厌恶和风险厌恶。

轮流模式在很多领域均有相关研究。轮流制模式在政治领域里体现在两党或多党轮流执政，许多国家都采取过这种政治制度。在教育教学方面，已有高校尝试同一课程的教师采用轮换制教学，即同课程的教师轮流上课或者学生和教师轮流讲课，有利于教师间、师生间平等地相互沟通学习，取长补短。管理领域的研究表明轮流模式可以增加公平和可持续性。但相对于共同决策，轮流决策的研究就非常少了，也没有形成完整的理论体系。

本书首先阐述了对于个人决策、轮流决策和共同决策的决策者意愿。其次，通过心理学经典的仿真气球冒险实验任务和情感体验量表相结合，对比个人决策、轮流决策和共同决策的风险差异和收益差异，比较决策过程中产生的不同情感体验的差异。再次，依然使用仿真气球冒险任务，在实验结束后测量感觉寻求量表，研究了风险决策是如何被不同感觉寻求人格特质所影响的，以及不同人格特质的人在轮流和共同决策中，风险偏好的变化。最后，通过 ERP 脑电进一步阐述决策过程产生的脑电信号与风险偏好、情感体验和感觉寻求人格特质的相关性。本书内容不仅可以扩充决策理论研究、探索新的研究方法，还可以对企业组织架构设置、如何提高效率和降低风险有重要的启示作用。本书有一定的理论贡献和对实践的指导意义。

二、研究目的

本书基于个人决策理论、群体决策理论、风险决策理论、情感体验量表和感觉寻求量表，主要阐述以下 8 个问题：

（1）在企业风险背景下，人们对于个人决策、轮流决策和共同决策的主观偏好。

（2）个人决策、轮流决策和共同决策中，人们的风险偏好是否有所不同。

（3）个人决策、轮流决策和共同决策中，人们的收益是否有所不同。

（4）个人决策、轮流决策和共同决策中，人们的情绪体验是否有差异。

（5）个人风险决策是否和感觉寻求相关。

（6）在轮流决策和共同决策中，不同感觉寻求组合的被试的风险偏好是否有差异。

（7）在轮流决策和共同决策中，不同感觉寻求组合的被试的收益是否有差异。

（8）个人决策、轮流决策和共同决策的 ERP 脑神经数据和风险偏好、情感体验、感觉寻求人格特质是否有差异。

三、研究内容

本书的研究目的是从主观意愿、风险偏好、情感体验及人格特质四个维度比较个人决策、轮流决策和共同决策的差异性。因此，本书的主要内容如下：

内容一：在企业风险背景下，人们对于个人决策、轮流决策和共同决策的选择倾向。

根据决策主体人数不同，决策可分为个体决策和群体决策。一个人的决策称为个人决策，两人及两人以上的决策称为群体决策。个人决策有决策时效性高、决策效率高、责任明确等优点，但也有科学性和合理性差，执行中比较困难、速度慢、信息量小，提供的备选方案不足，准确性低等缺点。相对于个体决策，群体决策的优点有信息范围大、备选方案多、易于得到认同等；缺点是效率低、容易产生从众效应和"群体思维"（Group Thinking）。正因如此，两人决策既可以保持个人决策和群体决策的优点，又可以避免缺点。

在本书中，两人风险决策被定义为两种情况：轮流决策和共同决策。此部分主要将通过在线问卷调研的形式，了解在企业风险背景下人们对个人决策、轮流决策的主观意愿。

内容二：通过行为学实验比较个人决策、轮流决策和共同决策的风险偏好和收益差异；在个人决策、轮流决策和共同决策中，人们的情感体验是否有变化及情感体验间的相关性。

BART 任务是一个心理学领域用来研究风险决策的经典任务，通过完成个人决策、轮流决策和共同决策，对比发现：①个人决策、轮流决策和共同决策的风险偏好是否有差异；②个人决策、轮流决策和共同决策的收益是否有差异。

在完成 BART 任务过程中，气球成功保存或气球被吹爆都会对被试情感体验产生影响。已有研究表明，情感体验会对决策产生影响。本书与研究内容结合，解释人们主观偏好产生的原因，具体研究内容包括：个人决策、轮流决策和共同决策的成就感是否有差异；个人决策、轮流决策和共同决策的控制感是否有差异；个人决策、轮流决策和共同决策的喜悦感是否有差异；个人决策、轮流决策和共同决策的后悔感是否有差异；个人决策时的成就感、控制感、喜悦感和后悔感是否相关；轮流决策时的成就感、控制感、喜悦感和后悔感是否相关；共同决策时的成就感、控制感、喜悦感和后悔感是否相关。

内容三：将 BART 任务和感觉寻求量表相结合，阐述不同感觉寻求的个人在个人决策、轮流决策和共同决策中风险偏好和收益是否有变化；在不同感觉寻求组合的轮流决策和共同决策中，哪种感觉寻求的个人风险状况和收益会发生变化。

感觉寻求量表（Sensation Seeking Scale）是经典的人格特质测量工具。最早于 1969 年由美国心理学家朱克曼编制，包括四个分量表：不甘寂寞（Boredom Susceptibility，BS）、冒险寻求（Thrill and Adventure Seeking，TAS）、放纵欲望（Disinhibition，DIS）和经历寻求（Experience Seeking，ES）。本研究将 BART 和感觉寻求量表相结合，主要研究包括个人决策、轮流决策和共同决策的风险偏好和收益是否有差异。

首先，分别按感觉寻求总分（Total）、不甘寂寞（BS）、冒险寻求（TAS）、放纵欲望（DIS）、经历寻求（ES）分数高低分成两组，比较个人决策、轮流决策和共同决策风险偏好是否有差异。

其次，按分数高低分组，在轮流决策和共同决策中，会产生低低、高低、高高三种组合，分别比较：①按感觉寻求总分分组，低低组合中人们个人决策、轮流决策和共同决策的风险偏好、收益差异；低高组合中人们个人决策、轮流决策和共同决策的风险偏好、收益差异；高高组合中人们个人决策、轮流决策和共同决策的风险偏好、收益差异。②按冒险寻求分数分组，低低组合中人们个人决策、轮流决策和共同决策的风险偏好、收益差异；低高组合中人们个人决策、轮流决策和共同决策的风险偏好、收益差异；高高组合中人们个人决策、轮流决策和共同决策的风险偏好、收益差异。③按经历寻求分数分组，低低组合中人们个人决策、轮流决策和共同决策的风险偏好、收益差异；低高组合中人们个人决策、轮流决策和共同决策的风险偏好、收益差异；高高组合中人们个人决策、轮流决策和共同决策的风险偏好、收益差异。④按放纵欲望分数分组，低低组合中人们个人决策、轮流决策和共同决策的风险偏好、收益差异；低高组合中人们个人决策、轮流决策和共同决策的风险偏好、收益差异；高高组合中人们个人决策、轮流决策和共同决策的风险偏好、收益差异。⑤按不甘寂寞分数分组，低低组合中人们个人决策、轮流决策和共同决策的风险偏好、收益差异；低高组合中人们个人决策、轮流决策和共同决策的风险偏好、收益差异；高高组合中人们个人决策、轮流决策和共同决策的风险偏好、收益差异。

最后，按分数高低分组，低低组合、高低组合和高高组合的风险偏好和收益差异性比较：①按感觉寻求总分分组，低低组合、高低组合和高高组合在轮流决策中风险偏好、收益的差异；②按冒险寻求分数分组，低低组合、高低组合和高高组合在轮流决策中风险偏好、收益的差异；③按经历寻求分数分组，低低组合、高低组合和高高组合在轮流决策中风险偏好、收益的差异；④按放纵欲望分数分组，低低组合、高低组合和高高组合在轮流决策中风险偏好、收益的差异；⑤按不甘寂寞分数分组，低低组合、高低组合和高高组合在轮流决策中风险偏好、收益的差异。

内容四：将脑电数据和情感体验、感觉寻求量表相结合，进一步阐述个人决策、轮流决策和共同决策的差异性，以及脑电数据和情感体验、感觉寻求的相关性。

将脑电数据与行为学数据相结合，分别通过共同决策与个人决策的差异波、轮流决策与个人决策的差异波和行为学数据结合进行相关分析。同时，通过共同决策与个人决策的差异波、轮流决策与个人决策的差异波和情感体验、感觉寻求数据结合进行相关分析。

四、研究方法及思路

（一）研究方法

1. 国内外研究现状总结

文献阅读是一切研究的基础。笔者通过阅读大量国内外相关文献，了解国内外研究现状，确定本文研究内容、研究目的及研究方法。本书相关文献主要集中在企业风险、个人风险决策、群体风险决策、两人风险决策、情感体验、感觉寻求、风险相关任务范式等相关领域。

2. 问卷设计与收集

在线问卷法是管理学研究经常采用的方法。最大的优点是受众群体广、随机效用好、填写方便，而且可以突破地域限制。通过在线调研的方法可以最广泛地了解大众的想法，及时准确地反映大众的偏好。在本文研究内容一中，笔者采用了在线问卷法进行了大规模问卷研究。在本文研究内容二中，笔者通过对情绪与决策关系的文献综述，制定了决策过程中的情绪体验问卷，结合行为学实验，测量被试在决策过程中产生的情绪体验。

3. 量表测量

本书采用 Zuckerman 等在 1978 年修订的感觉寻求量表第五版，共有 40 道问题，包括四个分量表：不甘寂寞、冒险寻求、经历寻求、放纵欲望。通过此量表可以测量人们的风险偏好。

4. 行为学实验

仿真气球冒险任务（Balloon Analogue Risk Task，BART），是经过验证的、具有生态有效性的风险决策模拟情境。笔者将 BART 任务与情感体验量表和感觉寻求量表相结合，分析不同决策模式的情感体验差异和人格特质对风险偏好的影响。

5. ERP 实验研究

传统的研究方法无法揭示决策模式和人格特质的决策者在决策过程中的情感激发状态与情感体验，以及人本能的大脑选择决策机制，从而形成了研究过程中的"黑箱"。近十几年认知神经科学与技术的发展，尤其是事件相关电位（Event-related Potential，ERP）技术的出现，使我们有了打开"黑箱"的可能。ERP是一种非常有效的测量脑活动的技术，当人对客体进行认知加工时，该技术通过平均叠加从头颅表面记录到的大脑电位而获取相应的数据。它可以获取人面对条件刺激时最真实的第一反应，是了解大脑认知活动的客观可靠的"窗口"。

（二）研究思路

本书通过目前企业经营中的真实现象，提出了一个有趣的研究问题。通过国内外研究现状来梳理类似问题的研究内容、研究方法及研究思路，为本书提供方法论的支持。

个人决策和群体决策各有优缺点，是决策领域不同的研究分支。笔者通过阅读大量文献研究，分别梳理个人决策的研究成果和群体决策的研究成果，结合两人决策的研究成果，确定本文个人决策和两人决策对比研究的内容和思路。

轮流模式在农业、经济学、政治学、社会学、教育学、管理学等领域都有广泛研究，但对于风险决策来说，轮流决策并没有专门的研究，且没有明确定义。作为两人风险决策的一种决策模式，轮流决策是必不可少的，也是对两人风险决策研究的必要补充。本文通过对轮流模式的相关研究，对轮流决策进行定义及研究。

随着近年来决策理论的不断发展，决策理论从"理性人"假设，发展到"情感启发式算法"，再到"双系统理论"，不断深入，也更贴近现实。影响人们决策因素的研究也越来越充分。本文采用心理学仿真气球冒险任务（BART）范式测量人们实际的风险偏好及个人决策、轮流决策和共同决策三种决策模式的风险偏好比较，确定哪种决策模式风险控制最好。与此同时，实验中测量人们的情感体验变化情况。从情感的角度比较个人决策、轮流决策和共同决策的差异并确定各种情感之间是否存在相关性。

人格是人们相对长期稳定的自身特质，很多实证研究已经证明了人格对风险决策有影响。感觉寻求是人格特质之一，因此本书阐述感觉寻求对轮流决策和共同决策的影响，以及不同人格特质的人的组合会对轮流决策和共同决策风险偏好产生何种影响。最后根据研究结果对企业组织结构调整、人员安排给出建议。

ERP研究可以解释个人决策、轮流决策及共同决策产生差异的原因，揭示决策模式和人格特质的决策者在决策过程中的情感激发状态与情感体验,以及本能的大脑选择决策机制,从而打开研究过程中的"黑箱"。

五、研究意义

群体决策是决策领域的重要组成部分,一直以来都是研究的热点。然而对于最少人数群决策——两人决策的研究却只出现在某些特定情况下,没有普遍性和通用性。本文对两人决策进行了较为系统的研究,包括对轮流决策的定义及轮流决策、共同决策与个人决策的对比,使两人决策的定义和研究更加完备。

在个人决策研究中,情感是一个十分重要的影响因素。本书第一次将情感体验引入两人决策中,并将个人决策的情感体验与轮流决策、共同决策做对比研究,扩展了两人决策研究的广度。

人格特质是一种个人特质,在以往的研究中也和个人决策相结合。本书将个人感觉寻求特质和轮流决策、共同决策相结合,首次研究了不同人格特质被试组合在轮流决策和共同决策时的差异情况,为后续研究奠定了基础。无论在管理学、心理学,还是认知神经科学中,对于两人决策的 ERP 数据采集及脑神经机制研究也尚属首次,为后续研究开阔了思路。

现代企业竞争日趋激烈,用对人、选对人,方能使企业立于不败之地。很多企业正承受着组织架构不合理所带来的损失与困惑,如企业做出的决策低效甚至决策错误、组织部门设置臃肿等。本书研究结论可以从组织架构设置上有助于解决企业面对的这些问题。同时,对于所选管理者的特质给出了具体建议。

本书首次对两人决策研究进行了系统介绍,采用仿真冒险任务模拟风险决策情境,结合情绪体验量表,研究了人们在个人决策、轮流决策、共同决策中的情绪体验;通过结合仿真冒险任务和感觉寻求量表,研究了不同感觉寻求个体组合在轮流决策和共同决策中的风险偏好及收益情况。

结合其他学科领域关于轮流决策的研究,本书首次定义并研究了轮流决策;通过对个人决策和群体决策优劣的比较,本书首次对两人决策进行了系统研究。情感是决策双系统理论中的一个因素,前人的研究也多局限于个人决策研究。本书总结情绪、心流体验及成就动机理论,提出情感体验涵盖内容,第一次研究了在轮流决策和共同决策中的情感体验,以及它们与个人决策情感体验的差异。

感觉寻求是研究较多的人格特质,但之前文献都是针对个人决策而言。本书将两人决策中感觉寻求的组合作为研究对象,分析了在轮流决策和共同决策模式下,不同人格特质组合对于风险偏好及收益的影响。

本书将心理学风险模拟任务 BART 应用在管理领域的研究中。同时,将行为学实验和量表相结合,实现了跨学科研究。本书将 ERP 脑电实验研究用于双人决策相关研究中,为个人决策、轮流决策和共同决策的风险偏好、情感体验、人格特质的相关性提供了科学依据。

六、研究框架

本书的主要内容分为七个章节,包括绪论、相关概念简述、决策模式选择意愿、两人风险决策的情感体验差异、人格特质对于两人风险决策的影响研究、两人决策脑神经机制研究以及研究结论与应用,具体内容如下:

第一章为绪论,通过阐述课题产生背景,明确本书的价值与意义,并介绍本书相关的研究方法。

第二章介绍相关概念。通过对决策相关理论和风险决策的研究,确定本书研究的重点为风险决策;通过对个人决策、群体决策、两人决策的文献综述,确定本书研究重点为两人决策。同时,通过对其他学术领域的研究定义了轮流决策。通过情绪体验和人格特质的文献确定了对风险决策产生影响的因素。

第三章为选择意愿实验研究。本章通过编写企业风险决策相关问卷,了解人们对于个人决策、轮流决策、共同决策的主观偏好。

第四章为行为学和情感体验量表结合研究的介绍。通过 BART 任务模拟真实风险决策,介绍人们在个人决策、轮流决策、共同决策中的风险偏好和收益差异,并测量情绪体验的差异性。

第五章为行为学和感觉寻求量表结合研究的介绍。本章将 BART 任务和感觉寻求量表相结合,介绍不同感觉寻求总分和各分项得分组合的风险偏好及收益差异性。

第六章将两人决策的脑神经数据与感觉寻求、感觉寻求个人特质做相关性分析，从认知神经科学层面解释了个人决策、轮流决策和共同决策存在差异的原因。

第七章在上述章节的基础上得出两人风险决策及其脑神经机制的结论。并根据结论对企业具体应用给出建议，对实现企业组织架构调整及人员安排给出建议。

第二章 相关概念简述

本章梳理与本书内容相关的国内外研究现状，并在此基础上进行归纳总结。国内外研究现状围绕风险决策、个人风险决策、群体风险决策、两人风险决策、情感体验、感觉寻求展开，具体包括决策、风险决策、个人风险决策、群体决策、两人决策、感觉寻求特质、情感体验、感觉寻求、仿真气球冒险任务（BART）等相关研究。

一、决策

在我国，"决策"一词最早出现在战国时代学者韩非的《韩非子·孤愤》中："智者决策于愚人，贤士程行于不肖，则贤智之士羞而人主之论悖矣。"英语中的决策（Decide）来源于拉丁文。决策是不同学术领域共同关注的问题。在管理学领域，周三多等认为，以实现目标为前提，调整与对未来一定时期内活动或内容有关的过程。国内学者杨洪兰认为，决策是一种选择过程，备选方案通常有两个或两个以上。艾伯斯从狭义和广义两个层面来定义决策：从狭义上讲，决策是在备选方案中做出选择；从广义上讲，决策除了最终的选择还包括在此之前进行的一切必要活动。在心理学领域，决策被认为是占用认知资源的高级认知过程，包括对于备选方案的比较和评估，并且在评估中加入了非理性成分。

决策有很多不同的分类方法：按人数来分类，决策可以分成个人决策和群体决策；按决策内容可以分为业务决策、管理决策和战略决策；按决策目标多少可以分为单目标决策和多目标决策；根据对信息的掌握程度可以分为不确定决策和确定决策。不确定决策又分为纯不确定性决策和风险决策。纯不确定性决策是指无法估计或预测未来事件发生概率时所做的决策，风险决策是指能够估计或预测未来事件发生概率而采用期望效果最好方案的决策，且决策过程和结果都有不确定性。

决策是人们在政治、经济、技术和日常生活中普遍存在的一种行为。决策是管理中经常发生的一种活动。决策是决定的意思，它是为了实现特定的目标，根据客观的可能性，在占有一定信息和经验的基础上，借助一定的工具、技巧和方法，对影响目标实现的诸因素进行分析、计算和判断选优后，对未来行动做出决定。从心理学角度来看，决策是人们思维过程和意志行动过程相互结合的产物。没有这两种心理过程的参加，人无论如何也是做不出决策的。因而决策既是人们的一个心理活动过程，又是人们的行动方案。

决策分类也有不同的方式：按决策范围分为战略决策、战术决策和业务决策；按决策性质分为程序化决策和非程序化决策；按决策主体分为个人决策和群体决策；按决策问题的可控程度分为确定型决策、不确定型决策和风险型决策。认知心理学将决策划分为六个阶段：①辨识问题；②收集信息；③提出可能的解决方案；④评估备择方案；⑤选择方案；⑥付诸实践。研究表明，问题措辞的方式，或对选项的特定描述将会对决策产生很大的影响。

由于决策问题的性质不同，群体决策与个人决策的差异及决策人的风格不同，其决策的时间和决策的方法也不相同。决策理论可分为传统和现代两种：传统决策理论是在决策时遵循最优化原则来选择实施方案；现代决策理论的核心是令人满意的原则。

本章以风险决策为研究背景，将从风险决策、个人风险决策、群体风险决策、两人风险决策，以及感觉寻求人格特质、情感体验等七个方面进行介绍。

（一）风险决策

风险决策是管理学、经济学和心理学共同的研究领域，也是本书研究涉及的范围。1992年，美国学者Yates和Stone在关于"风险决策行为"（Risking-taking Behavior）的论文中提出，风险决策是在三大要素之间进行最优选择。损失值或盈利值是指在风险决策中，每个特定的损失或者盈利事件所对应的决策结果。损失或盈利的客观概率是指特定损失或收益事件所发生的客观概率。损失或盈利之间的模糊关系中间变量，介于损失或盈利之间，被其他主客观因素所影响。郭立夫等认为，风险决策是指能够估计或预测未来事件发生概率而采用期望效果最好方案的决策，且决策过程和结果都有不确定性。国内学者谢晓菲等在论文中指出，风险决策是决策者从备选方案中选择最优的过程。综上所述，本书认为风险决策是在能够预测备选方案发生概率的前提下，决策者选择最优方案的过程，但过程和结果都具有不确定性。

（二）个人风险决策

在风险决策相关领域的研究中，个体一直是学者们广泛关注的对象。个人风险决策是指独立个体所进行的决策行为，决策主体只有一个人，不存在分担风险的情况。风险决策中强调决策结果的不确定性，决策过程伴随风险，需要决策者通过已有的认知对所有可能的选择进行判断和筛选。很多关于决策分析的理论和实验研究了个人面对风险时如何做出决策。

早期决策主要是理性决策，即假设人是完全理性的。随着研究的不断深入，决策的定义也在"理性"中逐渐加入"情感"的成分。情感启发式理论和双加工理论的相关研究使决策理论更加丰富和全面。

1. 理性决策理论

理性决策理论认为决策者是完全理性的，其目标是追求利益最大化。期望理论的公式为：$EV = P_i X_i$，EV 代表期望值，P_i 代表第 i 种结果发生的概率，X_i 代表第 i 种结果带来的价值。接下来在1944年冯诺依曼等提出了经典的期望效用理论。这是一系列完备的理论，但将情感因素排除在决策之外，因此莱斯悖论和埃尔斯伯格悖论对期望效用理论提出了质疑。随后的决策研究采用了认知科学和信息处理方式进行决策制定，它用描述性的指标取代了硬性指标，关注于真实决策行为的数学建模。Kahneman 等提出了前景理论（Prospect Theory）。它生动地对现实中风险态度进行了概括总结，其特点包括对现状的偏见、损失厌恶、框架效应等。后悔理论和失望理论也将情感因素加入其中，表明人们的决策是有限理性的。

2. 情感启发理论

在情感启发理论提出来之前，"理性人"的假设在选择决策领域占据了重要地位，但情感在决策制定过程中的关键作用逐渐引起人们的重视。研究发现，跟随情感做出决策是不确定决策高效、快捷的方法，即用情感启发式（Affect Heuristic）进行选择和判断。情感启发式模型（Affect Heuristic Model）由 Finucane

等提出,是指个体会不自觉地根据主观情感进行选择,这种选择可能是有意识的,也可能是无意识的。该理论认为,个体对于风险和获利的判断是基于个体的情感评价(Affect Evaluation),即喜欢或不喜欢。如果决策个体喜欢一个活动,那么个体会认为该活动是低风险且高获利的;如果不喜欢则相反。人们面对某种刺激产生的情感反应是非常迅速的,且整个过程是自动形成的,这种反应继而会影响人们的信息处理与决策。情感即信息模型(Affect as Information Models)认为,情感直接影响人们的决策行为,人们在决策过程中往往根据自己的情绪状态做出快速的判断,即以"我感觉如何"来判断,并没有整合任务外部的信息与自己的内部记忆。另外一些学者从情感对人们行为动机影响的视角进行研究,如Epstein认为,当人们面对情感意义重大的事件时,大脑中的经验系统(Experiential System)会在记忆库中开启自动搜寻模式,激发积极或消极的情感,影响人们的行为动机;Mowrer将人们面对图像形成的情感反应概念化为预期的收益或损失,进而以一种合理的方式影响人们的行为。综上所述,虽然探求情感在决策过程中的作用经历了一个相对漫长的过程,但是它为情感启发理论的出现奠定了基础。Alhakami和Slovic(1994)指出个体的感知风险和感知收益与个体对该风险活动的情感评价相联系。越来越多的研究发现依赖情感做出决策是一个十分快捷且有效的方法,这种方法在不确定的环境下表现得更为明显。

3. 双加工理论

结合了理性与情感,Epstein于1994年提出了双加工理论(Dual-process Theories)。人们在进行决策时,一半是潜意识,靠情感、经验的自我感觉,另一半靠理性的分析与判断。双加工理论认为,个体在信息加工的过程中起作用的是经验系统(Experiential System)和理性系统(Rational System)。经验系统指依靠直觉与情绪、情感做出决定,不需要或者仅需占用少的心理资源,加工速度相对较快。理性系统主要是指理性地分析与判断,这个过程需要占用较多的心理资源,分析、加工、处理速度较慢,需要时间较长。经验系统和理性系统同时对选择过程起作用,推理加工的理性系统会影响人们做出选择,使得经验/直觉系统做出更优的选择。有时候经验系统和理性系统会发生冲突,而人们大多会依赖经验系统做出决定,这正是很多非理性决策产生的原因。人们在做决策的时候经常会迅速做出判断,判断的依据依赖情感和经验,理性系统做出决策需要调动注意力来处理,但大脑比较懒惰,通常会依据经验直接做出判断,进而直接依据经验系统来判断结果。双加工理论得到了许多研究者的认可,即情感在决策中发挥着重要作用。理性分析在选择决策过程中的重要性不言而喻,但是在不确定的复杂环境中,人们更多地依赖情感体验做决定,因为这样更加方便、快捷且占用较少注意资源。双加工理论为不同利益分配模式下,不同人格的决策者面对风险时做出的选择研究提供了理论指导。

在以上理论的基础上,许多学者进行了相关因素的研究,如 Beshears 等关于风险偏好的研究,Chetty 等关于决策方式的研究,Bechara、Pachur、Li 等学者关于情绪对个人风险决策的影响等。

(三) 群体风险决策

早在 1784 年,法国数学家 Borad 发表过一篇关于选举制度的文章,这篇文章被认为是迄今为止最早的关于群体决策研究的文章。1875 年 Condorect 发表的关于陪审团定理的文章也是早期的研究之一。直到 1948 年,Black 才首次对群体决策进行了明确的定义。在接下来的 20 年时间里,不断有学者对群体决策进行研究和总结。Zajonc 和 Hoffman 分别对群体决策的实验研究和决策中的问题进行了归纳总结,但群体决策真正得到广泛研究是在 20 世纪 80 年代。虽然那时对于群体决策相关理论、技术、方法等方面的研究进入了高峰期,但直到现在,研究结论的差异依然很大,并没有得到一致的结论,也并未形成完整体系。结合群体决策和风险决策的定义,本书将群体风险决策定义为:在能够预测备选方案发生概率的前提下,群体决策者选择最优方案的过程,但过程和结果都具有不确定性。

1. 群体决策的分类

按照分类角度不同,群体决策有很多不同的分类方法。按照决策目标的数目,决策可以分为单目标决策和多目标决策。按照主体决策中的沟通情况可分为有沟通群体决策和无沟通群体决策。按照有无利益冲突,可以分成有利益冲突群体决策和无利益冲突群体决策。

基于以上分类方法,本书介绍的群体决策为单目标、无利益冲突群体决策,且同时研究了有沟通和无沟通群体决策的两种模式。

2. 集体决策理论

社会选择理论、对策论、群体效用理论都属于有利益冲突群体决策理论;而集体决策理论(Collective Decision – making Theory)属于无利益冲突群体决策理论。集体决策理论研究的是拥有利益、不同信息和决策能力的群体成员,如何联合起来充分利用群体成员的决策资源做出最佳决策。现代的集体决策理论都传承自 Condorcet 的陪审团理论，该理论也阐明了在选择结果的正确性上，群体的绩效高于群体内部成员的绩效。

在群体决策理论中，最经典的当属社会选择理论。社会选择理论研究的主要目的是，希望能够从个人效用推导出群体效用，当群体决策成员面对有利益冲突的情况时，能够平衡利益、解决矛盾。社会选择理论是面向价值的，重点关注集结的规则和过程本身的公平合理性，并不关注决策结果。然而集体决策是以决策结果为导向的，以结果来衡量决策的正确与否。而集结的结果只体现了个体的偏好和相互之间的利益协调，并无客观上的正误之分。集体决策是目标取向的，其决策结果的正误与优劣可以客观地衡量，因而每个个体的方案选择及最终的集结结果一般有客观上的正误之分。

在已有的群体决策研究中，对于有利益冲突和无利益冲突的群体决策均有研究。本书以企业风险决策为研究背景，以企业中的决策者利益一致、决策均以企业最大程度获益为前提，因此本书介绍的是无利益冲突群体决策。

3. 有无沟通群体决策研究

如前所述，有无沟通是群体决策的分类方式之一。对于有沟通群体决策的研究已经非常深入。从决策绩效方面来看，一般研究均认为沟通能够提高绩效，如束义明等通过研究多家企业的高层管理团队表明，沟通的氛围、频率以及非正式沟通与决策绩效正相关。Fussell 等认为，团队绩效和团队沟通是曲线相关的。Seda Ertac 等的研究表明，沟通对在风险决策情境下的团队绩效存在正向影响。方绘龙和葛玉辉对企业高管团队进行了研究发现，高管团队沟通对团队效能感及战略决策速度具有显著的正向影响。荣鹏飞等研究发现董事会内部沟通与企业决策显著正相关。Howell 发现，沟通能够对刚组建一年左右的团队的绩效起积极作用。Chiocchio 认为对于团队绩效、项目顺利完成和项目管理来说，沟通是一个很重要的因素。

通过文献梳理发现，目前学者们的研究对象基本为有沟通群体决策，而对于无沟通群体决策鲜有研究。但从研究的全面性来说，无沟通群体决策也是群体决策中必不可少的一部分。从研究的全面性角度出发，本书对有沟通群体决策和无沟通群体决策进行全面对比研究，力求使研究内容更加全面。

4. 群体规模对风险决策的影响

群体规模对群体决策有十分重要的影响。郑全全等的研究中将 3 人决策组和 6 人决策组进行对比，结果表明群体规模和群体类型对创新观点的深度和广度有影响。Charness 等的研究发现个人比群体出现违反规定的情况多，如果将 2 人群体增加至 3 人群体，则群体违规的比率有明显的降低，证明增加群体规模可以降低风险偏好。Hwang 等也于 1994 年研究了群体规模对于决策的影响。研究采用了 3 人群体和 9 人群体进行对比，结果表明 9 人群体的决策质量高于 3 人群体的决策质量；9 人群体可以提出更多的备选项，决策用时相对 3 人群体也更长。Cox 等研究认为在投标背景下，个人和 5 人群体的风险决策差异没有显著性差异。Rockenbach 等研究了个人和 3 人群体的成就动机和风险偏好，结果表明 3 人群体有更强的成就动机且更趋于规避风险。

目前学术界关于群体规模对决策影响的研究很多，群体的规模也没有任何界定。研究者可以根据实际情况和研究需求选择相应的群体规模进行研究。

5. 个人与群体决策研究比较

按决策者人数，决策可以分两类：个人决策和群体决策。经过了几十年的发展，个人决策和群体决策的研究都取得了很大进展，形成了相对完善的理论体系。同时，也有很多学者对这两种决策进行了对比研究，并取得了一定的成果。

Miner 比较了三种决策方式，发现小组决策优于个人决策的平均，等同于最好的个人决策，不如实际的最佳个体解决方案。在大多数情况下，小组表现的上限是由小组成员中最优秀的成员决定，并且小组整体通常不能够达到这个上限水平。Kerr 等的研究发现，当个体融入群体后，共同决策的结果或多或少与成员的初始个体决策不同。

加入风险因素，会引起人们对群体风险决策的关注，其主要研究集中在风险偏好转变、满意度转变、影响力变化、观察同伴行为、同伴有无影响等方面。

个体风险决策优点有时效性高、效率高、责任明确等优点；但是有科学性和合理性差、执行较困难、执行速度慢、信息量小、提供的可选空间小、不够准确等缺点。

相对于个体风险决策，群体风险决策有信息搜集和获取的范围大、决策选择多、认同感强、可以沟通、决策效果好等优点，但缺点主要体现在决策时间相对长、效率低、容易产生"群体思维"（Group Thinking）、风险责任划分不明确等方面。

通过相关理论梳理，本书介绍的个人风险决策和群体风险决策各有优缺点，且群体规模对群体风险偏好和决策结果都存在影响。结合现代企业管理中存在的"双 CEO"现象，本书将介绍范围界定在两人风险决策。

（四）两人风险决策

两人决策的研究不是很多，主要关注夫妻、好友、商业伙伴、销售与技术的两人团队等。

1. 两人风险决策相关研究

研究者们对于两人决策的研究主要集中于两类问题：一类是收益情况，另一类是风险偏好情况。

在两人风险决策的收益方面，Blinder 和 Morgan（2005）发现两人组合的收益要略高于个人决策收益，同时两者在决策时间上并没有明显的差异。博弈中两人团队比个人更有战略性，遇到的问题和困难将增加协同效应，而且团队中有经验的个人在决策的制定上面起主导作用，两人组合整体具有正向的学习迁移能力。两人信息相关性和信息对称的程度也会对决策产生影响，相关信息对决策有正向引导作用，同时部分隐性信息会对决策起到调节作用，共享信息增加了两人组合对于问题的认知负荷，相对采取交互记忆系统而言，共享信息降低了群体决策的精准度。在金融领域中，当群体决策成员的数量从多人变成两人时，引起市场价格泡沫和危机的趋势会减小。如果储蓄机构最高管理层中董事长和 CEO 两个岗位分别由两个人任职，该机构在危急时刻容易产生道德危机。

两人风险决策的风险偏好转变也有相应的研究。Sarin 和 Weber（1993）通过对商学院学生和银行高管的研究发现，在市场背景下，独立出价时模糊厌恶会减少，共同出价时则不会。Harrison 等（2005）采用彩票实验，研究了个人与团队（团队内部无沟通）之间的风险偏好，发现个人与团队之间的风险偏好无差异。Baker 等（2008）同样采用彩票实验发现，针对相对安全的彩票，个人与群体之间的风险偏好无差异，而对于高风险的彩票，群体更倾向于中立。也有研究表明，高风险条件下，团体比个人更规避风险，两人决策会表现出模糊厌恶和风险厌恶，该结论在夫妻间也成立。

2. 轮流风险决策

迄今为止，关于两人决策的研究是指两人共同决策，即两个人沟通之后达成一致意见后给出决策结果。但现实中，也存在另外一种决策模式——轮流决策，即决策者不需要和其他人商量，轮流制定决策，且所有决策者目的都是使决策结果最优。通过文献梳理发现，其他研究领域存在对轮流模式的研究。

在农业领域，农作物轮作有很多好处，如提高产量、改良土壤、控制病虫害等。轮流灌溉不同于放任自流的自流灌溉，它是在农作物需要水的时候适量地灌溉，依序进行。轮流灌溉制度在节约用水的同时，并不减少农作物的产量。

轮流模式不仅适用于物，也同样适用于人。团队共同工作以实现共同的利益是所有人类社会典型的合作行为。通常，合作带来的收益可以很容易地被垄断，从而导致合作伙伴之间的冲突，合作便会逐渐瓦解。当合作被获得利益的一方可以很容易地独控或者控制大部分时，就会导致另一方失去兴趣。为了维持这些合作，人们从小便学习如何采用社会和交际的策略与伙伴合作且平等地分享资源，即使他们能够轻易地独享。参与合作的人必须与他们的合作伙伴分享战利品，并且是以一种所有人都满意的方式。实现这种目的的有效方式之一就包括轮流模式，特别是在环境复杂和资源有限的情况下，轮流模式可以有效地抵制剥削，并且能够在利益冲突的情况下继续维持合作关系，尤其是一些两人团体会通过两人轮流均分的方式实现折中。轮流制模式，是一种公平的分配模式，体现了机会均等，实现了收益的均衡分配，减少了矛盾冲突和恶性竞争，如旅游业的轮流牵马送客、公交车行业的高峰期轮值等。

轮流制模式在政治领域里体现在两党或多党轮流执政，许多国家都采取过这种政治制度。最为典型的是美国共和党和民主党通过竞选的方式轮流执政，此外还有欧盟理事会轮值主席、日本派阀的"轮流坐庄"、土耳其的两党轮流执政、尼日利亚的区域轮流执政等。非执政党可以起到监督作用，监督执政党做出最有利于国家发展、保护人民利益的决策，一旦执政党的行为出现偏差，另一方就会合法合理地取而代之，这可以培养执政党的危机意识。我国也有由两个集团联合执政或轮流执政的良渚文化，还有嘉绒藏区村由若干个村民轮流组织集体活动的"拉斯巴"制度。

在管理中比较常见的是企业员工代表轮流参与企业管理制度。轮流制模式有利于提高员工的参与感和归属感，增强主人翁意识，促使员工努力解决困难，提高企业效益。而且员工代表参与管理时，他们与员工的联系更加紧密，会充分考虑员工的根本利益，提高员工间的合作和认同，赢得广大员工的信任，提高企业的凝聚力。此外，该制度可以让员工相互监督，增强责任感。而长期固定管理者则会产生管理者独断专权、谋私利等弊端。华为首创轮值CEO制，由一个小团队行使CEO职能，将轮流制模式应用到高层管理者集体决策中。任正非认为，轮值CEO可以帮助企业适应波动变化的市场，在非任职期间可以更好地学习，而且可以避免个人的偏执决策给公司带来伤害。相比于西方的两人CEO轮替制度，华为的多人 CEO 轮值是否有利于企业的发展还有待时间验证，因为该制度还存在一些缺陷，比如，要做到轮值 CEO 的团结一心会相对困难，多人 CEO 难以做出长期规划。轮流制管理模式不仅应用于企业，在学校也同样有广泛的应用，如学生干部的轮流担任，可以培养大家的社会责任感，还可以避免长期担任学生干部的同学产生优越心理。

在教育教学方面，已有高校尝试同一课程的教师轮换制教学。同课程的教师轮流上课或者学生和教师轮流讲课，有利于教师间、师生间平等地相互沟通学习，取长补短，学生们也可以感受到不同的教学风格。此外，学生对不同的教师会有不同的评价，从而产生教师间的竞争，能促使老师不断提高教学水平，相互比较也提高了学生对老师教学评价的准确性。还有创新性的双师同堂教学模式，这种教学的方式在韩国很普及，尤其是汉语课堂教学采用的轮流主导式，即两名教师同时在场，但根据教学的内容轮流主导课堂，没有主次之分。

与轮流主导教学相类似的还有某些医学手术的轮流主导操作。孙辉证明了在进行输尿管软镜钬激光碎石术时，轮流操作会比单人独立操作效率更高，尤其当时间较长时，轮流操作可以显著减少操作者的疲劳感，提高舒适性。

随着近几年离婚率的上升，子女抚养权的归属问题成了争论的重点。除了抚养权归父方或母方两种情况外，还可以认离婚父母轮流抚养子女。从好的角度看，可以避免"争养"或"拒养"子女的情况出现，有利于维系双方的感情，最大程度减少父母离异给子女带来的血亲关系不完整的影响。但这也存在弊端，如会增加父母和子女生活环境的不稳定性，影响子女的心理健康。Wadsby 对比了父母共同抚养子女、离婚父母轮流抚养子女和其中一方抚养子女三种情况，发现轮流抚养子女时子女感受到的关爱和父母共同抚养时是一样的，但在单亲抚养情况下会偏低。孩子的精神方面，在父母轮流抚养和共同抚养两种情况下基本无差异，但在单亲抚养时精神问题出现的概率则明显上升。

轮流决策的两人既可以是有着相同根本目标的合作关系，也可以是此消彼长的非合作关系。非合作关系主要代表是轮流出价博弈，即博弈问题中典型的讨价还价模型。该模型被用于政府政策与公众参与、战争和国际关系、贷款定价、资源定价、谈判、交易市场等很多领域。

结合各个研究领域对于轮流决策的研究，本书将轮流决策定义为：在利益一致的前提下，决策双方轮流对备选方案进行选择，以使决策结果最优并共同承担风险。

基于以上文献梳理，本书将研究范围界定在两人风险决策。两人风险决策包括轮流风险决策和共同风险决策。轮流风险决策定义为：在能够预测备选方案发生概率的前提下，两名决策者轮流选择最优方案的过程，但过程和结果都具有不确定性。共同风险决策定义为：在能够预测备选方案发生概率的前提下，两名决策者共同选择最优方案的过程，但过程和结果都具有不确定性。

二、人格特质

人格心理学从整体上研究了人性的本质及其核心，即探讨了人的主体认知、情绪和行为的倾向及其模式，在心理学理论体系中占有重要位置，而且对于管理学、社会学、教育学、哲学、法学、美学等众多学科的研究产生了广泛的意义。

人格与一个人在各种活动中所表现出来的稳定的、一贯的内在因素有关。Zuckerman将感觉寻求定义为：个体感觉寻求是一种人格特质，是个体通过生理或社会的冒险行为获得的新奇的、复杂多变的体验或感受的特质。其主要理论模型包括Cattell十六人格因素量表、Allport人格特质理论、Eysenck人格结构层次理论、大五人格理论模型、大七人格理论模型等。感觉寻求是人的社会动机之一，也是一种人格特质，代表了个人稳定的行为模式。

（一）人格特质的研究现状

截至目前，关于人格特质的研究中，大五人格是研究者们研究最多的人格特质模型。大五人格量表（Big Five Inventory，BFI）将人格特质分为神经质（Neuroticism）、外向性（Extra Version）、开放性（Openness）、宜人性（Agressableness）和责任感（Conscientiousness）五个维度，1992年Costa和MaCrae在前人已有研究的基础上提出了NEO人格问卷修订版（Revised Neuroticism Extraversion Openness Personality Inventory，NEO–PI–R）。在二十多年的发展中，研究者们基于大五人格量表进行了大量的研究。

Kowert研究了政治决策与人格特质的关系，发现对于政治决策中的冒险行为，利用大五人格中的开放性、责任心和宜人性三个维度可以较好地预测。李雪丽对于大五人格特质和绩效的关系进行了研究。Soane研究发现，风险表现不一致个体的责任心更高，开放性、神经质程度却更低。吴强和邓峰研究了人格特质对不确定性决策的影响；Lauriola 等使用实验法研究了不同框架效应下人格特质对于风险偏好的影响：在正框架中，高开放性者有更高的风险偏好，而高神经质者则更倾向于规避风险；在负框架中，神经质分数与风险偏好正相关。

在风险决策的相关研究中，大五人格是研究者们研究相对较多的人格特质。但感觉寻求则是该领域研究最多的人格特质，感觉寻求的初衷是为了测量人们的风险偏好和风险状况。感觉寻求最早是由 Zukerman 研究且定义的，他提出，感觉寻求是一种人格特质，是个体通过生理或社会的冒险行为获得的新奇的、复杂多变的体验或感受的特质。

（二）感觉寻求量表

根据前人的研究总结，有两种感觉寻求量表可以用来测量风险偏好。Arnett 的感觉寻求量表（Arnett Inventory of Sensation Seeking，AISS）就是其中之一。它包含两个维度：寻求新奇（Need for Novelty）和寻求刺激（Need for Stimulus Intensity），总共由 20 道题组成。另外一种是 Zuckerman 的感觉寻求量表（Sensation Seeking Scale，SSS），此量表版本较多，共有 6 个。迄今为止，应用最多、接受度最高的为第五版（SSS－V）。本书也以此版本为测量工具研究个体的感觉寻求特质。SSS－V 量表包括四个维度：

（1）冒险寻求（Thrill and Adventure Seeking，TAS）。个体渴望参加一些有危险性或激烈的活动，这些活动是被社会所承认和接受的。

（2）经历寻求（Experience Seeking，ES）。个体希望获得独特的、新奇的体验或感觉，手段通常是违反社会常规、不被社会接受的，如吸食毒品等。其中也包括嬉皮士等相对较弱的反社会常规行为。

（3）不甘寂寞（Boredom Susceptibility，BS）。个体讨厌稳定不变的环境、重复的工作或单调的经历。

（4）放纵欲望或者是去抑制（Disinhibition，DIS）。个体对使人狂热的、不受限制的事物极有兴趣，喜欢参与狂欢酒会或赌博等。

感觉寻求量表由四个维度组成，每个维度 10 道题，共计 40 道题。每 10 道题的分数表示被试在该维度上感觉寻求程度的高低。高分代表感觉寻求水平高，低分代表感觉寻求水平低。四个维度的总分代表被试的总体感觉寻求水平。各维度得分与总分均可独立与行为学实验结果建立相关性，国内外已有大量研究支持其有效性。具体内容见附录1。

已有研究表明，感觉寻求量表可以很好地测量人们的风险行为偏好，且对未来行为有预测作用，主要研究集中在吸烟酗酒、药物网络成瘾、攀岩蹦极等冒险行为、金融风险行为等方面。Worthy等通过对大学生的金融风险行为进行研究发现，大学生的冒险行为与感觉寻求显著正相关。Zuckerman等的实验将感觉寻求量表与赌博任务相结合，结果表明，与低感觉寻求者相比，高感觉寻求分数者更倾向于冒险行为。Suhr等的研究结果显示，高感觉寻求分数者比低分者在爱荷华赌博任务中成绩差。在改良的爱荷华赌博任务中，Barbara等发现，与低感觉寻求者相比，高感觉寻求个体的选择效果更差。

通过仿真气球冒险任务，Lejuez等研究发现，在仿真气球冒险任务中，男性和女性在任务中的风险偏好有差异。感觉寻求量表测量中，女性和男性的感觉寻求存在差异，男性分数高于女性。郭荣连等的研究发现，网络成瘾与放纵欲望分数、感觉寻求总分正相关。李敬阳等的研究发现具有高冒险寻求分数的中学生，学习焦虑水平较低。

通过文献梳理，本书认为，感觉寻求分数低的个体，会做出更加规避风险的选择；相反，感觉寻求分数高的个体在面对风险决策时，会更喜欢追求利益、承担风险。本书将通过感觉寻求量表区分个体的风险偏好，并介绍不同风险偏好组合的风险偏好和收益变化情况。

三、情感体验

情感（Affect）是一个容易理解却又难以界定的概念，在心理学中与情感相近的词语还有心情（Moods）、情绪（Emotions）、感觉（Feeling）等。一般认为，相对于心情、情感、感觉这几种心理概念，情绪的反应程度较为强烈，持续时间较短，且通常针对特定目标产生。情感是一个人根据自己的需要所采取的态度和心理体验。

所谓体验是指人们度过一段时间，在这段时间中，获得了可以记忆的一系列事件。在心理学领域，学者们认为体验是带有情感色彩的回味，这种经验是主体在认知心理过程中所积累的。根据现有研究，本书将所研究的情感体验界定为：

主体认知过程中产生了情感和情绪，在认知过程后对该情感或情绪的回味。

（一）情绪

由于情绪的特殊性质，使其在决策领域有较多研究。关于情绪的概念，很多学者都尝试从不同角度对情绪进行定义。有一些学者从心理角度对情绪进行了定义，如 Strongman 认为，情绪是发生在特定环境中的行为，或粗糙或细腻，它与个体自身状态和感受相关。Izard 定义的情绪是指个体的心理表征，它与环境事件有一定的关系。另外一些学者则尝试从生理角度进行定义，Lazarus 认为情绪是一种生理、心理反应的组织，这种组织主要对基于这些或好或坏的信息进行评价。Young 认为，心理状态中的情感变化使人们的情绪产生变化，同时引起个体物理和行为变化。Izard 认为情绪由生理唤醒、外部表现及主观体验三部分组成，而 Plutchik 则将情绪定义为由神经系统唤起的，包括认知评估、行为倾向及主观体验等环节构成的复杂反应，这些复杂环节可全部激活也可能只有部分发生。通过比较笔者认为，孟绍兰将情绪划分为生理激活、外显表情和内在体验三方面的定义方法较为全面和准确。

人类的情绪千变万化。为了便于研究，基于先天获得性、个体普适性、表达特异性以及生理激活方式的互斥性这四个主要原则，学者们根据自己的研究结果将情绪简单分解为几种基本情绪。例如，Arnold 根据不同的神经激活机制，将情绪分为六种：兴趣、害怕、惊讶、愤怒、痛苦和高兴。Gray 以不同情绪激活大脑回路的差别，将情绪分为三种：行为趋近系统、行为回避系统和行为抑制系统。Stein 则根据个体对行为目标的实现状态将情绪分为快乐、悲哀、愤怒和害怕四种。在所有基本情绪的分类当中，被应用最广泛的是 Ekman 的分类方式，他根据个体表情的不同，将情绪分解为七种普适情绪，分别是愉快、悲伤、恐惧、愤怒、厌恶、轻蔑和惊讶。就像色彩中的三原色一样，这些基本情绪的复杂组合构成了人类千变万化的情绪，众多关于情绪的研究也大多基于基本情绪进行。

（二）情绪在决策研究中的分类方法

在决策研究早期，经典的决策理论都将情绪这一要素排除在研究体系之外，如期望理论、预期效用理论等，这些理论遵循全面理性基础之上的最优原则，即假设人是完全理性的。而随着"完全理性"被打破，"有限理性"被提出，以及决策研究由标准化范式到描述性范式继而演变为进化论范式，情绪这一要素越来越广泛地被引入到决策领域的研究当中。情绪的引入完善了决策领域的研究，大大加强了决策理论模型对现实状况的解释准确性。

在决策领域的研究中，对于情绪要素的引入主要集中于积极情绪—消极情绪和预期情绪—决策时情绪—决策后情绪这两种情绪的分类方式上。

1. 积极情绪

积极情绪是指能产生良好心理体验和生理感受的情绪，诸如愉快、高兴等情绪都属于积极情绪。有学者认为，积极情绪会对决策产生干扰作用，降低决策质量。Joseph 认为，积极情绪会使人高估周围环境的安全性，忽视可能存在的问题，对信息加工更加粗浅，从而降低决策的质量。Bless 同样认为积极情绪的存在会干扰主体的决策，他的解释是，积极情绪的存在会使主体对决策客体产生主观偏见，由固有的偏见出发进行决策而非基于底层数据的分析进行决策，因此会降低决策质量。与上述观点不同的是，有些学者认为积极情绪的存在会提高认知灵活性，促进创造性，提升决策效率。在风险决策领域研究中，大部分学者认为，处于积极情绪的个体通常喜欢维持现状，在面临决策时通常采取风险规避策略；而与之相反，处于消极情绪的个体通常希望改变现状，从而采取风险趋向策略。在本书中，我们选用喜悦感这一基本情绪来代表积极情绪这一情绪分类。

2. 消极情绪

与积极情绪相对，消极情绪是指会产生不良心理体验和生理感受的情绪，如后悔、痛苦等。Schwarz 的研究发现，相比于积极情绪，处于消极情绪中的个体在面临决策时，通常能够对所掌握的信息进行自下而上的系统加工，更加注重细节，这有利于提高决策质量。Bless 通过自己的研究也得出了与 Schwarz 相似的结论。Raghunathan 的研究发现带有悲伤情绪的个体在赌博实验中会采取更加激进的策略来弥补自己的不快乐。Lerner 和 Keltner 的研究证明，愤怒情绪会提高个体在决策时的冒险倾向，而恐惧情绪则会使个体偏向采取风险规避策略。在消极情绪对决策的影响研究中，我们选取后悔感这一最典型的消极情绪作为代表。

3. 预期情绪

预期情绪是在决策后的一段时间可能体验到的情绪。预期情绪认为，个体会在决策前评估决策结果可能使自己产生的情绪，从而影响决策策略。关于预期情绪比较重要的理论是后悔理论和失望理论，该理论由 Looms 和 Bell 提出，他们认为，决策者如果意识到自己的决策结果不如另一种决策时会产生后悔情绪，决策者总是尽量避免后悔情绪的产生，从而影响决策策略的选择。如果顾客在进行购买决策时，预先想到自己购买的某陌生产品发生故障后的后悔情绪，那么他会更倾向于选择熟悉的产品。继后悔理论与失望理论之后，Mellers 提出了更加完善的主观预期愉悦理论。该理论认为，个体在进行决策时会对预期愉悦和预期痛苦进行权衡，而做出决策的依据则是使预期愉悦程度最大化。

4. 决策时情绪

顾名思义，决策时情绪就是个体在进行决策时所体验到的情绪。近年来，随着情绪研究重心的变化，与决策时产生情绪的相关理论逐渐产生，如情绪泛化理论、情绪维持理论、情绪一致性效应理论、风险即情绪理论等。这些理论的共同点在于，强调在决策前或决策中产生并伴随决策过程的积极或消极情绪会影响个体决策策略的选择，这些情绪的产生可能与决策本身有关，也可能与决策本身无关。与预期情绪和决策后情绪不同，在进行实验研究时，决策时情绪的产生通常需要提前诱发，并使之伴随整个决策过程。决策时情绪正是本研究所关注的情绪，本书将做重点研究。

5. 决策后情绪

决策后情绪是指决策结果使决策者产生的某种情绪，这种情绪会影响决策者后续的相关决策，或积极或消极。Ratner 的研究发现，当一项正确决策却带来不好的结果时，所产生的消极情绪会促使决策者在进行下一次相同决策时放弃最优选择。van Dijk 的研究发现决策后产生的失望情绪会使决策者在之后的决策中对失望的敏感度提高，从而更倾向于风险规避。

双加工理论认为决策是理性和情感两个系统共同作用的结果，因此对于决策中情绪如何影响决策结果将作为本文的研究内容之一。本书选取喜悦感这一经典基本情绪作为积极情绪的代表，选取后悔感作为消极情绪的代表进行研究。

（三）心流体验

1975 年芝加哥大学心理学教授 Csikzentmihalyi 首次提出了心流体验（Flow Experience）的概念，该概念也可被理解为沉浸体验、流畅沉醉感等。该概念最初只应用在心理学领域中，用于反映个体将精力全部投注在某种活动当中以至于无视外物的存在，甚至忘我时的状态。在之后的研究中，该理论被广泛应用于管理、教学、在线购物、社交、设计等研究中。

心流体验最初被定义为单一维度概念。但随着研究深入，研究者们开始对心流体验的维度进行深化研究。Ghani 等将心流体验分为两个维度，包括专注度和喜悦感。Koufaris 的研究将心流体验划分为三个维度,包括控制感、喜悦感、关注度。Webster 等的研究则将心流体验划分为四个维度:控制感、专注度、好奇、内在兴趣。另外还有学者提出四维或五维的维度界定,但其中都包含喜悦感、控制感和专注度。

将心流体验主流维度与情绪分类相结合,鉴于本书的研究集中于风险决策,在风险决策中,决策者需要绝对的专注,因此专注度作为本研究的前提,需要测量的情感体验包括喜悦感、控制感、后悔感。

(四)成就动机

社会动机(Social Motivation)是个人行为的直接原因,它是推动个体达到目标的内部刺激,需要人们在社会环境中学习而获得。社会动机推动人们努力学习和工作,积极与他人交往,获得社会和他人的赞许性评价等。社会动机是社会心理学、管理心理学共同研究的内容。主要的社会动机包括成就动机、亲和动机、权利动机等。成就动机简单来说就是人们为了获得成功,努力达到完美的内在动力。

风险决策是如何被成就动机影响的是学术界研究的一个热点。王秋红的研究发现,高成就动机水平和低追求成就动机水平的个体在风险反应倾向的差异性不显著。刘永芳等的研究发现,职业风险决策与追求成功的动机正相关,但是并没有达到显著程度。成就动机和任务框架的交互作用对风险决策有显著影响。在此,本书认为成就动机也是一种情感体验,我们将其统一称为成就感。

鉴于以上结论,本书将成就感纳入情感体验测量维度之一,即情感体验测量维度包括喜悦感、控制感、成就感、后悔感。

四、仿真气球冒险实验任务

用于风险决策的实验主要有爱荷华赌博任务实验(Iowa Gambling Task)、剑桥实验任务(Cambridge Gamble Task)、延迟折扣任务实验(Delay Discounting Task)、仿真气球冒险任务实验(Balloon Analogue Risk Task,BART)等。

爱荷华赌博任务实验是由爱荷华大学的 Bechara 等于 1994 年设计的,该实验采用的实验工具是纸牌，将相同的纸牌分成 A、B、C、D 四个组，每组纸牌代表着不同的奖赏或惩罚，其中 A、B 两组为 100 美元，C、D 两组为 50 美元，纸牌的惩罚不确定，惩罚金额的区间为 50~1250 美元。被试根据自己的意愿选择翻开任意的一张纸牌，目标是获取最大的收益。

剑桥实验任务是 Rogers 等于 1999 年设计的实验，该实验中有两种不同颜色的盒子，分别为红色和蓝色，两种颜色的盒子数量比例一定，被试根据比例选择筹码（黄色）所在的盒子，即分配自己的赌注。

延迟折扣任务实验是 Mazur 等于 1987 年在经济学研究中设计应用的实验，后来逐渐应用于风险决策研究之中。实验中，要求被试对两种情景进行选择：一种情景是立马得到金额为 A 的报酬，另一种情景为一段时间（如 1 个月）后获得金额为 A 数倍的报酬（如 A 为 10 元，1 个月后为 100 元）。

仿真气球冒险任务实验是一个应用于风险决策检验的智能化行为学实验，是一个动态的决策过程，与现实中的决策更贴近。该实验方法是 Lejuez 等于 2002 年提出的，并验证该实验方法有较高的信度，2008 年 Tara 等验证了该实验具有高的重复测量信效度。

上述实验中，爱荷华赌博任务实验、剑桥实验任务、延迟折扣任务实验等主要采用问卷和自我陈述报告的方式，气球模拟风险任务实验则采用计算机编程的方法（延迟折扣任务也有采用 E - Prime 和 Visual Basic 编程），相对于以往常规的问卷法、自我陈述报告，具有客观性、准确性、可靠性、便捷性、高效性等特点，解决了之前实验中存在的真实性有限、实验者缺乏提供高准确性自我陈述报告，以及无法对出现的新的风险情况进行评价等问题。

气球模拟风险任务实验是通过 E - Prime 软件开发的，根据实验要求进行情景设计和内容开发，被试通过计算机终端设备进行操作，由计算机记录被试每个决策行为的结果。气球模拟风险任务实验有多项指标来衡量被试的风险决策行为，如 Lejuez 等、Bornovalova 等、Dean 等采用两种方式来评价被试的风险偏好行为：一是采用没有吹爆气球的个数，二是采用未吹爆气球的平均被吹次数（即未吹爆气球的总次数除以没有吹爆气球的个数）。一些研究者采用前后气球决策的差异性来评价反馈学习效应，还有研究者通过气球的收益情况来测量风险决策收益的差异性。

气球模拟风险任务实验自 2002 年证明其在风险决策研究中的有效性以来，受到心理学相关领域专家学者的肯定，并证明了该实验与现实中的酗酒、烟瘾、毒瘾、危险性行为等都具有相关性，广泛地应用于各项研究之中。例如，Lejuez 等采用该实验研究证明了吸烟者与不吸烟者之间的风险决策行为具有差异性。Benjamin 和 Robbins 利用气球模拟冒险任务实验研究了框架效应对风险决策的影响，并取得了较好的研究结果。Acheson 等通过该实验方法研究了睡眠对风险决策行为的影响。White 等利用该实验方法研究了药物（安非他命）对风险偏好行为的影响。饶恒毅等通过功能性磁共振成像（fMRI）探究了主被动决策情景下，风险决策行为的差异性。徐四华等则探究了真实和虚拟金钱奖赏对冒险行为的影响。王玉洁研究了采用爱荷华赌博实验、气球模拟冒险任务等实验方法，冲动性对风险决策行为的影响。潘煜等基于情感体验角度研究了主被动决策对风险偏好的影响。

鉴于现有研究范式的特点，本书采用仿真冒险气球任务（BART）作为行为学实验范式，由 E – Prime 编程实现。

五、ERP 研究

认知神经科学是一个崭新的学科。20 世纪 70 年代，美国心理学与医学等相关学科科学家一起，研究大脑是如何作为一个整体来运作的。事件相关电位（Event – related Potential，ERP）技术、正电子发射层析扫描（Positron Emission Tomography，PET）技术、功能性磁共振成像（Functional Magnetic Resonance Imaging，fMRI）技术等的发展，使认知神经科学得到了长足的发展。神经管理学（Neuromanagement）、神经经济学（Neuroeconomics）、神经决策学（Decision Neuroscience）是近年来新兴的交叉学科，学者们将传统的研究领域与认知神经科学相结合，将认知神经科学的方法和已有研究成果作为工具，进行自己领域相关的研究。浙江大学马庆国认为，传统经济学必将走向神经经济学，现在大家研究的行为经济学不过是中间的过渡阶段。决策神经科学也认为，原有的"人们是完全理性"的假设是必须要被打破的，人类的决策行为和其经历、情感等非理性因素相关，从脑神经的角度可以很好地诠释人类的决策机制。

目前决策神经科学采用的主要技术包括功能性磁共振成像（fMRI）和事件相关电位（ERP）两种。饶恒毅等学者用 fRMI 研究了主动决策和被动决策情境下,决策者脑区的兴奋度差异。Weber 等学者发现,后顶叶以及外侧前额叶皮质在进行风险相关决策时会被激活,而后顶叶及外侧前额叶皮质已经被其他研究证实和大脑的高级认知相关,如数学运算等高级功能等。相对于 fMRI、PET、ERP 有时间分辨率高、信号检测全程性、便携易用、被试不需要静脉注射或置于强磁场中、可以实现对大脑潜意识行为等领域的研究等优点。

对 ERP 的研究主要是脑电信号成分的研究。就构成成分来说,按照波形正负可以正波或负波。潜伏期也可长可短,一般研究中经常出现的潜伏期为 100ms、200ms、300ms 等。最常见的命名或分类方式是正波以 P 开头,负波以 N 开头,而后加上潜伏期时间,如 P300 代表在刺激产生后 300ms 左右出现的正波,N300 则表示刺激产生 300ms 左右出现的负波。也有成分是以功能意义命名,如 PN(Processing Negativity,加工负波)、FRN(Feedback - related Negativity,反馈相关负波)、PE(Error Positivity,错误正波)等。通过梳理前人的研究发现,P300(300ms 左右产生的正波)和 FRN(Feedback - related Negativity,反馈相关负波)是两个普遍被研究且和风险决策相关的 ERP 成分。

(一)P300 成分

ERP 成分是心理处理过程的反应,或者说是认知加工过程的反应。P300 是 ERP 波形在认知刺激后出现的第三个正走向波,潜伏期一般在 300ms 以后,在 300~400ms 达到峰值。P300 可以反映个体注意资源的多少,越多的注意力投入能够诱发越正的 P300。其反映对决策结果的估计和认知资源的分配,其波幅与决策的不确定性感知和风险程度有关。也可以说 P300 与工作记忆负荷有关,当记忆负荷增加时,分配给任务的注意资源就会减少。还有一种普遍的观点认为 P300 可能代表的是情绪动机。已有学者使用 ERP 证明了当有他人存在时,P300 受同伴影响。P300 受到观察者和其他代理人的人际关系的调节,观察朋友比观察陌生人的振幅更大,观察自己也比这两个更大。自己独自决策时的 P300 振幅会显著高于三个人共同决策时的 P300 振幅。

(二)FRN 成分

反馈相关负波(Feedback - related Negative,FRN)是在 ERP 基础上发展起来的,在决策领域被广泛研究的一个负波。它是指呈现刺激后 200~350ms 被试脑电成分中呈现的负性波形。认知科学研究中认为,FRN 与反馈相关,反映了大脑盈利或亏损的一个学习的过程，可以同时表征负性和正性的盈利偏差，是对不可预期、收益的多少等不一致的表征。除此之外，情感在FRN的产生方面也起到了重要的作用。Yu和Zhou（2009）研究发现，被试在自己完成赌博任务和观察他人完成赌博任务时，都诱发了FRN。类似地，Fukushima和Hiraki的研究发现，被试无论在自己亏损还是同伴亏损时，都诱发了FRN，但电脑亏损时则不会。FRN反映了对结果事件的情感或动机影响的早期快速评估，其幅度与简单反馈评价的好坏有关。FRN被认为是低级的认知加工过程。

强化学习是指人通过不断"试错"的方式进行学习、调整的行为，从而使决策为最优。学者们通过基于概率的奖赏学习任务测量被试在任务中的脑电信号变化情况。试验中呈现多个选项给被试，而每个选项对应的惩罚或者奖赏概率不同，被试会根据自己按键选择后所呈现出的反馈结果，来调整自己接下来的选择行为，以期获得更少的惩罚和更多的奖赏。通过分析在学习任务中，刺激呈现后被试脑电信号的变化情况，发现在反馈学习过程中，正反馈（获得奖励）和负反馈（受到惩罚）所诱发的脑电波型差异主要来自负反馈。通过与正反馈对比发现，负反馈会使诱发的脑电波形更加负向偏转。所以，强化学习理论认为，在反馈过程中人们会形成行为和结果之间的稳定预测。强化学习理论认为，FRN是由中脑多巴胺水平下降而产生的，这种多巴胺水平的下降向ACC中的反抑制神经元发出信号，代表了"与获得的奖励数量和奖励的先前期望值之间的差异相对应"的奖励预测错误。

六、问题的提出

面临风险决策时，两人的加工评估模式导致行为结果的差异。为什么？双加工理论认为，人们在进行判断和选择时，一半依靠理性的分析系统，另一半依靠情感的经验系统：①理性的分析系统要求，决策者在面对不同的收益分配模式时，根据自己的决策目标，判断应当留存收益还是为了更高的收益而继续冒险，进行理性分析，经历理性体验后做出选择。②情感/经验系统则要求，决策者情感被用于判断和选择，没有情感，信息没有意义，不会被用于判断和决策。不同的两人会有不同的人格特质，面对盈利或亏损，决策者的情感激发状态将影响随后做出的判断和选择。由于决策者情感激发状态的差异，感觉寻求人格特质在两人共同决策行为过程中存在调节作用。

根据上述相关概念综述，本书主要针对以下五个问题提出解决方案：

（1）对于个人决策、轮流决策、共同决策，人们的主观偏好如何？

（2）在风险情境下，个人决策、轮流决策、共同决策是否有差异？

（3）在个人决策、轮流决策、共同决策中情感体验是否有差异？

（4）不同人格特质组合是否对轮流决策和共同决策产生影响？

（5）轮流决策、共同决策与个人决策的脑神经差异是什么？

第三章 决策模式选择意愿

本章主要目的是介绍人们面对企业风险时,对于个人决策、轮流决策和共同决策的选择意愿偏好,以确定人们更喜欢以哪种决策模式做决策。本章中的数据通过大规模网络调查收集完成。根据获得的数据,分析人们面对企业风险决策时,对于个人决策、轮流决策和共同决策行为的总体偏好。

一、问卷设计

根据现有研究,企业风险主要分为战略风险、市场风险、财务风险、法律风险和运营风险。在本次研究的问卷设计中,战略风险、市场风险分别设计2道题;其余风险各设计1道题。

在线问卷由三部分、15道题构成。第一部分为7道典型企业风险决策行为学选择题,通过文献和梳理前人研究总结归纳而来。在每道题中,被试根据题目所描述的企业风险状况对所倾向的决策模式进行排序,例如,被试认为在该题情况下,最愿意和别人商量来做决策,那么就将共同决策排在第一位。除此之外比较个人决策和轮流决策,如果更倾向于个人决策,则将个人决策排第二位,排在第三位的即为轮流决策。第二部分由4道题组成。其中,第8题测量人们进行企业风险决策时,对于个人决策、轮流决策和共同决策的主观倾向性,即总体来说,更倾向于哪种决策方式。第9、第10、第11题为10分量表题,用来分别测量人们对于每种决策模式的偏好程度。打分采用10分法,从1~10分表示决策意愿的增强,1分最弱,10分最强。第三部分是人口统计变量,包括性别、年龄、学历、收入。本问卷通过 8 名领域专家进行审核，以确保这些问题都是典型的企业风险问题，具有代表性。

二、数据收集

本次研究通过"问卷星"进行收集问卷，相对于在学校内收集数据，"问卷星"上数据收集的范围更为广泛，被试分布更加随机，且速度快、效率高。在进行大规模调研之前，需要先进行预调研，收集 100 个小样本数据以确保问卷设计及问题不会产生歧义，保证问卷回收质量。问卷经过适当调整后于 2016 年 7 月 7~23 日在"问卷星"上发布，数据回收时间大于 1 周。

三、统计性描述

本次研究共有 421 位被调查者填写了在线研究问卷，去掉 20 份明显有问题的问卷，剩余 401 份。有效问卷的描述性统计情况如表 3-1 所示，其中男性 203 人，女性 198 人，性别比例均衡；401 份问卷年龄、学历、年收入比例协调。

表 3-1 样本分布（n=401）

测量维度	项目	人数	百分比（%）
性别	男	203	50.6
	女	198	49.4
年龄	20 岁及以下	1	0.2
	21~30 岁	151	37.7
	31~40 岁	183	45.6
	40 岁及以上	66	16.5

续表

测量维度	项目	人数	百分比（%）
学历	本科以下	49	12.2
	本科	303	75.6
	硕士	41	10.2
	博士	8	2
年收入	40000元以下	38	9.5
	40000~80000元	108	26.9
	80000~120000元	119	29.7
	120000~160000元	77	19.2
	160000~200000元	41	10.2
	200000元以上	18	4.5

四、数据分析

我们根据在线问卷收集的数据，对第一部分行为选择题进行了三种统计分析：①所有样本决策模式（个人决策、轮流决策与共同决策）的总体偏好；②所有样本在每个问题上三种决策模式的具体偏好；③不同人群三种决策模式的总体偏好及对每个问题的具体偏好。由于7个行为选择题与第一个认知选择题我们都采用排序题的方式，被试根据喜好对三种决策模式进行排序，因此，我们将排名第一位的决策模式定义为得3分，排名第二的决策模式得2分，最后一个决策模式则得1分。我们将7个行为选择题中，三种决策模式排序得分进行了统计，如图3-1所示。结果显示，在每个问题中，三种决策模式的得分顺序均为共同决策大于个人决策，而个人决策大于轮流决策。共同决策平均得分为2.20分，个人决策平均得分为2.03分，而轮流决策平均得分仅为1.76分。

进而，本研究分别对个人决策、轮流决策和共同决策三种决策模式在每个题项的排序中获得第一位次的频率进行了统计，并将其折算为百分比，如图3-2所示。结果显示，获得第一的次数规律同排序得分相似，同样是共同决策＞个人决策>轮流决策，即共同决策模式被最多的人评价为最喜欢的决策模式。其次是个人决策，最后为轮流决策。平均来说，共同决策获得了48.4%的第一名，个人决策获得了32.8%的第一名，而轮流决策则只获得了18.8%的第一名。就风险决策而言，人们最喜欢共同决策，最不喜欢轮流决策。

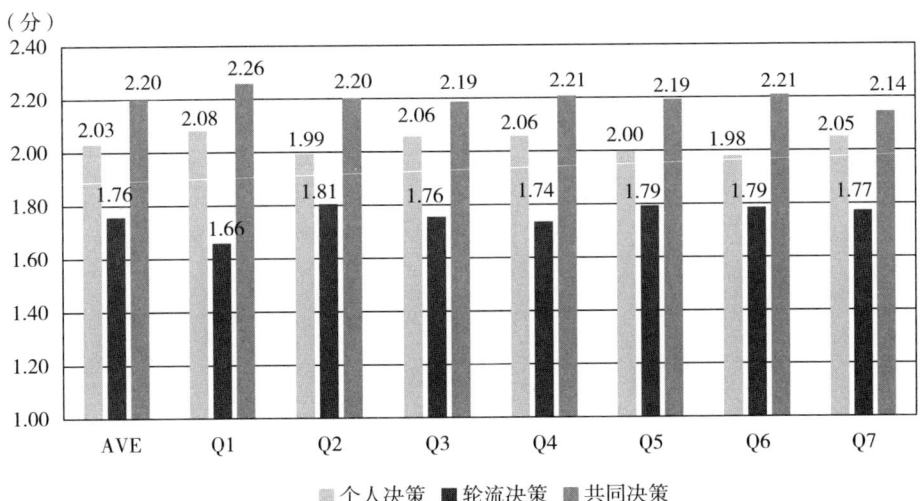

图3-1 决策模式排序平均得分

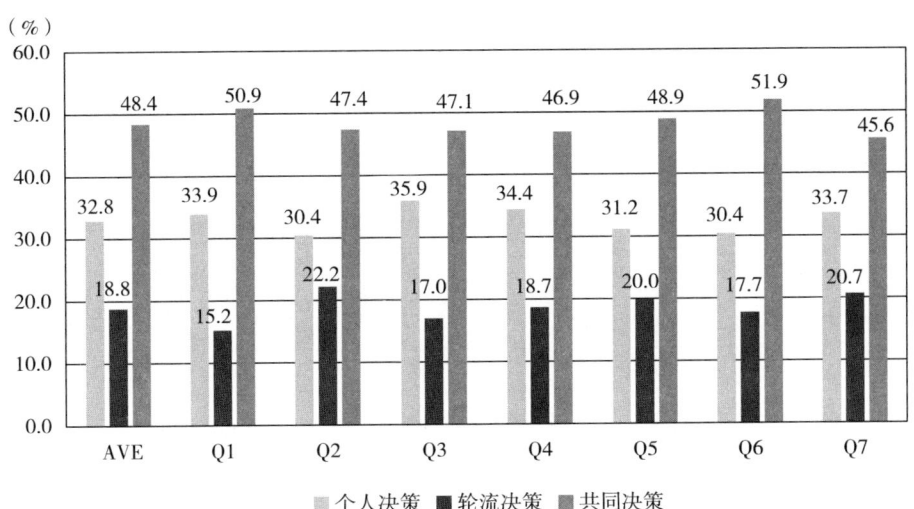

图3-2 决策模式排序位列第一的频率百分比

为了将分析细化，笔者将各分项进行分类统计，具体如图3-3所示。对比每个样本分组中，三种决策模式获得排序位次第一的频率（如图3-3所示），发现：①性别方面。203名男性被试中平均92.1位最喜欢共同决策，71.7位最喜欢个人决策，39.1位最喜欢轮流决策；198位女性中最偏好共同决策，其人数也

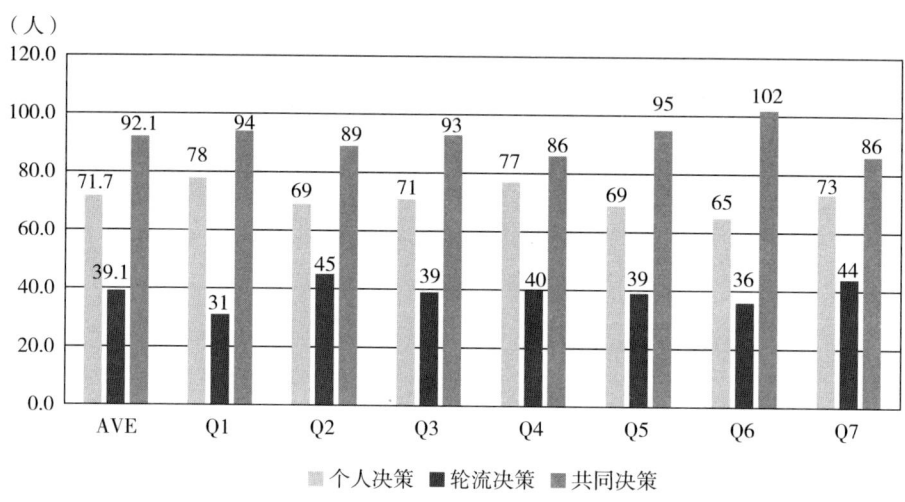

（a）决策模式中男性被试的选择排序

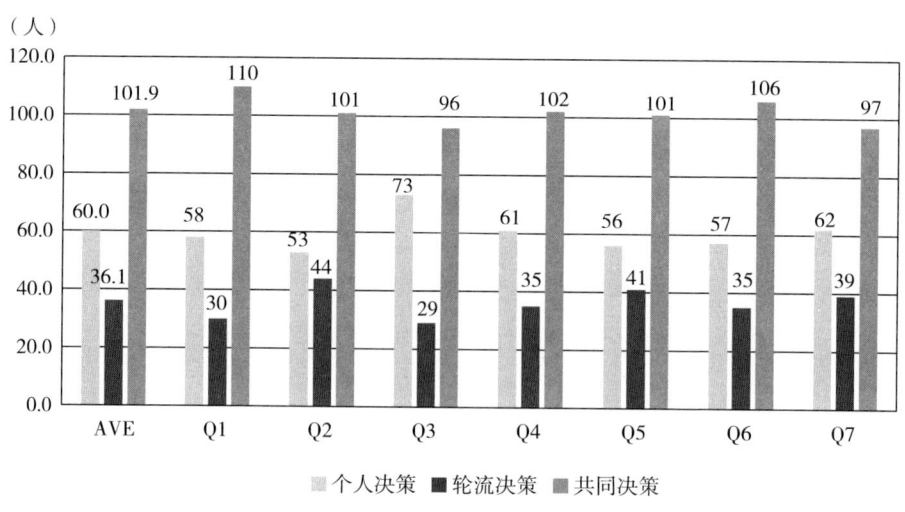

（b）决策模式中女性被试的选择排序

图3-3 决策模式中不同统计特征下被试的选择排序

第三章　决策模式选择意愿

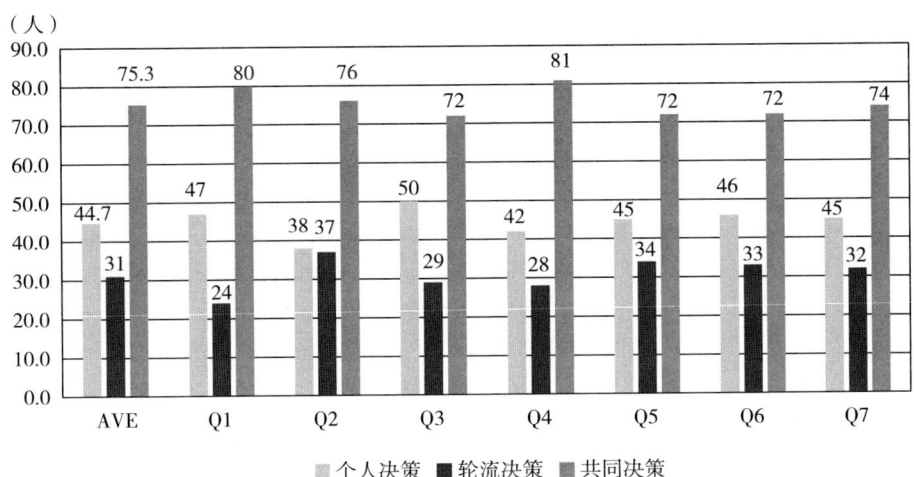

（c）决策模式中20~30岁被试的选择排序

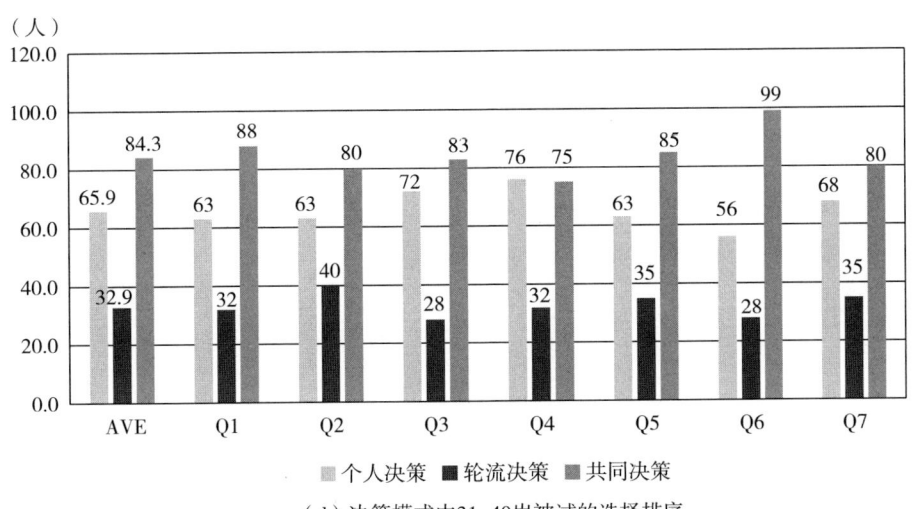

（d）决策模式中31~40岁被试的选择排序

图3-3　决策模式中不同统计特征下被试的选择排序（续）

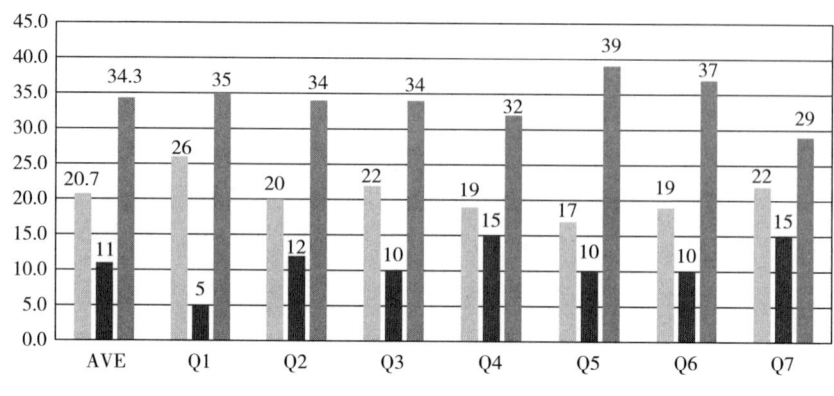

(e）决策模式中40岁以上被试的选择排序

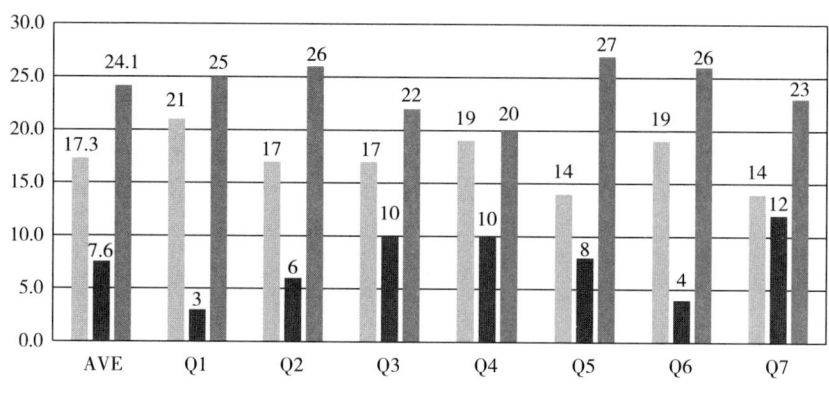

(f）决策模式中本科以下被试的选择排序

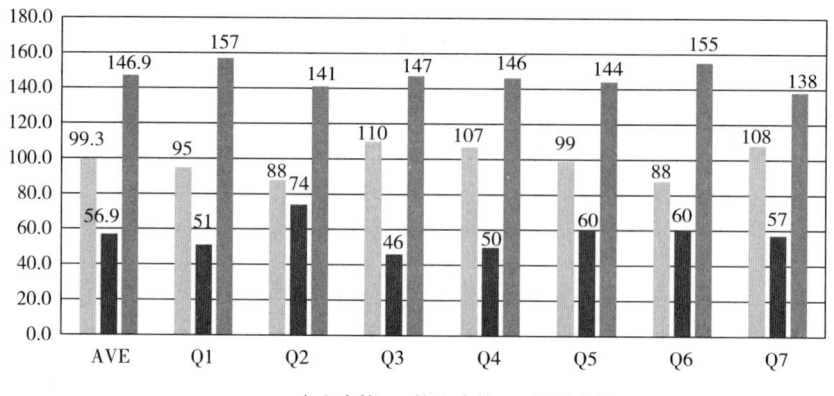

(g）决策模式中本科被试的选择排序

图3-3 决策模式中不同统计特征下被试的选择排序（续）

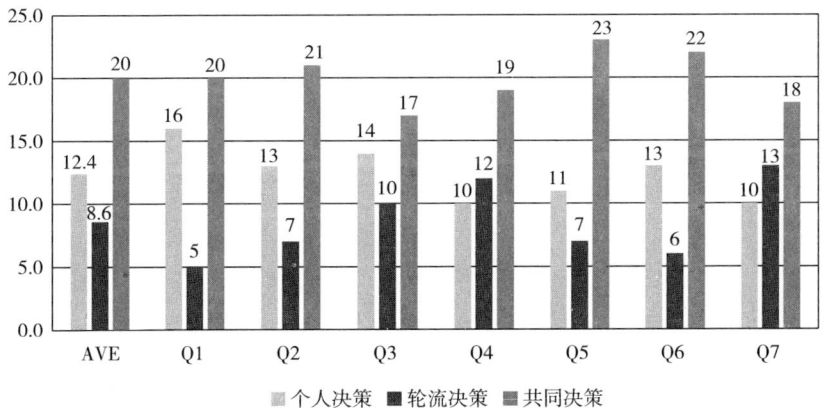

（h）决策模式中硕士被试的选择排序

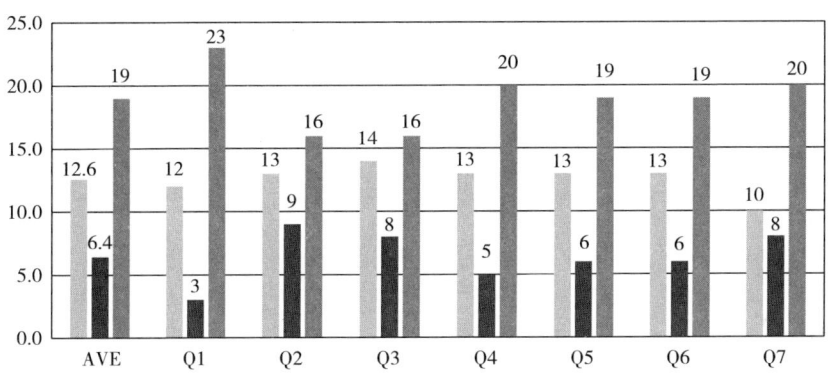

（i）决策模式中年薪4万元以下被试的选择排序

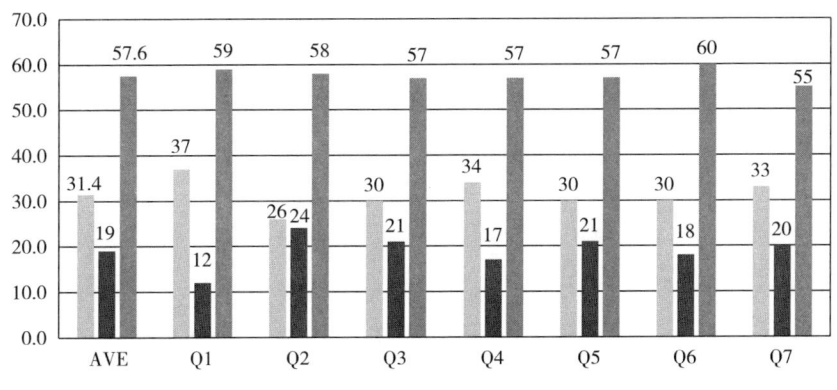

（j）决策模式中年薪4万~8万元被试的选择排序

图3-3 决策模式中不同统计特征下被试的选择排序（续）

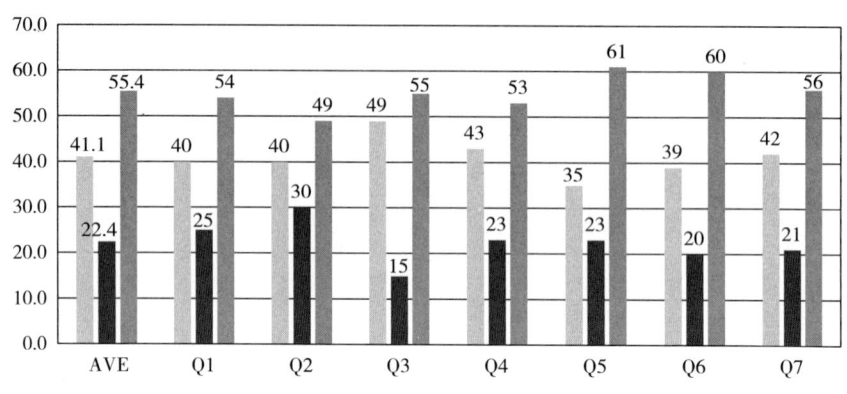

（k）决策模式中年薪8万~12万元被试的选择排序

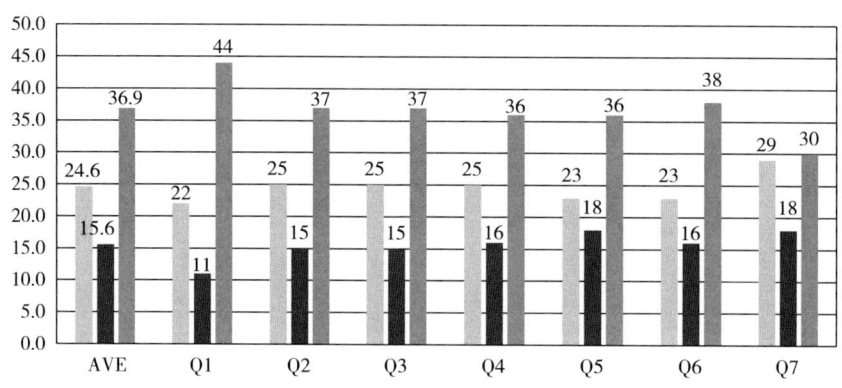

（l）决策模式中年薪12万~16万元被试的选择排序

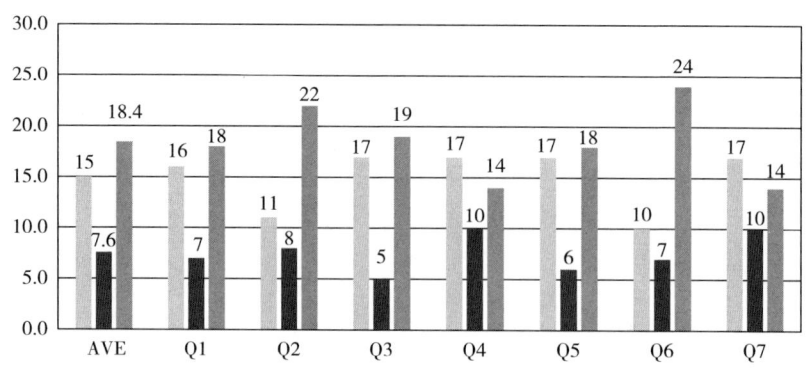

（m）决策模式中年薪16万~20万元被试的选择排序

图3-3 决策模式中不同统计特征下被试的选择排序（续）

是最多的,平均为101.9位。男性和女性的单题分类统计数据显示,共同决策最喜欢人数高于个人决策,个人决策又高于轮流决策。②年龄方面。由于20岁以下样本过少,不具有统计意义,因此在此不做阐述。而151名21~30岁的被调查者中,平均有75.3人首选了共同决策,44.7人首选了个人决策,有31人首选轮流决策;在183名31~40岁的被调查者中,首选共同决策、个人决策和轮流决策的人数分别为84.3、65.9和32.9;66名40岁以上的被调查者中,这三个选项的人数分别为34.3、20.7和11。各年龄阶段的单题分类统计数据皆显示,共同决策首选人数高于个人决策,个人决策高于轮流决策。③学历层次方面。49名本科以下被调查者中,共同决策、个人决策和轮流决策的平均首选人数分别为24.1、17.3、7.6;303名本科被调查者的这三个选项的人数分别为146.9、99.3、56.9;44名硕士被调查者中这三个选项的人数分别为20、12.4和8.6;由于博士分组中包含的样本量过少,在此不做阐述。各学历层次的单题分类统计数据显示,除了硕士组的第4和第7题外,同样为共同决策首选人数高于个人决策,又高于轮流决策。④年收入方面。38名年收入4万元以下的被调查者中,共同决策、个人决策和轮流决策的平均首选人数分别为19、12.6和6.4;108名年收入4万~8万元的被调查者中,三种决策模式首选人数分别为57.6、31.4、19;119名年收入8万~12万元的被调查者中,首选人数分别为55.4、41.1和22.4;77名年收入12万~16万元的被调查者中这三个数字为36.9、24.6、15.6;41名年收入16万~20万元的被调查者中此三个数字则分别为18.4、15、7.6;年收入20万元以上的被调查者人数过少,在此不予以阐述。各年收入水平的单题分类统计数据中,除了16万~20万元组的第4题和第7题外,同样是共同决策首选人数高于个人决策,又高于轮流决策。

在第二部分认知选择题中,我们首先让被调查者结合生活经历,依据个人喜好,在总体上对个人决策、轮流决策和共同决策进行排序,排名第一的决策模式得3分,排名第二得2分,第三则得1分。结果显示,共同决策的平均得分为2.21,个人决策平均得分为2.01,而轮流决策平均得分为1.74。同时,在401名被调查者中,有188人首选共同决策模式,128人首选个人决策,有85人首选轮流决策。根据性别、年龄、学历以及收入,对三种决策模式下被试的首选频率进行分类数据统计(如图3-4所示)。结果显示,除了20岁以下、博士以及年薪20万元以上三个样本数量过少的分组,在其他分组中都具有共同决策模式首选次数大于个人决策,个人决策大于轮流决策的倾向。

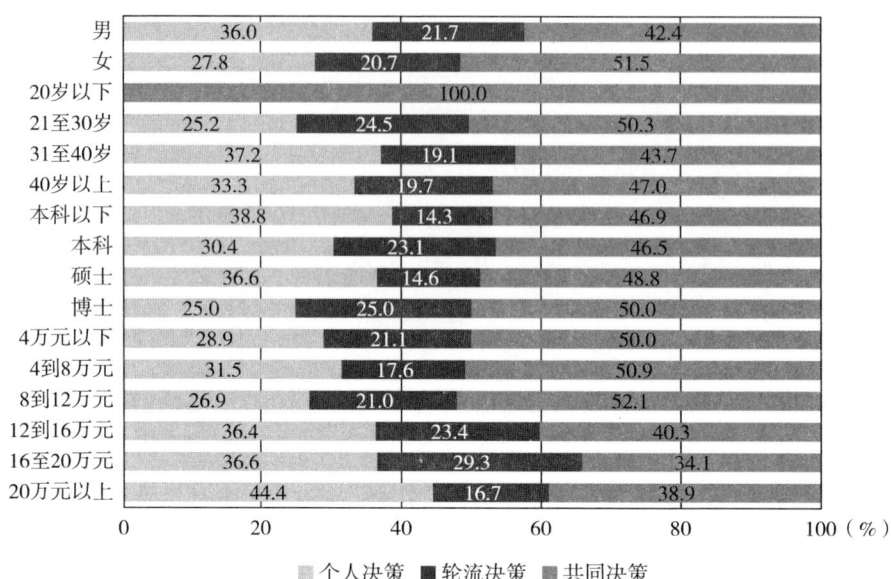

图 3-4 首选次数分组统计

在问卷第 9、第 10 和第 11 题中，被试分别对三种决策模式的意愿进行了打分。我们使用配对样本 t 检验的方式对三种决策模式的决策意愿进行了两两对比（如图 3-5 所示），结果显示，个人决策的决策意愿显著强于轮流决策（6.94 vs. 6.69，$P<0.05$）；共同决策的决策意愿显著强于个人决策（7.82 vs. 6.94，$P<0.01$）；共同决策的决策意愿显著强于轮流决策（7.82 vs. 6.69，$P<0.01$）。

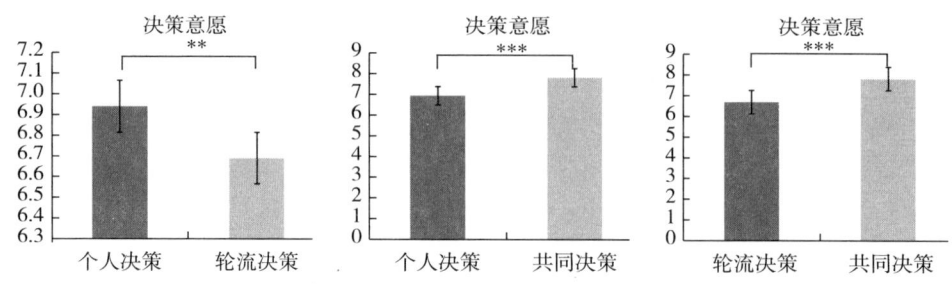

图 3-5 决策意愿两两比较

注：**$P<0.05$；***$P<0.01$。

五、本章小结

本章主要通过企业风险问题相关问卷，介绍人们进行决策时对于个人决策、轮流决策和共同决策的主观偏好。通过行为选择题、认知选择题和人口统计特征题，全面了解不同人口统计特征个体对于以上三种决策模式的主观倾向及倾向强度。结果表明，不同性别、年龄、学历和收入的个体，在面对企业风险决策时，均最倾向于选择共同决策，其次是个人决策，最不倾向于选择轮流决策。

在接下来的章节中，本书将通过实验室行为学实验的方式讨论：①在风险决策中，个人决策、轮流决策和共同决策三种决策模式的实际风险和收益状况是否有所不同。②这三种决策模式是否会为被试带来不同的情感体验。③人格特质是否是产生这些以及产生这些差异的原因。

第四章 两人风险决策的情感体验差异

第三章进行了大规模在线问卷调查的数据分析，说明在不同企业风险情境下，人们对于决策模式的偏好顺序为共同决策、个人决策、轮流决策。本章将介绍一个实验室环境内的行为学实验，通过采用经典的 BART 实验来研究面临风险时，个人决策、轮流决策和共同决策模式下，被试的风险状况和收益水平是否有差异。在不同决策模式下，被试在决策过程中会产生不同的情感体验，实验将对比这三种决策模式产生的情感体验是否有差异，且讨论每种决策模式下的情感体验是否存在相关性。人们的主观认知和实际行为经常存在偏差，本章目的是为了通过行为学实验，介绍在真实的决策场景下，人们在个人决策、轮流决策和共同决策的结果中表现的差异性。

一、实验被试

由于企业决策层男性占绝大多数，因此本次实验以男性为研究对象，共招募了 106 名男性（从 18 到 25 岁，平均年龄为 22 岁）参与这项研究。实验要求两名被试成组报名，以保证两人在实验前是彼此熟悉并且愿意合作的。这样会更接近企业实际决策情境。在实验中，所有被试都要分别完成个人决策、轮流决策和共同决策三组实验，且参与这三种 BART 实验的顺序是相互平衡的。被试被要求尽可能多地获得报酬，在轮流决策和共同决策实验中，两名被试将平分最终收入。实验组织者会根据他们这两组实验的完成情况付给他们相应的报酬。

二、实验设计

实验将经典仿真气球冒险任务（BART）进行相应改进，以同时满足个人决策、轮流决策和共同决策的需求。BART 的实验程序由 E－Prime 编写，实验界面如图 4－1 所示。气球上面的白色数字显示的是当前奖励金额，如果气球成功保存，该金额会加到"总盈利"中；如果气球被吹爆，会从"总盈利"中减去当前显示金额，作为惩罚。屏幕的左下方为操作的提示语，如果被试要吹气球，那么按"1"键；如果想保存当前收益，按"5"键。右下方显示的是当前气球盈利金额及获得的总收益。气球下面的原点是可以吹气球的提示。

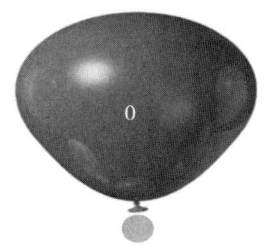

按"1"键吹气球　　　　　　　　前一个气球盈利　　0元
按"5"键停止吹气球　　　　　　总盈利　　　　　　0元

图 4－1　BART 实验初试界面

注：这是一个吹气球的实验，您只可以通过按"1"键来吹大气球。吹第一次盈利 0.05 元，吹第二次盈利 0.15 元，吹第三次盈利 0.25 元，吹第四次盈利 0.55 元，以此类推。一个气球最多可盈利 6 元。但气球随时都可能会爆，如果气球被吹爆，当前气球的盈利为 0，还会从以前气球的累积收益中减去当前气球爆破之前的盈利。例如：您的总收益为 5 元，当前气球在吹爆前的收益为 2.56 元，则吹爆后的收益为 5－2.56＝2.44 元；您也可以按"5"键保存当前气球的收益。

注意：

实验过后，会根据您在实验中的盈利，按照一定比例支付您的报酬，您的目的是尽可能盈利。共 100 个气球。

如有问题请举手示意，无疑问，按任意键开始！

为了让被试充分思考，程序中设定了吹气球延迟时间为 1 秒，一秒过后，圆点由白色变成绿色，表示可以吹气球。当圆点为白色时，无论吹或存气球，程序都没反应。为了增强实验的真实性，当气球被吹爆时，会有气球爆破的声音。奖金的大小会随着吹气球次数的增加呈现单调递增的趋势，同时气球爆炸的可能性也是递增的。被试可以为每个气球吹气的最大次数是 12。从最小的气球到最大的气球，爆炸的概率从 0 到 89.6% 单调递增，奖金也从 0 元增长到 6 元。每次实验开始前，屏幕上会出现实验说明，如图 4－2 所示。

三、实验流程

实验设备采用一台台式电脑，安装 Windows XP 系统，并同时安装 E－Prime 程序。通过分屏器分别连接两台同型号 Dell 21.5 寸显示器。台式机上分别连接 2 个小键盘，供两名被试使用。

实验安排在专门的实验室进行。实验开始前，我们会对被试进行 BART 实验的说明，并安排被试练习，以确保被试充分理解实验内容。被试确认没有问题，实验正式开始。被试需要分别完成个人决策（见图 4－2a）、轮流决策（见图 4－2b）和共同决策（见图 4－2c）三个实验。这三种决策模式的顺序是相互平衡的，以避免实验顺序对实验结果造成的影响。

在个人决策中，被试要独立完成 100 个气球的实验任务，可以完全根据自己意愿保存或吹气球并获得全部奖金。

在轮流决策中，气球的呈现方式和奖励金额和个人决策时相同，但需要两名被试轮流决定，当前气球是吹或是存。被试 1 按"1"键表示吹气球，按"5"键表示存气球。如果被试 1 吹气球未爆，则总收益增加当前奖励金额；如果气球爆了，则总收益减去当前奖励金额；接下来被试 2 执行同样的操作，被试 2 按"2"键表示吹气球，按"4"键表示存气球。直到当前气球被成功保存或被吹爆。两名被试共要完成 200 个气球，并平分总收益。在实验过程中，两名被试屏幕显示相同，但中间间隔，无法看到对方，他们可以根据气球状态判断对方的操作。当一个新气球出现时，两名被试轮流开始吹气球。

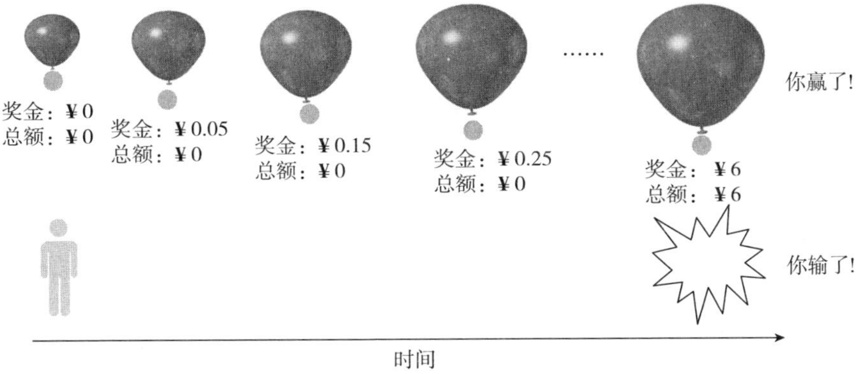

第四章 两人风险决策的情感体验差异

（a）个人决策模式

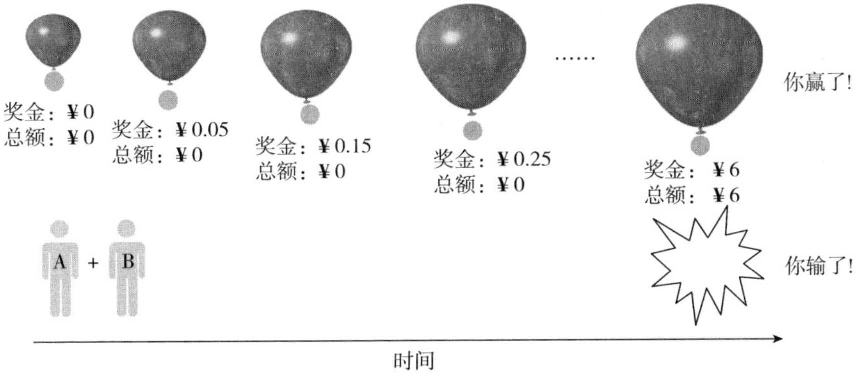

（b）轮流决策模式

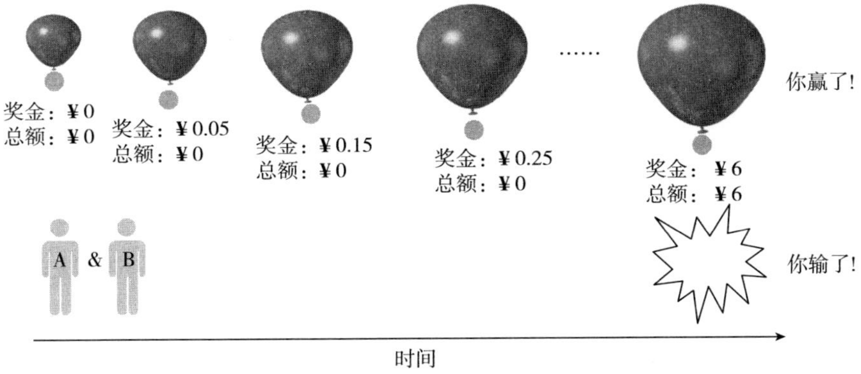

（c）共同决策模式

图4-2 三种决策模式

在共同决策中，气球呈现方式和奖励金额与轮流决策模式相同。被试1按"1"键表示吹气球，按"5"键表示存气球。被试2按"2"键表示吹气球，按"4"键表示存气球。这组实验依然要完成200个气球。两名被试最终平分总收益。

BART实验结束后，被试被要求填写如表4-1所示的情感体验评估量表，评估其在个人决策、轮流决策和共同决策中，所产生的控制感、成就感、喜悦感以及后悔感的程度。

表4-1 情感体验评估量表

题项	决策选择
1. 请评估您赢钱的时候感觉多开心？	0 1 2 3 4 5 6 7 8 9（0 非常不开心，9 非常开心）
2. 请评估您输钱的时候感觉多后悔？	0 1 2 3 4 5 6 7 8 9（0 非常不后悔，9 非常后悔）
3. 请评估在任务中您的控制感？	0 1 2 3 4 5 6 7 8 9（0 没有控制感，9 非常强的控制感）
4. 请评估在任务中您的成就感？	0 1 2 3 4 5 6 7 8 9（0 没有成就感，9 非常强的成就感）

四、数据分析

本实验是为了研究人们在个人决策、轮流决策和共同决策中，风险偏好及总收益的情况，数据分析中采用单因素方差分析来比较个人决策、轮流决策和共同决策中，未吹爆气球的平均被吹次数和总收益是否有显著差异。根据文献总结，在BART中，"未吹爆气球平均被吹次数"表示被试的风险偏好。未吹爆气球被吹次数越高，被试越倾向于冒险。收益的高低由试验中的总收益体现，同时，采用单因素方差分析来比较三种决策模式中的情感体验（成就感、控制感、喜悦感及后悔感），用皮尔森相关系数分析来验证不同感情体验之间是否存在显著差异。

（一）风险偏好和收益

为了分析个人决策、共同决策和轮流决策中风险决策的差异性，书中采用单因素方差分析的方法对三种情况下的风险偏好、风险决策的收益进行了比较分析。描述统计结果如表4-2所示，单因素方差分析结果如表4-3所示。

表4-2 描述统计

未吹爆气球平均被吹次数	个数（N）	平均值	标准偏差	最小值	最大值
个人	106	7.11	1.43	3.28	10.83
共同	106	6.63	1.45	3.88	10.36
轮流	106	6.58	1.62	3.28	10.77
收益	个数（N）	平均值	标准偏差	最小值	最大值
个人	106	5307.31	2003.45	-290	12760
共同	106	10940.09	2541.49	4525	17145
轮流	106	10606.04	2866.61	5095	20250

表4-3 单因素方差分析

未吹爆气球平均被吹次数	平方和	df	平均值平方	F	显著性
组间	18.31	2	9.15	4.01	0.01
组内	718.31	315	2.28	—	—
收益	平方和	df	平均值平方	F	显著性
组间	2117044012.42	2	1058522006.21	169.90	0.00
组内	1962495643.63	315	6230144.90	—	—

根据描述统计和单因素方差分析结果显示：①风险偏好。个人决策、共同决策、轮流决策的未吹爆气球平均被吹次数存在显著性差异（F=4.01，p=0.01<0.05），即三者之间的风险偏好存在显著性差异，且个人决策风险偏好高于共同决策风险偏好，共同决策风险偏好高于轮流决策风险偏好。②总收益。个人决策、共同决策、轮流决策的收益存在显著性差异（F=169.90，p=0.00<0.05），且共同决策收益大于轮流决策收益，轮流决策收益大于个人决策收益。

为了进一步分析个人决策、轮流决策、共同决策之间决策差异情况，本研究采用事后多重比较，结果如表4-4所示。

表4-4 多重比较

未吹爆气球平均被吹次数	平均差异	显著性（p值）	95%置信区间	
			下限	上限
个人—共同	0.484	0.020	0.076	0.892
个人—轮流	0.531	0.011	0.122	0.938
共同—轮流	0.046	0.822	-0.361	0.454
收益	平均差异	显著性（p值）	95%置信区间	
			下限	上限
个人—共同	-5632.783	0.000	-6307.36	-4958.21
个人—轮流	-5298.726	0.000	-5973.30	-4624.15
共同—轮流	334.057	0.331	-1008.63	340.52

从风险偏好方面看，个人决策与共同决策的未吹爆气球平均被吹次数存在显著性差异（p=0.02<0.05），即个人决策与共同决策的风险偏好存在显著性差异，且个人决策的风险偏好大于共同决策；个人决策与轮流决策的未吹爆气球平均被吹次数存在显著性差异（p=0.011<0.05），即个人决策与轮流决策的风险偏好存在显著性差异，且个人决策的风险偏好大于轮流决策；共同决策与轮流决策的未吹爆气球平均被吹次数无显著性差异（p=0.822>0.05），即共同决策与轮流决策的风险偏好不存在显著性差异，如图4-3所示。

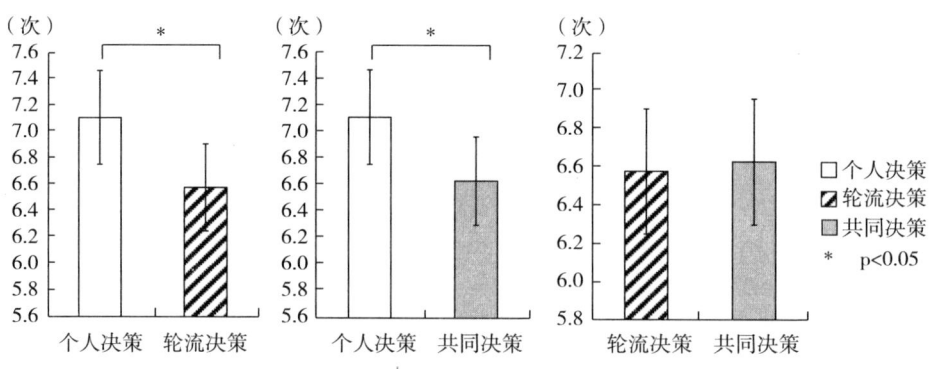

图4-3 未吹爆气球平均被吹次数差异比较

从收益方面看，个人决策与共同决策的收益存在显著性差异（p=0.00<0.05），且个人决策的收益小于共同决策的收益；个人决策与轮流决策的收益存

在显著性差异（p=0.00<0.05），且个人决策的收益小于轮流决策收益；共同决策与轮流决策的收益不存在显著性差异（p=0.331>0.05），如图4-4所示。

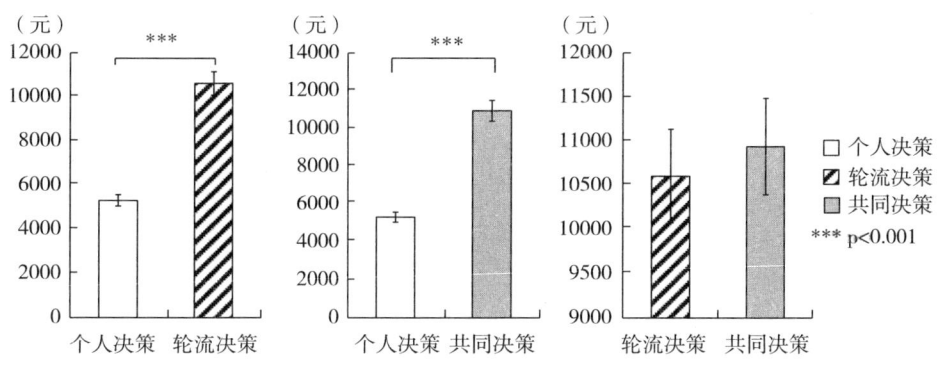

图4-4 收益差异比较

综上所述，个人决策的风险偏好高于共同决策和轮流决策的风险偏好，且个人决策的收益小于共同决策和轮流决策的收益，说明轮流决策、共同决策与个人决策相比具有风险偏好低、决策收益好的特点。然而，共同决策和轮流决策的风险偏好、收益均不存在显著性差异，说明两人决策的决策模式的结果无差异。

（二）情感体验分析

人们在进行风险决策时会由决策结果引发情感。比如，当被试成功保存气球时会产生喜悦感，气球被吹爆时被试可能会后悔没有及时保存，而产生后悔感。本实验主要分析个人决策、轮流决策、共同决策时的情感体验的差异性，主要采用单因素方差的分析方法，描述统计结果如表4-5所示，单因素方差分析结果如表4-6所示。

表4-5 描述统计

成就感	N	平均值	标准偏差	95%置信区间		最小值	最大值
				下限	上限		
个人决策	106	6.07	1.593	5.76	6.37	1	9
轮流决策	106	6.39	1.522	6.09	6.68	3	9
共同决策	106	6.45	1.428	6.18	6.73	1	9

续表

控制感	N	平均值	标准偏差	95%置信区间		最小值	最大值
				下限	上限		
个人决策	106	5.59	1.782	5.25	5.94	2	9
轮流决策	106	6.07	1.449	5.79	6.35	2	9
共同决策	106	6.16	1.500	5.87	6.45	1	9
喜悦感	N	平均值	标准偏差	95%置信区间		最小值	最大值
				下限	上限		
个人决策	106	6.49	1.675	6.17	6.81	1	9
轮流决策	106	6.84	1.220	6.60	7.07	4	9
共同决策	106	7.17	1.246	6.93	7.41	3	9
后悔感	N	平均值	标准偏差	95%置信区间		最小值	最大值
				下限	上限		
个人决策	106	4.46	2.192	4.04	4.88	0	9
轮流决策	106	3.92	2.233	3.49	4.35	0	9
共同决策	106	3.87	2.147	3.45	4.28	0	8

表 4-6 单因素方差分析

成就感	平方和	df	平均值平方	F	显著性
组间	9.075	2	4.538	1.974	0.141
组内	723.943	315	2.298	—	—
控制感	平方和	df	平均值平方	F	显著性
组间	19.497	2	9.748	3.885	0.022
组内	790.368	315	2.509	—	—
喜悦感	平方和	df	平均值平方	F	显著性
组间	24.459	2	12.230	6.277	0.002
组内	613.708	315	1.948	—	—
后悔感	平方和	df	平均值平方	F	显著性
组间	22.811	2	11.406	2.376	0.095
组内	1511.896	315	4.800	—	—

从成就感角度看,在风险决策情景下,其成就感大小为个人决策<轮流决策<共同决策,但组间不存在显著性差异($F=1.974$, $p=0.141>0.05$),即在风险决策情景下,个人决策、轮流决策、共同决策时的成就感差异性需要进一步分析。

从控制感角度看,在风险决策情景下,其控制感大小为个人决策 < 轮流决策 < 共同决策,且组间具有显著性差异($F = 3.885$, $p = 0.022 < 0.05$)。

从喜悦感角度看,在风险决策情景下,其喜悦感大小为个人决策 < 轮流决策 < 共同决策,且组间具有显著性差异($F = 6.227$, $p = 0.002 < 0.05$)。

从后悔感角度看,在风险决策情景下,其后悔感大小为个人决策 > 轮流决策,且轮流决策 > 共同决策,但组间不存在显著性差异($F = 2.376$, $p = 0.095 > 0.05$),即在风险决策情景下,个人决策、轮流决策、共同决策时的后悔感差异性需进一步分析。

上述分析结果表明,在风险决策情景下,个人决策、轮流决策、共同决策时的控制感和喜悦感存在显著性差异,且均为个人决策小于轮流决策小于共同决策,而三者的成就感和控制感不确定显著性差异如何。为了进一步分析,在风险决策情景下,个人决策、轮流决策、共同决策三者之间的情感体验存在着什么样的差异,采用单因素方差分析中的事后多重比较的方法,分析结果如表4-7所示。

表4-7 多重比较

成就感	平均差异	显著性(p值)	95% 置信区间	
			下限	上限
个人—轮流	-0.321	0.124	-0.73	0.09
个人—共同	-0.387	0.064	-0.80	0.02
轮流—共同	-0.066	0.751	-0.48	0.34
控制感	平均差异	显著性(p值)	95% 置信区间	
			下限	上限
个人—轮流	-0.472	0.031	-0.90	-0.04
个人—共同	-0.566	0.010	-0.99	-0.14
轮流—共同	-0.094	0.665	-0.33	0.52
喜悦感	平均差异	显著性(p值)	95% 置信区间	
			下限	上限
个人—轮流	-0.349	0.070	-0.73	0.03
个人—共同	-0.679	0.000	-1.06	-0.30
轮流—共同	-0.330	0.086	-0.71	0.05

续表

后悔感	平均差异	显著性（p值）	95%置信区间	
			下限	上限
个人—轮流	0.538	0.075	-0.05	1.13
个人—共同	0.594	0.049	0.00	1.19
轮流—共同	-0.330	0.851	-0.54	0.65

通过多重比较分析发现，从成就感角度看，个人决策、轮流决策、共同决策无差异，如图4-5所示。从控制感角度看，在风险决策情景下，个人决策与轮流决策时的控制感存在显著性差异（p=0.031<0.05）；个人决策与共同决策时的控制感具有显著性差异（p=0.010<0.05），如图4-6所示。从喜悦感角度看，在风险决策情景下，个人决策与共同决策时的喜悦感具有显著性差异（p=0.000<0.05），如图4-7所示。从后悔感角度看，在风险决策情景下，个人决策与共同决策时的后悔感具有显著性差异（p=0.049<0.05），如图4-8所示。

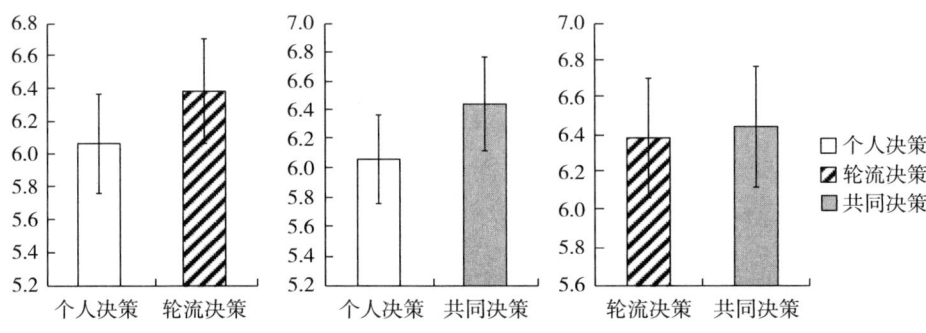

图4-5 成就感差异对比

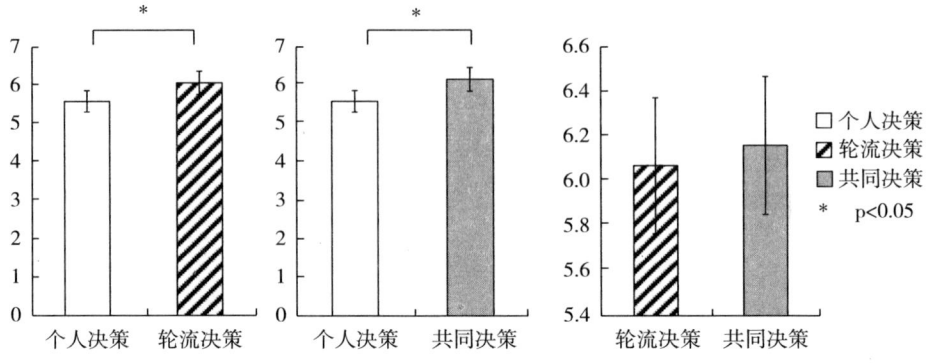

图4-6 控制感差异对比

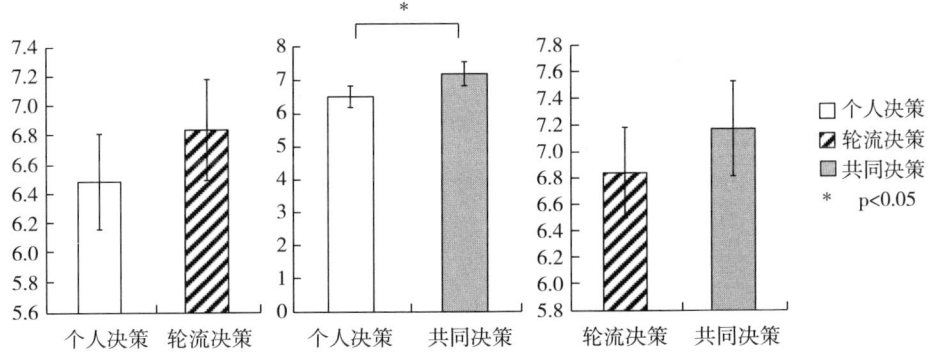

图 4-7 喜悦感差异对比

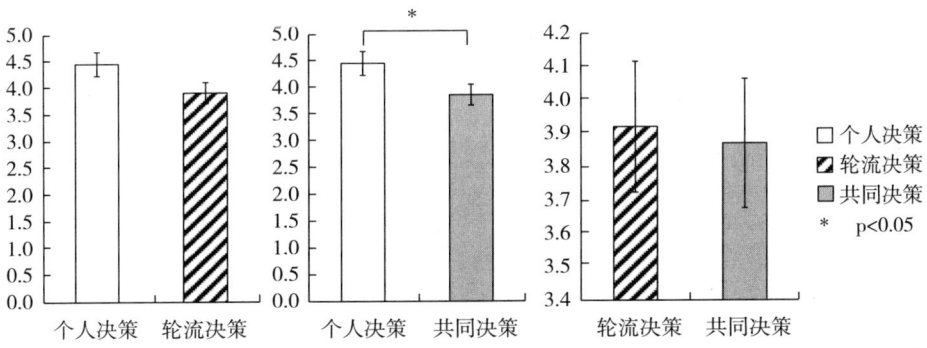

图 4-8 后悔感差异对比

综上所述,在风险决策情景下,个人决策、轮流决策、共同决策的情感体验有差异性,其差异性主要体现在三个方面:

一是个人决策、轮流决策、共同决策的控制感存在显著性差异,且个人决策的控制感体验小于轮流决策的控制感体验,个人决策的控制感体验小于共同决策的控制感体验,但两人轮流决策的控制感体验和两人共同决策的控制感体验不存在显著性差异。

二是个人决策、轮流决策、共同决策的喜悦感存在显著性差异,且个人决策的喜悦感体验小于共同决策的喜悦感体验。然而,个人决策与轮流决策时的喜悦感,轮流决策与共同决策时的喜悦感没有显著性差异。

三是个人决策、轮流决策、共同决策的后悔感没有显著性差异,但事后多重比较发现,个人决策与共同决策的后悔感具有显著性差异,且个人决策的后悔感程度要高于两人共同决策时的后悔感。

(三) 相关性分析

在方差分析中,分别比较了个人决策、轮流决策、共同决策的成就感、控制感、喜悦感和后悔感。在此基础上,对这四种情感体验的相关性进行分析。

实验结果表明,在个人决策模式中,控制感、成就感和喜悦感存在着显著的正向相关性(成就感-喜悦感 r = 0.598, p = 0.000;成就感-控制感 r = 0.717, p = 0.000;喜悦感-控制感 r = 0.453, p = 0.000),如表 4-8 所示。

表 4-8 个人决策情感体验相关性分析

个人	成就感		控制感		喜悦感		后悔感	
	r	p	r	p	r	p	r	p
成就感	1	1	0.717	0.000	0.598	0.000	-0.042	0.672
控制感	0.717	0.000	1	1	0.453	0.000	-0.017	0.860
喜悦感	0.598	0.000	0.453	0.000	1	1	0.028	0.772
后悔感	-0.042	0.672	-0.017	0.860	0.028	0.772	1	1

在个人决策模式下,成就感、控制感、喜悦感三个正向情绪两两相关,其相关性如图 4-9 所示。

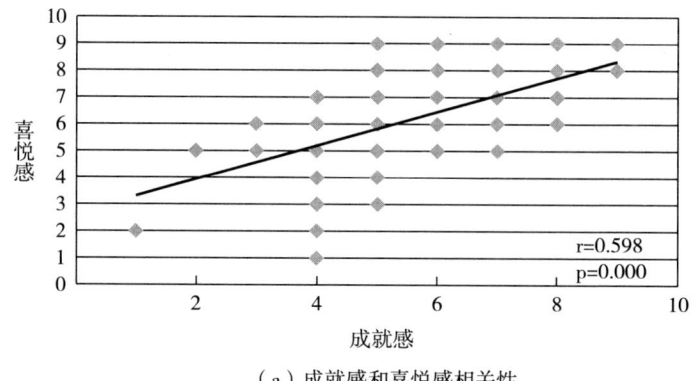

(a) 成就感和喜悦感相关性

图 4-9 成就感、控制感、喜悦感相关性

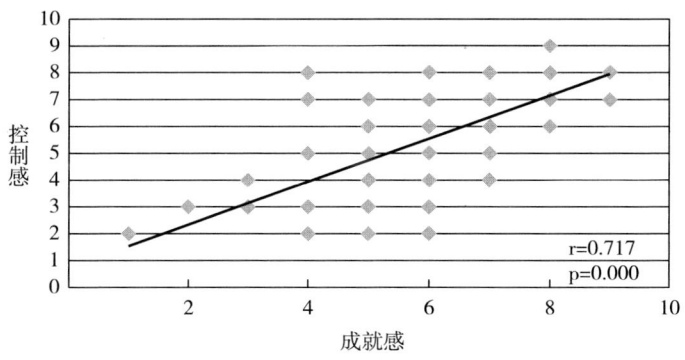

(b) 成就感和控制感相关性

(c) 控制感和喜悦感相关性

图 4-9 成就感、控制感、喜悦感相关性（续）

在轮流决策模式中，控制感、成就感和喜悦感存在着显著的正向相关性（成就感－喜悦感 r＝0.229，p＝0.018；成就感－控制感 r＝0.554，p＝0.000；喜悦感－控制感 r＝0.362，p＝0.000）；成就感和后悔感存在显著的负相关（r＝－0.361，p＝0.000），如表 4-9 所示。在轮流决策模式下成就感、控制感、喜悦感和后悔感的相关性，如图 4-10 所示。

表 4-9 轮流决策情感体验相关性分析

轮流	成就感		控制感		喜悦感		后悔感	
	r	p	r	p	r	p	r	p
成就感	1	1	0.554	0.000	0.229	0.018	－0.361	0.000
控制感	0.554	0.000	1	1	0.362	0.000	－0.14	0.153

续表

轮流	成就感		控制感		喜悦感		后悔感	
	r	p	r	p	r	p	r	p
喜悦感	0.229	0.018	0.362	0.000	1	1	−0.018	0.851
后悔感	−0.361	0.000	−0.14	0.153	−0.018	0.851	1	1

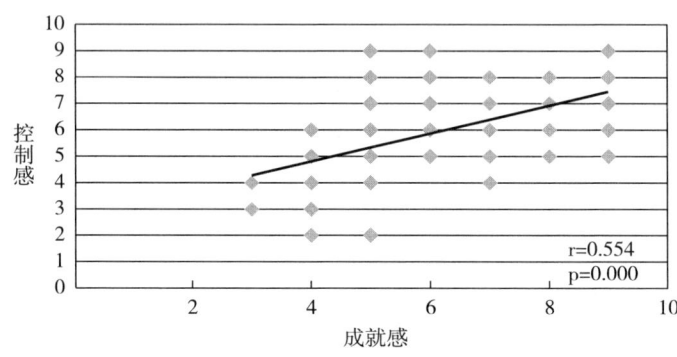

（a）成就感和控制感相关性

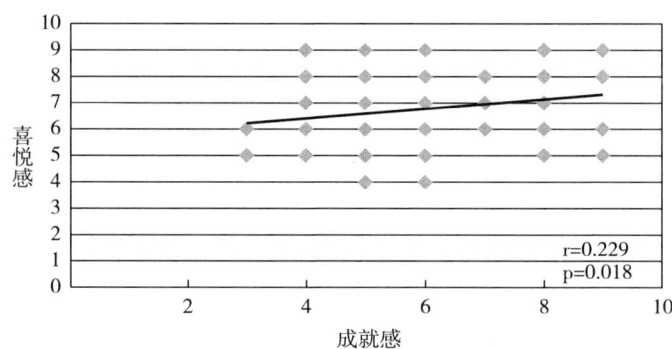

（b）成就感和喜悦感相关性

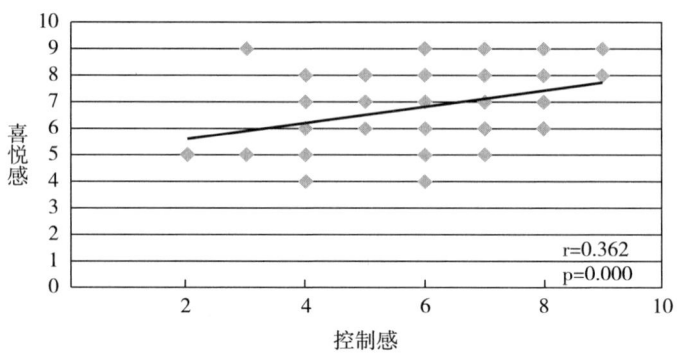

（c）控制感和喜悦感相关性

图 4-10 轮流决策情感体验相关性

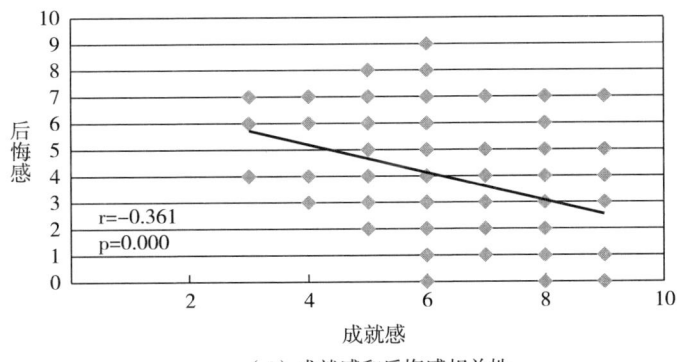

(d)成就感和后悔感相关性

图 4-10 轮流决策情感体验相关性（续）

在共同决策模式中，控制感、成就感和喜悦感存在着显著的正向相关性（成就感-喜悦感 r=0.368，p=0.0000；成就感-控制感 r=0.428，p=0.000；喜悦感-控制感 r=0.21，p=0.031）；成就感和后悔感存在显著的负相关性，r=-0.216，p=0.026，如表 4-10 所示。在共同决策模式下成就感、控制感、喜悦感和后悔感的相关性如图 4-11 所示。

表 4-10 共同决策情感体验相关性分析

共同	成就感		控制感		喜悦感		后悔感	
	r	p	r	p	r	p	r	p
成就感	1	1	0.428	0.000	0.368	0.000	-0.216	0.026
控制感	0.428	0.000	1	1	0.21	0.031	-0.088	0.370
喜悦感	0.368	0.000	0.21	0.031	1	1	0.037	0.707
后悔感	-0.216	0.026	-0.088	0.370	0.037	0.707	1	1

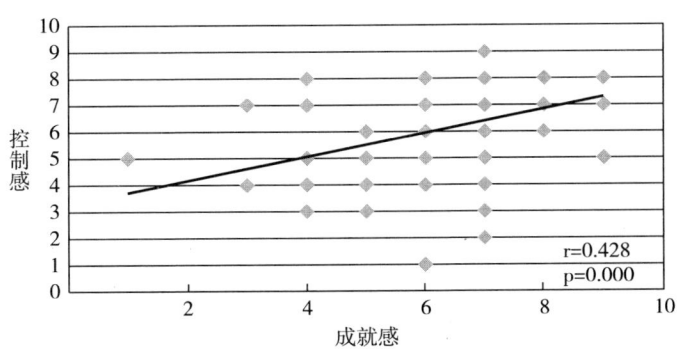

(a)成就感和控制感的相关性

图 4-11 共同决策情感体验相关性

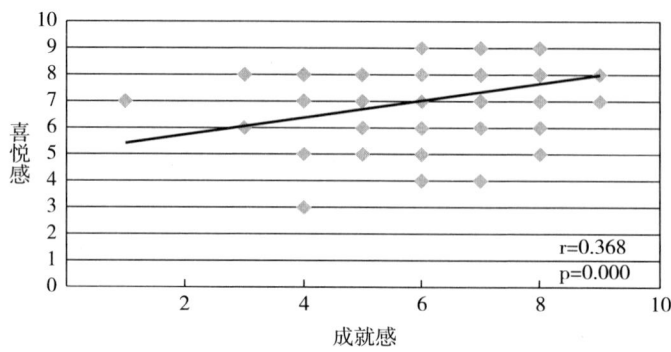

(b) 成就感和喜悦感相关性

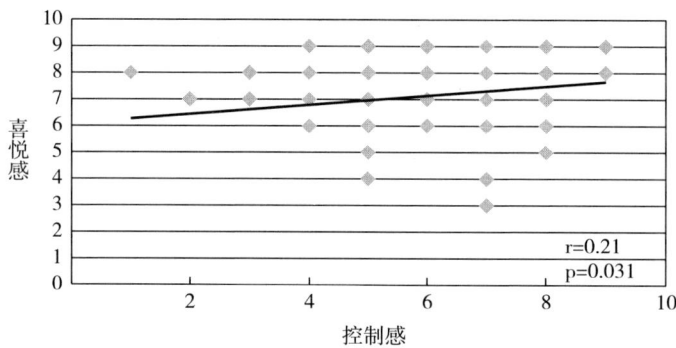

(c) 控制感和喜悦感相关性

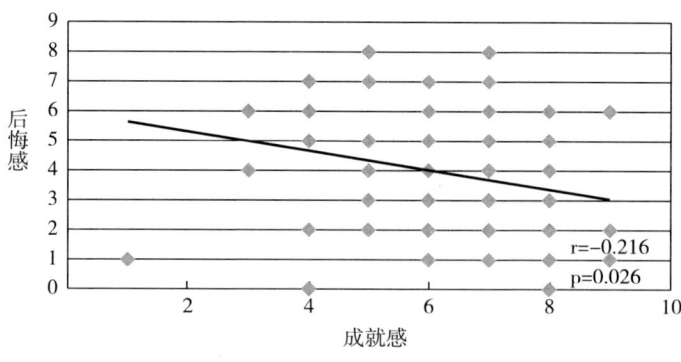

(d) 成就感和后悔感相关性

图 4-11 共同决策情感体验相关性（续）

五、本章小结

在 BART 任务中，个人决策的风险偏好大于轮流决策，同时也大于共同决策；轮流决策和共同决策的风险偏好无差异。个人决策的收益小于轮流决策，同时也小于共同决策，轮流决策和共同决策的收益无差异。

在情感体验方面，个人决策、轮流决策、共同决策的成就感无差异；个人决策的控制感体验小于轮流决策和共同决策的控制感体验，轮流决策和共同决策的控制感无差异。个人决策的喜悦感小于共同决策的喜悦感，然而，个人决策与轮流决策时的喜悦感、轮流决策与共同决策时的喜悦感没有显著性差异。个人决策的后悔感程度要高于共同决策时的后悔感，但个人决策的后悔感和轮流决策的后悔感，轮流决策的后悔感和共同决策的后悔感无显著差异。

结合第三章内容可以发现，从主观来说，面对风险决策，人们更倾向于选择共同决策，共同决策的确可以降低风险，带来相对高的收益。同时，还能有较强的控制感、喜悦感以及较低的后悔感。相比较轮流决策，人们更倾向于个人决策。但在实际风险情境下，个人决策却有较高风险和较低收益。同时，个人决策的控制感小于轮流决策的控制感。人们从主观上并不倾向于选择轮流决策可能是因为对这种决策不熟悉。

第五章 人格特质对于两人风险决策的影响研究

一、研究目标

在第四章中,将仿真气球冒险任务和情感体验量表相结合,比较了个人决策、轮流决策和共同决策的风险偏好和收益差异,且比较了在这三种决策模式中情感体验的差异。

本章依然通过采用经典的 BART 实验来验证面临风险时,个人决策、轮流决策和共同决策模式下,被试的风险状况和收益水平是否有差异。但与第四章内容不同的是,本章增加了感觉寻求量表。通过文献研究发现,感觉寻求这一人格特质与人们的风险偏好有关,但结论不一。在本章中,首先介绍了个人决策和感觉寻求的关系,然后,再对比不同感觉寻求组合是否对轮流决策和共同决策产生影响。

二、实验被试

由于企业决策层男性占绝大多数,因此本实验以男性为研究对象,共招募了156名男性(从18岁到28岁,平均年龄为22.64岁)参与了这项研究。要求两名被试成组报名,以保证两人在实验前是彼此熟悉并且愿意合作的。这样会更接近企业实际决策情境。在实验中,所有被试都要分别完成个人决策、轮流决策和共同决策三组实验,且参与这三种BART实验的顺序是相互平衡的。被试被要求尽可能多地获得报酬,在轮流决策和共同决策实验中,两名被试将平分最终收入。实验组织者会根据他们这三组实验的完成情况付给他们相应的报酬。

三、实验设计

行为学实验BART任务设计与第四章实验设计相同。在本实验中,每名被试要分别完成个人决策、轮流决策和共同决策各30个气球的实验任务。每种决策模式的顺序是相互平衡的。行为学实验结束后,每名被试要填写感觉寻求量表。

四、实验流程

实验设备采用一台台式电脑,安装 Windows XP 系统,并同时安装 E – Prime 程序。通过分屏器分别连接两台同型号 Dell 21.5 寸显示器。台式机上分别连接2个小键盘,供两名被试使用。

实验流程和研究二一致,但本实验每名被试只需要完成个人决策、轮流决策和共同决策各30个气球的实验任务。BART实验结束后,被试被要求填写感觉寻求量表,以便评估每名被试的风险偏好情况。

五、数据分析

本章是为了介绍人们在个人决策、轮流决策和共同决策中,风险偏好及总收益,数据分析中采用单因素方差分析来比较个人决策、轮流决策和共同决策中未吹爆气球的平均被吹次数和总收益是否有显著差异。根据文献总结,在气球仿真冒险任务（BART）中，"未吹爆气球平均被吹次数"表示被试的风险偏好。未吹爆气球被吹次数越高，被试越倾向于冒险。收益的高低由试验中的总收益体现。

（一）比较三种决策模式风险偏好和收益的差异

在第四章研究二中，分别比较了个人决策、轮流决策和共同决策的风险偏好和收益差异。本研究中改变了每种决策模式下完成气球的个数。根据描述统计（如表5-1所示）和单因素方差分析（如表5-2所示）结果显示，从风险偏好看，个人决策、轮流决策、共同决策的未吹爆气球平均被吹次数存在显著性差异（$F = 9.85$，$p = 0.00 < 0.05$），即三者之间的风险偏好存在显著性差异。从收益情况看，个人决策、轮流决策、共同决策的收益存在显著性差异（$F = 29.07$，$p = 0.00 < 0.05$）。

表5-1 描述统计

未吹爆气球平均被吹次数	个数（N）	平均值	标准偏差	95%置信区间		最小值	最大值
				下限	上限		
个人	156	7.04	1.971	6.73	7.36	3.28	13.00
轮流	156	6.22	1.31	6.02	6.43	3.68	10.16
共同	156	6.67	1.52	6.43	6.91	3.886	11.33
收益	个数（N）	平均值	标准偏差	95%置信区间		最小值	最大值
				下限	上限		
个人	156	1684.04	1141.31	1503.53	1864.55	-520	5230
轮流	156	2919.23	1734.59	2644.89	3193.57	-510	8280
共同	156	3322.31	2723.21	2891.61	3753.00	-1280	13020

表5-2 单因素方差分析

未吹爆气球平均被吹次数	平方和	df	平均值平方	F	显著性（p值）
组间	52.494	2	26.247	9.85	0.00
组内	1238.799	465	2.664	—	
收益	平方和	df	平均值平方	F	显著性（p值）
组间	227349050.00	2	113674525.00	29.07	0.00
组内	1817735832.69	465	3909109.31	—	

为了进一步分析个人决策、共同决策、轮流决策之间风险决策差异情况,采用事后多重比较,如表 5－3 所示。

表 5－3 多重比较

未吹爆气球平均被吹次数	平均差异	显著性(p 值)	95% 置信区间	
			下限	上限
个人—轮流	0.819**	0.000	0.456	1.182
个人—共同	0.373	0.044	0.010	0.737
轮流—共同	－0.445	0.016	－0.808	－0.082
收益	平均差异	显著性(p 值)	95% 置信区间	
			下限	上限
个人—轮流	－1235.192**	0.000	－1675.11	－795.27
个人—共同	－1638.269**	0.000	－2078.19	－1198.35
轮流—共同	－403.077	0.072	－842.99	36.84

注：** 表示 p<0.01。

从风险偏好看,个人决策与轮流决策的未吹爆气球平均被吹次数存在显著性差异($p=0.000<0.01$),即个人决策与轮流决策的风险偏好存在显著性差异,且个人决策的风险偏好大于轮流决策；个人决策与共同决策的未吹爆气球平均被吹次数存在显著性差异($p=0.044<0.05$),即个人决策与共同决策的风险偏好存在显著性差异,且个人决策的风险偏好大于共同决策；共同决策与轮流决策的未吹爆气球平均被吹次数存在显著性差异($p=0.016<0.05$),即共同决策与轮流决策的风险偏好存在显著性差异,且轮流决策小于共同决策,如图 5－1 所示。

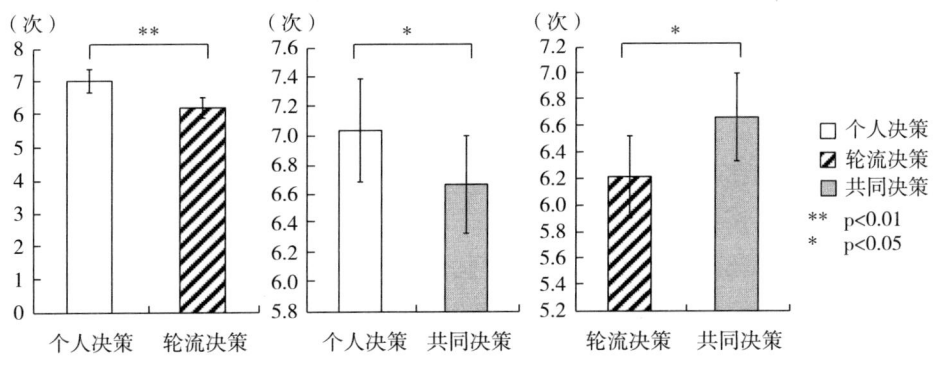

图 5－1 未吹爆气球平均被吹次数比较

从收益上看,个人决策与轮流决策的收益存在显著性差异(p=0.000<0.05),且个人决策的收益小于轮流决策的收益;个人决策与共同决策的收益存在显著性差异(p=0.000<0.05),且个人决策的收益小于共同决策的收益;共同决策与轮流决策的收益不存在显著性差异(p=0.072>0.05),如图5-2所示。

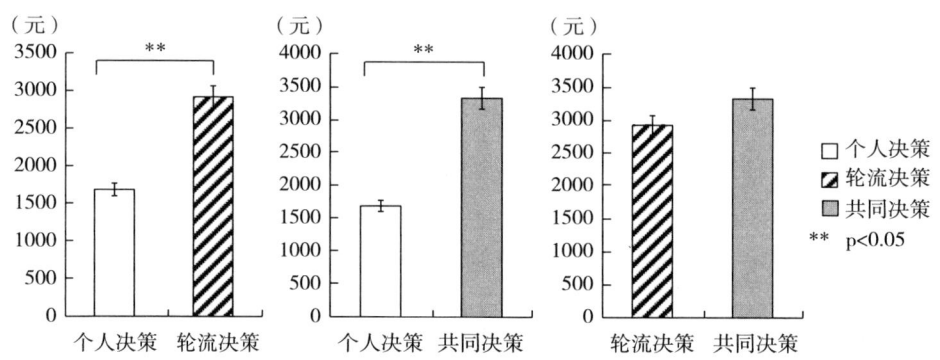

图5-2 收益差异比较

综上所述,个人决策的风险偏好高于共同决策和轮流决策的风险偏好,且个人决策的收益小于共同决策和轮流决策的收益,说明两人风险决策与个人决策相比具有风险偏好低、决策收益好的特点。共同决策的风险偏好高于两人轮流决策的风险偏好,但收益不存在显著性差异。所以在个人决策、轮流决策、共同决策的对比中,共同决策是最优的,既可以降低风险,又可以提高收益;轮流决策次之;个人决策相对风险高且收益低。

(二)感觉寻求量表和个人风险偏好及收益相关性分析

感觉寻求量表是对个人风险偏好的量表测量方法。在本研究中,BART任务的个人未吹爆气球被吹次数是测量在实际风险任务中人们的风险偏好情况。经分析发现感觉寻求量表总分、经历寻求、放纵欲望、不甘寂寞分项和BART任务中个人未吹爆气球平均被吹次数正相关,具体数据如表5-4所示。

第五章 人格特质对于两人风险决策的影响研究

表5-4 感觉寻求量表与个人的风险偏好、收益相关性

	感觉寻求总分		冒险寻求		经历寻求	
个人未吹爆气球数	r	p	r	p	r	p
	0.340	0.000	0.137	0.088	0.241	0.002
	放纵欲望		不甘寂寞			
	r	p	r	p		
	0.298	0.000	0.170	0.033		
个人收益	感觉寻求总分		冒险寻求		经历寻求	
	r	p	r	p	r	p
	0.140	0.081	0.101	0.210	0.099	0.217
	放纵欲望		不甘寂寞			
	r	p	r	p		
	0.099	0.219	0.028	0.725		

个人未吹爆气球被吹次数和感觉寻求总分正相关（r = 0.340，p = 0.000），和冒险寻求不相关（r = 0.137，p = 0.088），和经历寻求（r = 0.241，p = 0.002）、放纵欲望（r = 0.298，p = 0.000）、不甘寂寞正相关（r = 0.170，p = 0.033）。因此，感觉寻求量表所测被试风险偏好与BART认为所测被试风险偏好正相关。感觉寻求总分及各分量与个人收益无相关关系。

（三）按感觉寻求高低分组风险偏好和收益差异性

感觉寻求是影响风险决策的重要因素之一，感觉寻求分数的高低会对风险决策产生影响。本研究分别将被试按感觉寻求总分、冒险寻求、经历寻求、放纵欲望和不甘寂寞分别分组，分别比较在每种不同的分组情况下，被试在个人决策、轮流决策和共同决策中风险偏好和总收益的差异。

1. 感觉寻求总分分组

将被试按感觉寻求总分分组，高于平均分（17.96）的为高分组，低于平均分的为低分组。

（1）低感觉寻求总分被试在两名低感觉寻求总分被试组合中。

根据描述统计（如表5-5所示）和单因素方差分析（如表5-6所示）结果显示，从风险偏好看，个人决策、轮流决策、共同决策的未吹爆气球平均被吹

次数存在显著性差异（F=2.49，p=0.088），即三者之间的风险偏好需要进一步分析。从收益情况看，个人决策、轮流决策、共同决策的收益之间差异性也需要进一步分析确认（F=2.91，p=0.059）。

表5-5 描述统计

未吹爆气球平均被吹次数	个数（N）	平均数	标准偏差	95%置信区间		最小值	最大值
				下限	上限		
个人	34	6.49	1.66	5.91	7.07	3.28	9.54
轮流	34	5.75	1.16	5.34	6.15	3.80	8.42
共同	34	6.10	1.21	5.68	6.52	4.23	8.09
收益	个数（N）	平均数	标准偏差	95%置信区间		最小值	最大值
				下限	上限		
个人	34	1653.82	1027.18	1295.42	2012.22	-20	4980
轮流	34	2423.82	1150.15	2022.51	2825.14	660	4745
共同	34	2392.94	2065.79	1672.15	3113.73	-80	7000

表5-6 单因素方差分析

未吹爆气球平均被吹次数	平方和	df	平均值平方	F	显著性
组间	9.27	2	4.63	2.49	0.088
组内	184.07	99	1.85	—	—
收益	平方和	df	平均值平方	F	显著性
组间	12921684.31	2	6460842.15	2.91	0.059
组内	219300561.76	99	2215157.19	—	—

为了进一步分析低感觉寻求被试在两名低感觉寻求被试组合中，个人决策、轮流决策、共同决策之间风险决策差异情况，采用事后多重比较，如表5-7所示。

表5-7 多重比较

未吹爆气球平均被吹次数	平均差异	显著性（p值）	95%置信区间	
			下限	上限
个人—轮流	0.738	0.028	0.082	1.394
个人—共同	0.384	0.248	-0.272	1.040
轮流—共同	-0.354	0.287	-1.010	0.301

续表

收益	平均差异	显著性（p值）	95%置信区间	
			下限	上限
个人—轮流	-770.000	0.035	-1486.25	-53.75
个人—共同	-739.118	0.043	-1455.37	-22.86
轮流—共同	30.882	0.932	-685.37	747.14

从风险偏好看，个人决策与轮流决策的未吹爆气球平均被吹次数存在显著性差异（p=0.028<0.05），即个人决策与轮流决策的风险偏好存在显著性差异，且个人决策的风险偏好大于轮流决策；个人决策与共同决策的未吹爆气球平均被吹次数无显著性差异（p=0.248>0.05），即个人决策与共同决策的风险偏好无显著性差异；共同决策与轮流决策的未吹爆气球平均被吹次数无显著性差异（p=0.287>0.05），即共同决策与轮流决策的风险偏好无显著性差异，如图5-3所示。

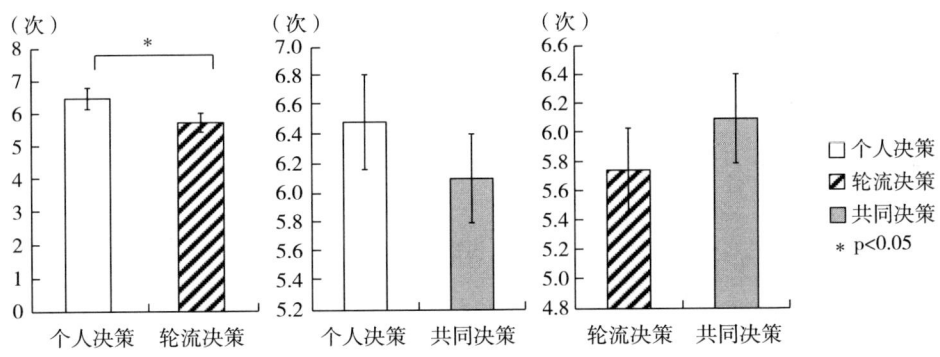

图5-3　未吹爆气球平均被吹次数比较

从收益上看，个人决策与轮流决策的收益存在显著性差异（p=0.035<0.05），且个人决策的收益小于轮流决策的收益；个人决策与共同决策的收益存在显著性差异（p=0.043<0.05），且个人决策的收益小于共同决策的收益；共同决策与轮流决策的收益不存在显著性差异（p=0.932>0.05），如图5-4所示。

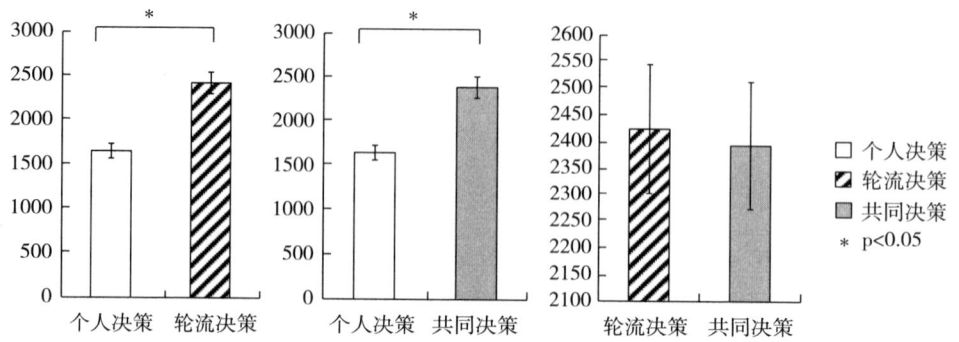

图 5-4 收益比较

在低低感觉寻求总分组合中,轮流决策时被试的风险偏好最低,其收益最高;共同决策的风险偏好虽然不显著低于个人决策,但均值仍低于个人,且收益高于个人。综合来说,轮流决策、共同决策均优于个人决策。

(2) 低感觉寻求总分被试在一高一低感觉寻求总分被试组合中。

根据描述统计(如表 5-8 所示)和单因素方差分析(如表 5-9 所示)结果显示,从风险偏好看,个人决策、轮流决策、共同决策的未吹爆气球平均被吹次数存在显著性差异($F = 0.262$,$p = 0.77 > 0.05$),即三种决策模式之间的风险偏好需要进一步分析。从收益情况看,个人决策、轮流决策、共同决策的收益之间存在显著性差异($F = 15.07$,$p = 0.00 < 0.05$)。

表 5-8 描述统计

未吹爆气球平均被吹次数	个数(N)	平均数	标准偏差	95%置信区间		最小值	最大值
				下限	上限		
个人	39	6.25	1.62	5.72	6.78	3.59	10.00
轮流	39	6.17	1.32	5.74	6.60	3.68	9.333
共同	39	6.41	1.41	5.95	6.87	3.88	10.00
收益	个数(N)	平均数	标准偏差	95%置信区间		最小值	最大值
				下限	上限		
个人	39	1280.00	794.75	1022.37	1537.63	-520	3520
轮流	39	3114.23	1671.92	2572.26	3656.21	810	8280
共同	39	3173.33	2358.79	2408.70	3937.97	-800	10900

表 5-9　单因素方差分析

未吹爆气球平均被吹次数	平方和	df	平均值平方	F	显著性
组间	1.12	2	0.561	0.262	0.77
组内	243.89	114	2.139	—	—
收益	平方和	df	平均值平方	F	显著性
组间	90383887.60	2	45191943.80	15.07	0.00
组内	341653043.59	114	2996956.52	—	—

为了进一步分析低感觉寻求被试在一高一低感觉寻求被试组合中，个人决策、轮流决策、共同决策之间风险决策差异情况，采用事后多重比较，如表 5-10 所示。

表 5-10　多重比较

未吹爆气球平均被吹次数	平均差异	显著性（p 值）	95% 置信区间	
			下限	上限
个人—轮流	0.075	0.820	-0.580	0.731
个人—共同	-0.159	0.631	-0.815	0.496
轮流—共同	-0.234	0.480	-0.891	0.421
收益	平均差异	显著性（p 值）	95% 置信区间	
			下限	上限
个人—轮流	-1834.231***	0.000	-2610.85	-1057.62
个人—共同	-1893.333***	0.000	-2669.95	-1116.72
轮流—共同	-59.103	0.880	-835.72	717.51

注：***表示 p<0.001。

从风险偏好看，个人决策与轮流决策的未吹爆气球平均被吹次数无显著性差异（p=0.820>0.05），即个人决策与轮流决策的风险偏好无显著性差异；个人决策与共同决策的未吹爆气球平均被吹次数无显著性差异（p=0.631>0.05），即个人决策与共同决策的风险偏好无显著性差异；共同决策与轮流决策的未吹爆气球平均被吹次数存在显著性差异（p=0.480>0.05），即共同决策与轮流决策的风险偏好无显著性差异,如图5-5所示。

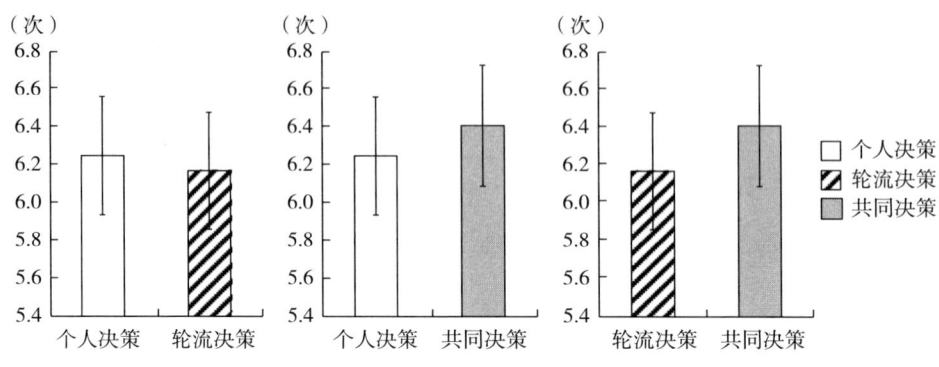

图5-5 未吹爆气球被吹次数比较

从收益上看,个人决策与轮流决策的收益存在显著性差异（p = 0.000 < 0.001）,且个人决策的收益小于轮流决策的收益;个人决策与共同决策的收益存在显著性差异（p = 0.000 < 0.001）,且个人决策的收益小于共同决策的收益;共同决策与轮流决策的收益不存在显著性差异（p = 0.880 > 0.05）,如图5-6所示。

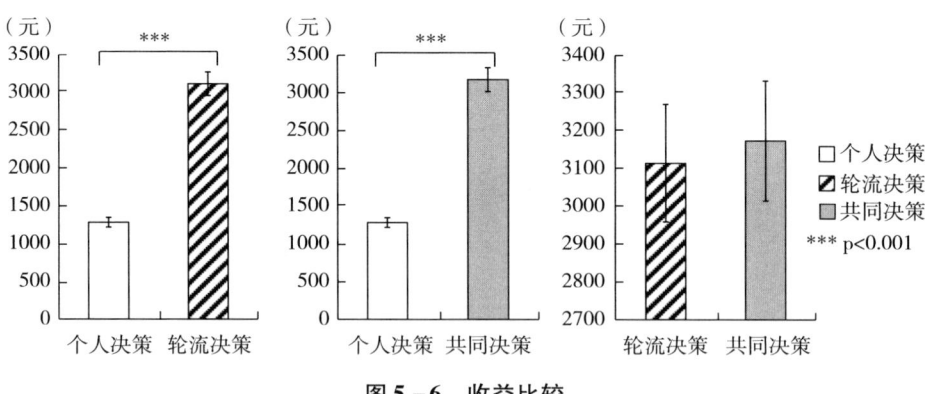

图5-6 收益比较

在一高一低感觉寻求总分组合中,低感觉寻求被试的风险偏好在个人决策、轮流决策、共同决策模式下无差异;轮流决策、共同决策的收益均高于个人决策收益。综合来说,轮流决策、共同决策均优于个人决策。

(3) 高感觉寻求总分被试在一高一低感觉寻求总分被试组合中。

根据描述统计（如表5-11所示）和单因素方差分析（如表5-12所示）结果显示，从风险偏好看，个人决策、轮流决策、共同决策的未吹爆气球平均被吹次数存在显著性差异（F=3.01，p=0.053＞0.05），即三种决策模式之间的风险偏好需要进一步分析。从收益情况看，个人决策、轮流决策、共同决策的收益之间存在显著差异性（F=7.74，p=0.001＜0.05）。

表5-11 描述统计

未吹爆气球平均被吹次数	个数（N）	平均数	标准偏差	95%置信区间		最小值	最大值
				下限	上限		
个人	39	6.96	1.59	6.44	7.48	4.11	11.00
轮流	39	6.17	1.32	5.74	6.60	3.68	9.33
共同	39	6.41	1.41	5.953	6.87	3.88	10.00
收益	个数（N）	平均数	标准偏差	95%置信区间		最小值	最大值
				下限	上限		
个人	39	1745.64	1225.43	1348.40	2142.88	-380	4780
轮流	39	3114.23	1671.92	2572.26	3656.21	810	8280
共同	39	3173.33	2358.79	2408.70	3937.97	-800	10900

表5-12 单因素方差分析

未吹爆气球平均被吹次数	平方和	df	平均值平方	F	显著性
组间	12.709	2	6.354	3.01	0.053
组内	240.122	114	2.106	—	—
收益	平方和	df	平均值平方	F	显著性
组间	50892872.22	2	25446436.11	7.74	0.001
组内	374714802.56	114	3286971.95	—	—

为了进一步分析高感觉寻求被试在两名低感觉寻求被试组合中，个人决策、轮流决策、共同决策之间风险决策差异情况，采用事后多重比较，如表5-13所示。

表 5-13 多重比较

未吹爆气球平均被吹次数	平均差异	显著性（p 值）	95% 置信区间	
			下限	上限
个人—轮流	0.786*	0.018	0.135	1.437
个人—共同	0.551	0.096	-0.099	1.202
轮流—共同	-0.234	0.476	-0.886	0.416
收益	平均差异	显著性（p 值）	95% 置信区间	
			下限	上限
个人—轮流	-1368.590**	0.001	-2181.91	-555.27
个人—共同	-1427.692**	0.001	-2241.02	-614.37
轮流—共同	-59.103	0.886	-872.43	754.22

注：* 表示 p < 0.05；** 表示 p < 0.01。

从风险偏好看，个人决策与轮流决策的未吹爆气球平均被吹次数存在显著性差异（p = 0.018 < 0.05），即个人决策与轮流决策的风险偏好存在显著性差异且个人决策偏好高于轮流决策偏好；个人决策与共同决策的未吹爆气球平均被吹次数无显著性差异（p = 0.096 > 0.05），即个人决策与共同决策的风险偏好无显著性差异；共同决策与轮流决策的未吹爆气球平均被吹次数存在显著性差异（p = 0.476 > 0.05），即共同决策与轮流决策的风险偏好无显著性差异，如图 5-7 所示。

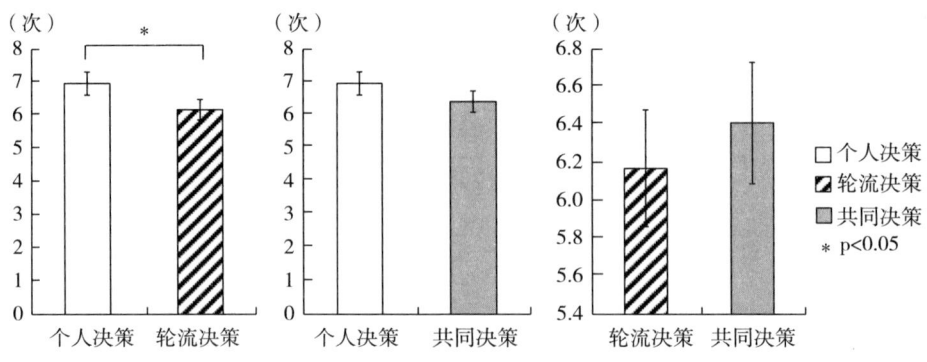

图 5-7 未吹爆气球平均被吹次数比较

从收益上看，个人决策与轮流决策的收益存在显著性差异（p = 0.001 <

0.01），且个人决策的收益小于轮流决策的收益；个人决策与共同决策的收益存在显著性差异（p=0.001<0.01），且个人决策的收益小于共同决策的收益；共同策与轮流决策的收益不存在显著性差异（p=0.886>0.05），如图5-8所示。

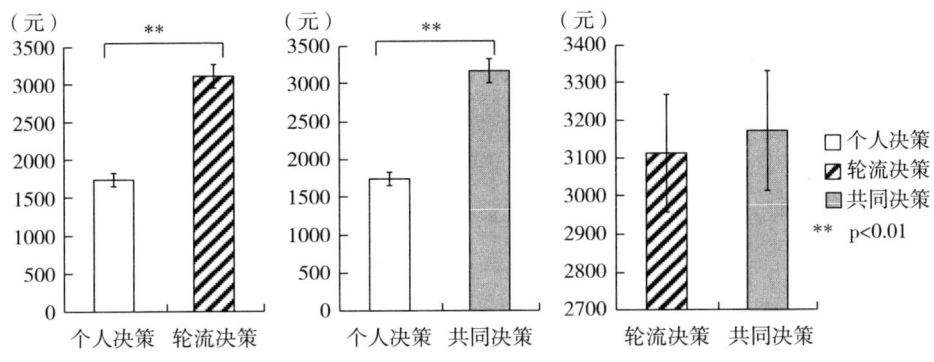

图5-8 收益比较

在一高一低感觉寻求总分组合中，高感觉寻求被试的风险偏好在个人决策时高于轮流决策；轮流决策、共同决策的收益均高于个人决策收益。综合来说，轮流决策、共同决策均优于个人决策。

（4）高感觉寻求总分被试在两名高感觉寻求总分被试组合中。

根据描述统计（如表5-14所示）和单因素方差分析（如表5-15所示）结果显示，从风险偏好看，个人决策、轮流决策、共同决策的未吹爆气球平均被吹次数存在显著性差异（F=8.75，p=0.000<0.05），即三种决策模式之间的风险偏好存在显著性差异。从收益情况看，个人决策、轮流决策、共同决策的收益之间存在显著性差异（F=9.56，p=0.000<0.05）。

表5-14 描述统计

未吹爆气球平均被吹次数	个数（N）	平均数	标准偏差	95%置信区间		最小值	最大值
				下限	上限		
个人	44	8.25	2.26	7.56	8.94	3.52	13.00
轮流	44	6.68	1.31	6.28	7.08	4.94	10.16
共同	44	7.57	1.58	7.09	8.05	5.15	11.33

续表

收益	个数（N）	平均数	标准偏差	95%置信区间		最小值	最大值
				下限	上限		
个人	44	2010.91	1318.65	1610.00	2411.82	140	5230
轮流	44	2956.36	2150.70	2302.49	3610.24	−510	8010
共同	44	4304.55	3451.43	3255.21	5353.88	−1280	13020

表5−15 单因素方差分析

未吹爆气球平均被吹次数	平方和	df	平均值平方	F	显著性
组间	54.58	2	27.29	8.75	0.00
组内	402.32	129	3.11	—	—
收益	平方和	df	平均值平方	F	显著性
组间	116926278.78	2	58463139.39	9.56	0.00
组内	785900972.72	129	6092255.60	—	—

为了进一步分析高感觉寻求被试在两名高感觉寻求被试组合中，个人决策、轮流决策、共同决策之间风险决策差异情况，采用事后多重比较，如表5−16所示。

表5−16 多重比较

未吹爆气球平均被吹次数	平均差异	显著性（p值）	95%置信区间	
			下限	上限
个人—轮流	1.570***	0.000	0.825	2.315
个人—共同	0.681	0.072	−0.063	1.426
轮流—共同	−0.888*	0.020	−1.633	−0.143
收益	平均差异	显著性（p值）	95%置信区间	
			下限	上限
个人—轮流	−945.455	0.075	−1986.62	95.71
个人—共同	−2293.636***	0.000	−3334.80	−1252.47
轮流—共同	−1348.182*	0.012	−2389.35	−307.02

注：*表示p<0.05；***表示p<0.001。

从风险偏好看，个人决策与轮流决策的未吹爆气球平均被吹次数存在显著性差异（p=0.000<0.001），即个人决策与轮流决策的风险偏好存在显著性差异，

个人决策的风险偏好显著高于轮流决策的风险偏好;个人决策与共同决策的未吹爆气球平均被吹次数无显著性差异(p=0.072>0.05),即个人决策与共同决策的风险偏好无显著性差异;共同决策与轮流决策的未吹爆气球平均被吹次数存在显著性差异(p=0.020<0.05),即共同决策与轮流决策的风险偏好存在显著性差异,且轮流决策的风险偏好低于共同决策,如图5-9所示。

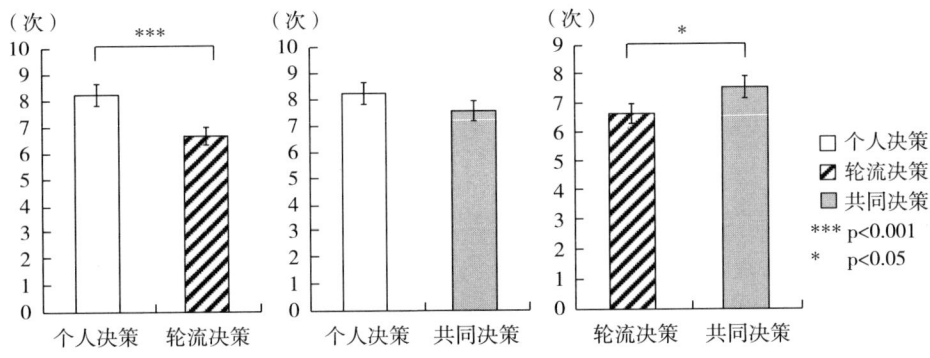

图5-9 未吹爆气球平均被吹次数比较

从收益上看,个人决策与轮流决策的收益无显著性差异(p=0.075>0.05);个人决策与共同决策的收益存在显著性差异(p=0.000<0.001),且个人决策的收益小于共同决策的收益;轮流决策与共同决策的收益存在显著性差异(p=0.012<0.05),共同决策收益大于轮流决策收益,如图5-10所示。

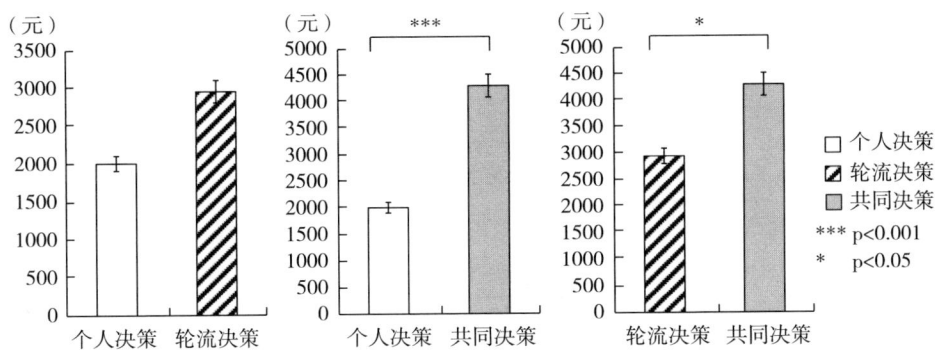

图5-10 收益比较

两名高感觉寻求总分组合中,个人决策、共同决策的风险偏好均高于轮流决策;轮流决策、共同决策的收益均高于个人决策收益。综合来说,轮流决策、共同决策均优于个人决策。

2. 按放纵欲望分数分组

将被试按放纵欲望分组,高于平均分(4.29)的为高分组,低于平均分的为低分组。

(1) 低放纵欲望分数被试在两名低放纵欲望分数被试组合中。

根据描述统计(如表5-17所示)和单因素方差分析(如表5-18所示)结果显示,从风险偏好看,个人决策、轮流决策、共同决策的未吹爆气球平均被吹次数存在显著性差异(F=0.801,p=0.451),即三者之间的风险偏好需要进一步分析。从收益情况看,个人决策、轮流决策、共同决策的收益之间存在显著性差异(F=9.124,p=0.000)。

表5-17 描述统计

未吹爆气球平均被吹次数	个数(N)	平均数	标准偏差	95%置信区间		最小值	最大值
				下限	上限		
个人	50	6.68	1.64	6.21	7.15	3.28	9.66
轮流	50	6.32	1.25	5.96	6.67	3.80	9.33
共同	50	6.53	1.40	6.13	6.93	4.000	9.11
收益	个数(N)	平均数	标准偏差	95%置信区间		最小值	最大值
				下限	上限		
个人	50	1489.80	1071.90	1185.17	1794.43	-520	4780
轮流	50	2866.80	1851.37	2340.65	3392.95	660	8280
共同	50	2712.00	2185.83	2090.79	3333.21	-800	7000

表5-18 单因素方差分析

未吹爆气球平均被吹次数	平方和	df	平均值平方	F	显著性
组间	3.338	2	1.669	0.801	0.451
组内	306.366	147	2.084	—	—
收益	平方和	df	平均值平方	F	显著性
组间	56897748.000	2	28448874.000	9.124	0.000
组内	458368286.000	147	3118151.605	—	—

为了进一步分析低放纵欲望分数被试在两名低放纵欲望分数被试组合中,个人决策、轮流决策、共同决策之间风险决策差异情况,采用事后多重比较,如表5-19所示。

表 5-19 多重比较

未吹爆气球平均被吹次数	平均差异	显著性（p值）	95%置信区间	
			下限	上限
个人—轮流	0.363	0.210	-0.207	0.933
个人—共同	0.146	0.613	-0.424	0.717
轮流—共同	-0.216	0.454	-0.787	0.353
收益	平均差异	显著性（p值）	95%置信区间	
			下限	上限
个人—轮流	-1377.000***	0.000	-2074.94	-679.06
个人—共同	-1222.200**	0.001	-1920.14	-524.26
轮流—共同	154.800	0.662	-543.14	852.74

注：** 表示 p<0.01；*** 表示 p<0.001。

从风险偏好看,个人决策与轮流决策的未吹爆气球平均被吹次数存在显著性差异（p=0.210>0.05）,即个人决策与轮流决策的风险偏好无显著性差异；个人决策与共同决策的未吹爆气球平均被吹次数无显著性差异（p=0.613>0.05）,即个人决策与共同决策的风险偏好无显著性差异；共同决策与轮流决策的未吹爆气球平均被吹次数存在显著性差异（p=0.454>0.05）,即共同决策与轮流决策的风险偏好无显著性差异,如图5-11所示。

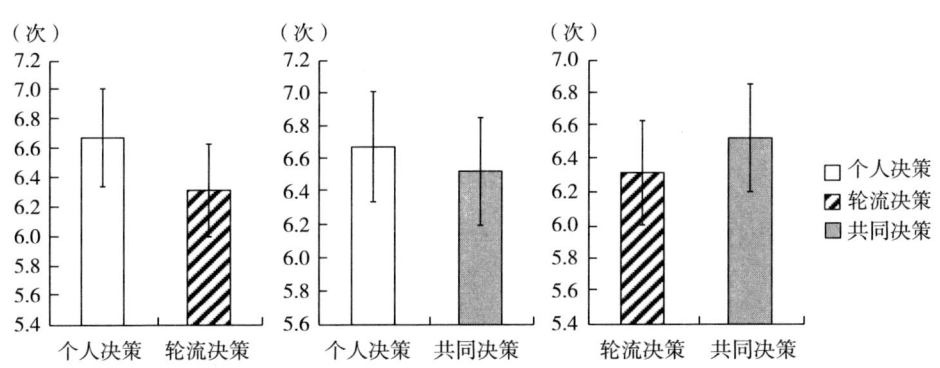

图 5-11 未吹爆气球平均被吹次数比较

从收益上看，个人决策与轮流决策的收益存在显著性差异（p = 0.000 < 0.001），且个人决策的收益小于轮流决策的收益；个人决策与共同决策的收益存在显著性差异（p = 0.001 < 0.01），且个人决策的收益小于共同决策的收益；共同决策与轮流决策的收益不存在显著性差异（p = 0.662 > 0.05），如图 5-12 所示。

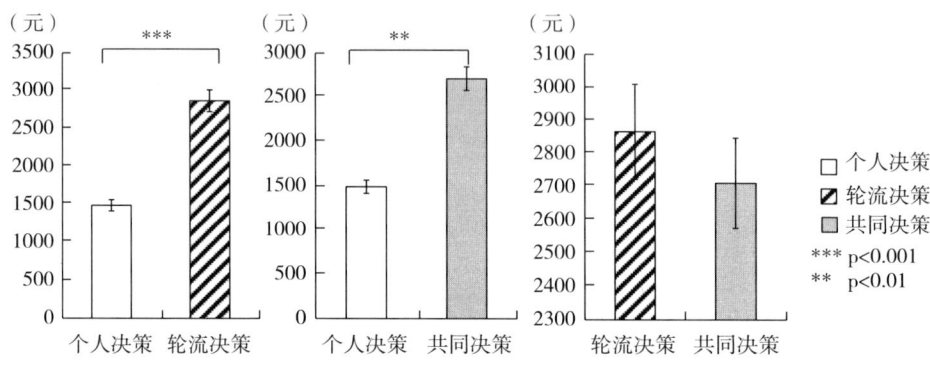

图 5-12　收益比较

两名低放纵欲望组合中，个人决策、轮流决策、共同决策的风险偏好无差异；轮流决策、共同决策的收益均高于个人决策收益。综合来说，轮流决策、共同决策均优于个人决策。

（2）低放纵欲望分数被试在一高一低放纵欲望分数被试组合中。

根据描述统计（如表 5-20 所示）和单因素方差分析（如表 5-21 所示）结果显示，从风险偏好看，个人决策、轮流决策、共同决策的未吹爆气球平均被吹次数存在显著性差异（F = 0.281，p = 0.756 > 0.05），即三种决策模式之间的风险偏好需要进一步分析。从收益情况看，个人决策、轮流决策、共同决策的收益之间存在显著性差异（F = 11.616，p = 0.000 < 0.05）。

表 5-20　描述统计

未吹爆气球平均被吹次数	个数（N）	平均数	标准偏差	95% 置信区间		最小值	最大值
				下限	上限		
个人	35	6.18	1.69	5.60	6.76	3.52	9.83
轮流	35	6.07	1.40	5.59	6.55	3.684	10.16
共同	35	6.34	1.49	5.83	6.86	3.88	11.33

续表

收益	个数（N）	平均数	标准偏差	95%置信区间		最小值	最大值
				下限	上限		
个人	35	1610.29	989.175	1270.49	1950.08	−380	5230
轮流	35	2636.57	1240.740	2210.36	3062.78	150	5370
共同	35	3747.43	2794.369	2787.53	4707.33	0	13020

表5-21 单因素方差分析

未吹爆气球平均被吹次数	平方和	df	平均值平方	F	显著性
组间	1.327	2	0.664	0.281	0.756
组内	241.005	102	2.363	—	—
收益	平方和	df	平均值平方	F	显著性
组间	79970864.762	2	39985432.381	11.616	0.000
组内	351097604.286	102	3442133.375	—	—

为了进一步分析低放纵欲望分数被试在一高一低放纵欲望分数被试组合中，个人决策、轮流决策、共同决策之间风险决策差异情况，采用事后多重比较，如表5-22所示。

表5-22 多重比较

未吹爆气球平均被吹次数	平均差异	显著性（p值）	95%置信区间	
			下限	上限
个人—轮流	0.109	0.767	−0.619	0.838
个人—共同	−0.164	0.656	−0.893	0.564
轮流—共同	−0.273	0.458	−1.002	0.455
收益	平均差异	显著性（p值）	95%置信区间	
			下限	上限
个人—轮流	−1026.286*	0.023	−1905.97	−146.60
个人—共同	−2137.143***	0.000	−3016.83	−1257.46
轮流—共同	−1110.857*	0.014	−1990.54	−231.17

注：*表示 $p<0.05$；***表示 $p<0.001$。

从风险偏好看，个人决策与轮流决策的未吹爆气球平均被吹次数无显著性差异（p=0.767>0.05），即个人决策与轮流决策的风险偏好无显著性差异；个人决策与共同决策的未吹爆气球平均被吹次数无显著性差异（p=0.656>0.05），即个人决策与共同决策的风险偏好无显著性差异；共同决策与轮流决策的未吹爆气球平均被吹次数存在显著性差异（p=0.458>0.05），即共同决策与轮流决策的风险偏好无显著性差异，如图5-13所示。

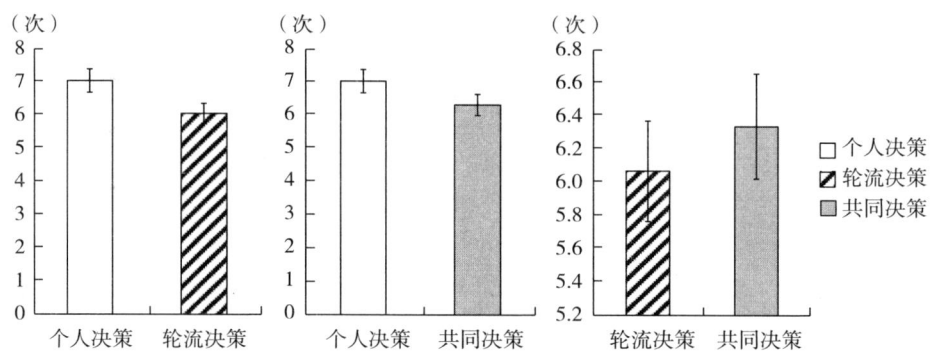

图5-13 未吹爆气球平均被吹次数比较

从收益上看，个人决策与轮流决策的收益存在显著性差异（p=0.023<0.05），且个人决策的收益小于轮流决策的收益；个人决策与共同决策的收益存在显著性差异（p=0.000<0.001），且个人决策的收益小于共同决策的收益；共同决策与轮流决策的收益存在显著性差异（p=0.014<0.05），且共同决策收益高于轮流决策的收益，如图5-14所示。

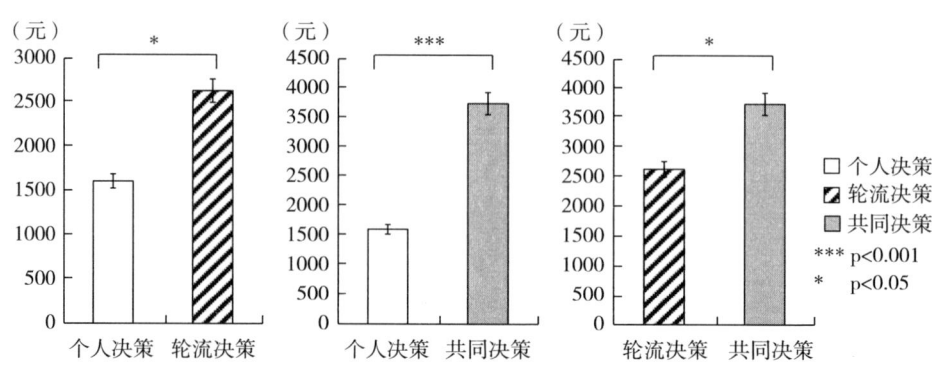

图5-14 收益比较

一高一低两名放纵欲望被试组合中，低感觉寻求被试的个人决策、轮流决策、共同决策的风险偏好无差异；共同决策高于轮流决策的收益，轮流决策高于个人决策收益。综合来说，轮流决策、共同决策均优于个人决策。

（3）高放纵欲望分数被试在一高一低放纵欲望分数被试组合中。

根据描述统计（如表5-23所示）和单因素方差分析（如表5-24所示）结果显示，从风险偏好看，个人决策、轮流决策、共同决策的未吹爆气球平均被吹次数存在显著性差异（F=3.542，p=0.033<0.05）。从收益情况看，个人决策、轮流决策、共同决策的收益之间存在显著性差异（F=8.610，p=0.000<0.05）。

表5-23 描述统计

未吹爆气球平均被吹次数	个数（N）	平均数	标准偏差	95%置信区间		最小值	最大值
				下限	上限		
个人	35	7.05	1.84	6.42	7.69	4.05	11.20
轮流	35	6.07	1.40	5.59	6.55	3.68	10.16
共同	35	6.34	1.49	5.83	6.86	3.88	11.33
收益	个数（N）	平均数	标准偏差	95%置信区间		最小值	最大值
				下限	上限		
个人	35	1878.29	1195.554	1467.60	2288.97	120	4980
轮流	35	2636.57	1240.740	2210.36	3062.78	150	5370
共同	35	3747.43	2794.369	2787.53	4707.33	0	13020

表5-24 单因素方差分析

未吹爆气球平均被吹次数	平方和	df	平均值平方	F	显著性
组间	18.027	2	9.013	3.542	0.033
组内	259.542	102	2.545	—	—
收益	平方和	df	平均值平方	F	显著性
组间	61864784.762	2	30932392.381	8.610	0.000
组内	366427604.286	102	3592427.493	—	—

为了进一步分析高放纵欲望分数被试在两名低放纵欲望分数被试组合中，个人决策、轮流决策、共同决策之间风险决策差异情况，采用事后多重比较，如表5-25所示。

表 5 – 25　多重比较

未吹爆气球平均被吹次数	平均差异	显著性（p 值）	95%置信区间	
			下限	上限
个人—轮流	0.983	0.011	0.226	1.739
个人—共同	0.7096	0.066	-0.046	1.465
轮流—共同	-0.273	0.475	-1.029	0.482
收益	平均差异	显著性（p 值）	95%置信区间	
			下限	上限
个人—轮流	-758.286	0.097	-1656.97	140.40
个人—共同	-1869.143***	0.000	-2767.83	-970.46
轮流—共同	-1110.857*	0.016	-2009.54	-212.17

注：*表示 p<0.05；***表示 p<0.001。

从风险偏好看，个人决策与轮流决策的未吹爆气球平均被吹次数存在显著性差异（p=0.011<0.05），即个人决策与轮流决策的风险偏好存在显著性差异；个人决策与共同决策的未吹爆气球平均被吹次数无显著性差异（p=0.066>0.05），即个人决策与共同决策的风险偏好无显著性差异；共同决策与轮流决策的未吹爆气球平均被吹次数存在显著性差异（p=0.475>0.05），即共同决策与轮流决策的风险偏好无显著性差异，如图 5 – 15 所示。

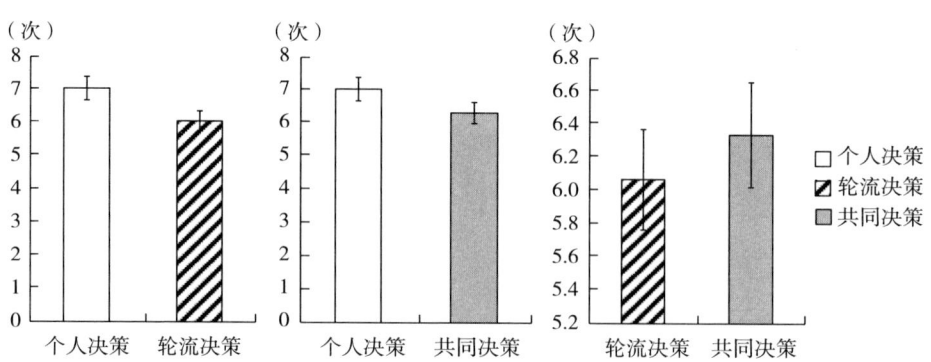

图 5 – 15　未吹爆气球平均被吹次数比较

从收益上看，个人决策与轮流决策的收益无显著性差异（p=0.097>0.05）；个人决策与共同决策的收益存在显著性差异（p=0.000<0.001），且个人决策的

收益小于共同决策的收益；共同决策与轮流决策的收益存在显著性差异（p＝0.016＜0.05），且轮流决策的收益小于共同决策的收益，如图5－16所示。

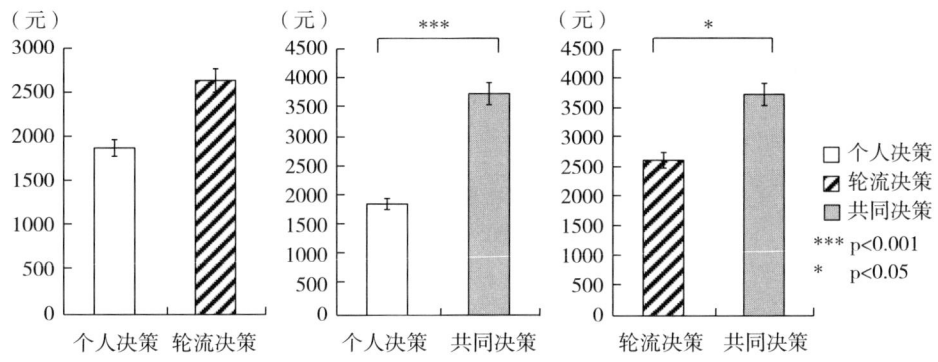

图5－16 收益比较

一高一低两名放纵欲望被试组合中，高感觉寻求被试的个人决策风险偏好高于轮流决策；共同决策收益高于个人决策和轮流决策收益。综合来说，轮流决策、共同决策均优于个人决策。

（4）高放纵欲望分数被试在两名高放纵欲望分数被试组合中。

根据描述统计（如表5－26所示）和单因素方差分析（如表5－27所示）结果显示，从风险偏好看，个人决策、轮流决策、共同决策的未吹爆气球平均被吹次数存在显著性差异（F＝12.502，p＝0.000＜0.05），即三种决策模式之间的风险偏好存在显著性差异。从收益情况看，个人决策、轮流决策、共同决策的收益之间存在显著性差异（F＝5.602，p＝0.005＜0.05）。

表5－26 描述统计

未吹爆气球平均被吹次数	个数（N）	平均数	标准偏差	95%置信区间		最小值	最大值
				下限	上限		
个人	36	8.38	2.15	7.65	9.11	5.07	13.00
轮流	36	6.40	1.26	5.97	6.83	4.05	9.33
共同	36	7.49	1.50	6.98	8.01	4.66	10.28

续表

收益	个数（N）	平均数	标准偏差	95%置信区间		最小值	最大值
				下限	上限		
个人	36	1836.67	1303.845	1395.51	2277.82	-270	4360
轮流	36	3541.67	2230.037	2787.13	4296.20	-510	8010
共同	36	3343.33	3176.163	2268.67	4417.99	-1280	10960

表 5-27 单因素方差分析

未吹爆气球平均被吹次数	平方和	df	平均值平方	F	显著性
组间	71.105	2	35.553	12.502	0.000
组内	298.591	105	2.844	—	—
收益	平方和	df	平均值平方	F	显著性
组间	62596866.667	2	31298433.333	5.602	0.005
组内	586638100.000	105	5587029.524	—	—

为了进一步分析高放纵欲望分数被试在两名高放纵欲望分数被试组合中，个人决策、轮流决策、共同决策之间风险决策差异情况，采用事后多重比较，如表 5-28 所示。

表 5-28 多重比较

未吹爆气球平均被吹次数	平均差异	显著性（p 值）	95%置信区间	
			下限	上限
个人—轮流	1.983***	0.000	1.195	2.771
个人—共同	0.886*	0.028	0.098	1.674
轮流—共同	-1.096**	0.007	-1.885	-0.308
收益	平均差异	显著性（p 值）	95%置信区间	
			下限	上限
个人—轮流	-1705.000**	0.003	-2809.68	-600.32
个人—共同	-1506.667**	0.008	-2611.35	-401.99
轮流—共同	198.333	0.723	-906.35	1303.01

注：*表示 p<0.05；**表示 p<0.01；***表示 p<0.001。

从风险偏好看，个人决策与轮流决策的未吹爆气球平均被吹次数存在显著性差异（p=0.000<0.01），即个人决策与轮流决策的风险偏好存在显著性差异，

个人决策的风险差异显著高于轮流决策的风险偏好；个人决策与共同决策的未吹爆气球平均被吹次数存在显著性差异（p = 0.028 < 0.05），即个人决策与共同决策的风险偏好之间存在显著性差异，且个人决策风险偏好高于共同决策风险偏好；共同决策与轮流决策的未吹爆气球平均被吹次数存在显著性差异（p = 0.007 < 0.05），即共同决策与轮流决策的风险偏好存在显著性差异，且轮流决策的风险偏好低于共同决策，如图 5 – 17 所示。

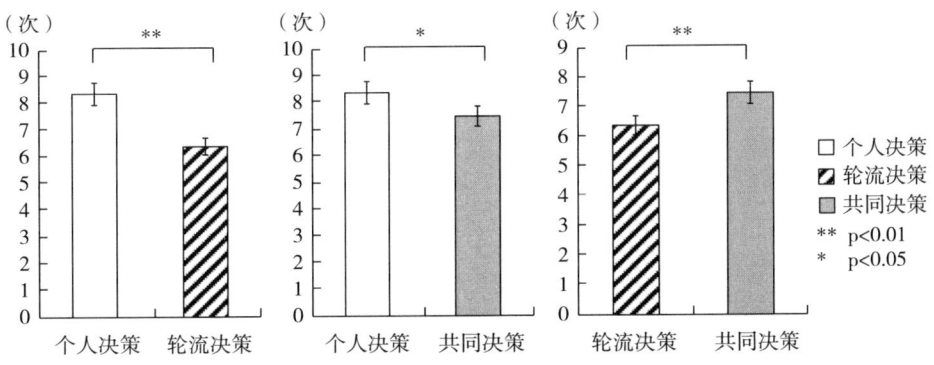

图 5 – 17　未吹爆气球平均被吹次数比较

从收益上看，个人决策与轮流决策的收益存在显著性差异（p = 0.003 < 0.05），且个人决策的收益小于轮流决策的收益；个人决策与共同决策的收益存在显著性差异（p = 0.008 < 0.05），且个人决策的收益小于共同决策的收益；共同决策与轮流决策的收益无显著性差异（p = 0.723 > 0.05），如图 5 – 18 所示。

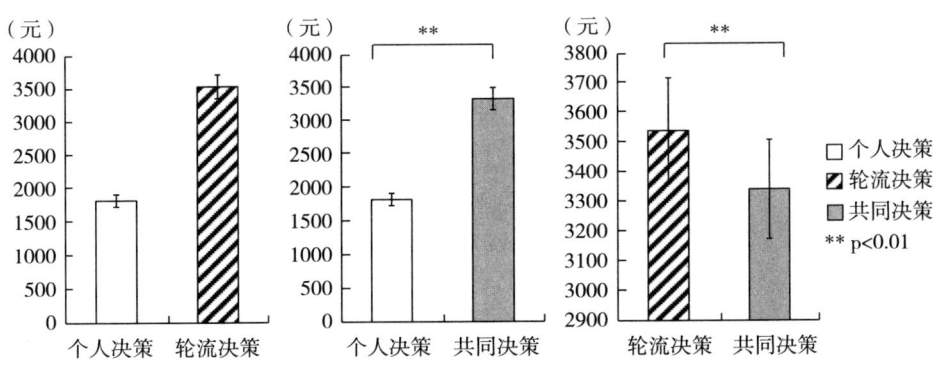

图 5 – 18　收益比较

两名高放纵欲望被试组合中，被试的个人决策风险偏好高于共同决策，共同决策高于轮流决策；共同决策、轮流决策收益高于个人决策收益。综合来说，轮流决策、共同决策均优于个人决策。

3. 按冒险寻求分数分组

将被试按冒险寻求分数分组，高于平均分（8.57）的为高分组，低于平均分的为低分组。

（1）低冒险寻求分数被试在两名低冒险寻求分数被试组合中。

根据描述统计（如表5-29所示）和单因素方差分析（如表5-30所示）结果显示，从风险偏好看，个人决策、轮流决策、共同决策的未吹爆气球平均被吹次数差异需要进一步分析（F=0.935，p=0.397），即三者之间的风险偏好需要进一步分析。从收益情况看，个人决策、轮流决策、共同决策的收益之间存在显著性差异（F=3.980，p=0.023）。

表5-29 描述统计

未吹爆气球平均被吹次数	个数（N）	平均数	标准偏差	95%置信区间		最小值	最大值
				下限	上限		
个人	26	6.34	1.53	5.72	6.96	3.28	9.54
轮流	26	5.86	1.23	5.36	6.36	3.80	8.42
共同	26	6.03	1.06	5.60	6.46	4.23	8.00
收益	个数（N）	平均数	标准偏差	95%置信区间		最小值	最大值
				下限	上限		
个人	26	1566.92	945.33	1185.09	1948.75	-20	4980
轮流	26	2663.46	1467.90	2070.56	3256.36	990	4890
共同	26	2295.38	1747.63	1589.50	3001.27	200	4880

表5-30 单因素方差分析

未吹爆气球平均被吹次数	平方和	df	平均值平方	F	显著性
组间	3.11	2	1.55	0.935	0.397
组内	124.97	75	1.66	—	—
收益	平方和	df	平均值平方	F	显著性
组间	16193956.410	2	8096978.205	3.980	0.023
组内	152565538.462	75	2034207.179	—	—

为了进一步分析低冒险寻求分数被试在两名低冒险寻求分数被试组合中,个人决策、轮流决策、共同决策之间风险决策差异情况,采用事后多重比较,如表5-31所示。

表 5-31 多重比较

未吹爆气球平均被吹次数	平均差异	显著性（p值）	95%置信区间	
			下限	上限
个人—轮流	0.481	0.182	-0.231	1.195
个人—共同	0.316	0.379	-0.396	1.029
轮流—共同	-0.165	0.646	-0.878	0.548
收益	平均差异	显著性（p值）	95%置信区间	
			下限	上限
个人—轮流	-1096.538	0.007	-1884.56	-308.52
个人—共同	-728.462	0.069	-1516.48	59.56
轮流—共同	368.077	0.355	-419.94	1156.10

从风险偏好看,个人决策与轮流决策的未吹爆气球平均被吹次数存在显著性差异（p=0.182>0.05）,即个人决策与轮流决策的风险偏好无显著性差异；个人决策与共同决策的未吹爆气球平均被吹次数无显著性差异（p=0.379>0.05）,即个人决策与共同决策的风险偏好无显著性差异；共同决策与轮流决策的未吹爆气球平均被吹次数存在显著性差异（p=0.646>0.05）,即共同决策与轮流决策的风险偏好无显著性差异,如图5-19所示。

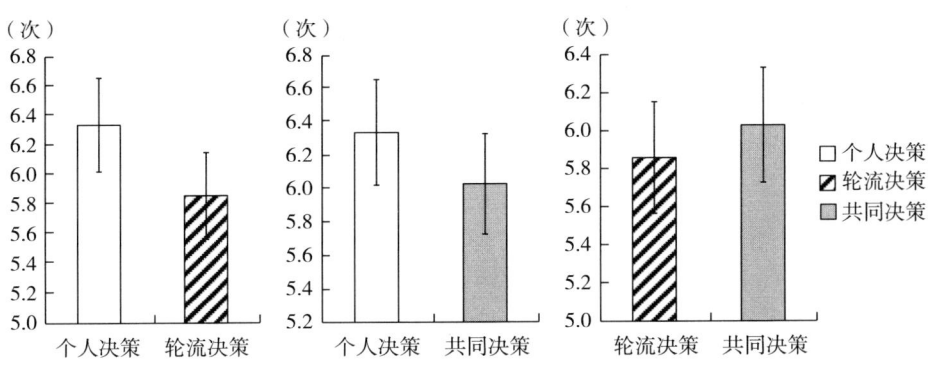

图 5-19 未吹爆气球平均被吹次数比较

从收益上看,个人决策与轮流决策的收益存在显著性差异(p = 0.007 < 0.05),且个人决策的收益小于轮流决策的收益;个人决策与共同决策的收益无显著性差异(p = 0.069 > 0.05);共同决策与轮流决策的收益不存在显著性差异(p = 0.355 > 0.05),如图5-20所示。

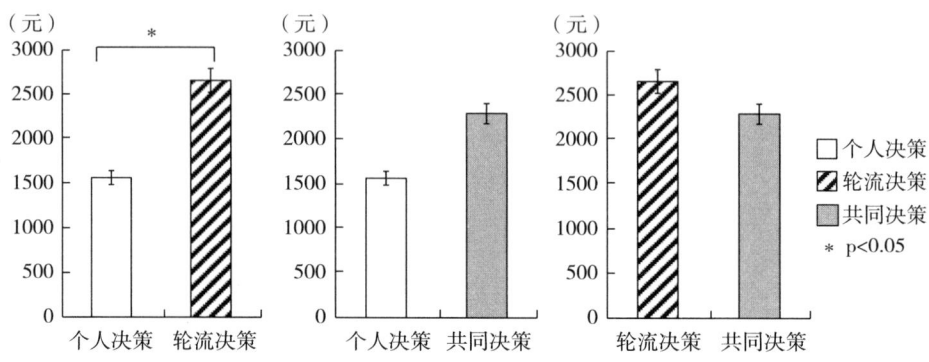

图5-20 收益比较

两名低冒险寻求分数被试组合中,个人决策、轮流决策、共同决策的风险偏好无差异;轮流决策高于个人决策收益。综合来说,轮流决策、共同决策均优于个人决策。

(2)低冒险寻求分数被试在一高一低冒险寻求分数被试组合中。

根据描述统计(如表5-32所示)和单因素方差分析(如表5-33所示)结果显示,从风险偏好看,个人决策、轮流决策、共同决策的未吹爆气球平均被吹次数差异需要进一步分析(F = 1.829,p = 0.166 > 0.05),即三种决策模式之间的风险偏好需要进一步分析。从收益情况看,个人决策、轮流决策、共同决策的收益之间存在显著性差异(F = 8.150,p = 0.001 < 0.05)。

表5-32 描述统计

未吹爆气球平均被吹次数	个数(N)	平均数	标准偏差	95%置信区间		最小值	最大值
				下限	上限		
个人	35	7.02	1.75	6.42	7.63	3.65	11.40
轮流	35	6.35	1.39	5.87	6.83	4.05	9.33
共同	35	6.86	1.44	6.373	7.36	4.470	10.28

续表

收益	个数（N）	平均数	标准偏差	95%置信区间		最小值	最大值
				下限	上限		
个人	35	1454.86	1043.50	1096.40	1813.31	-260	3560
轮流	35	2898.86	1761.55	2293.74	3503.97	-510	8280
共同	35	3039.43	2391.41	2217.95	3860.91	-1280	10900

表5-33 单因素方差分析

未吹爆气球平均被吹次数	平方和	df	平均值平方	F	显著性
组间	8.690	2	4.345	1.829	0.166
组内	242.355	102	2.376	—	—
收益	平方和	df	平均值平方	F	显著性
组间	53850567.619	2	26925283.810	8.150	0.001
组内	336969117.143	102	3303618.796	—	—

为了进一步分析低冒险寻求分数被试在一高一低冒险寻求分数被试组合中，个人决策、轮流决策、共同决策之间风险决策差异情况，采用事后多重比较，如表5-34所示。

表5-34 多重比较

未吹爆气球平均被吹次数	平均差异	显著性（p值）	95%置信区间	
			下限	上限
个人—轮流	0.674	0.070	-0.056	1.405
个人—共同	0.160	0.664	-0.570	0.891
轮流—共同	-0.514	0.166	-1.244	0.216
收益	平均差异	显著性（p值）	95%置信区间	
			下限	上限
个人—轮流	-1444.000	0.001	-2305.80	-582.20
个人—共同	-1584.571	0.000	-2446.37	-722.77
轮流—共同	-140.571	0.747	-1002.37	721.23

从风险偏好看，个人决策与轮流决策的未吹爆气球平均被吹次数无显著性差

异（p=0.070>0.05），即个人决策与轮流决策的风险偏好无显著性差异；个人决策与共同决策的未吹爆气球平均被吹次数无显著性差异（p=0.664>0.05），即个人决策与共同决策的风险偏好无显著性差异；共同决策与轮流决策的未吹爆气球平均被吹次数存在显著性差异（p=0.166>0.05），即共同决策与轮流决策的风险偏好无显著性差异，如图5-21所示。

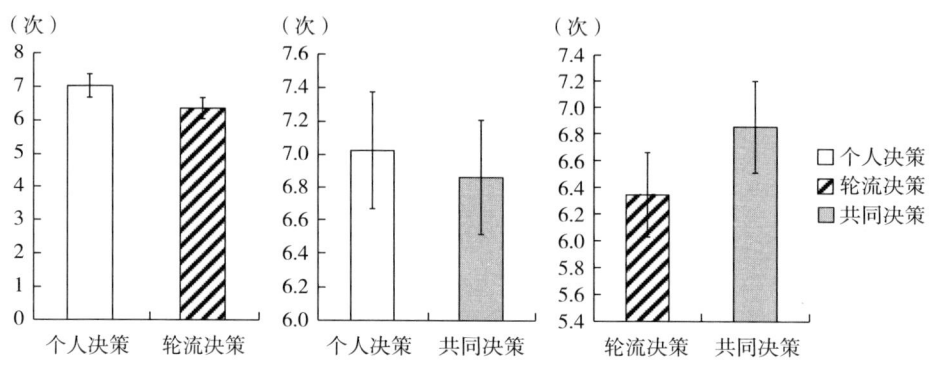

图5-21 未吹爆气球平均被吹次数

从收益上看，个人决策与轮流决策的收益存在显著性差异（p=0.001<0.05），且个人决策的收益小于轮流决策的收益；个人决策与共同决策的收益存在显著性差异（p=0.000<0.05），且个人决策的收益小于共同决策的收益；共同决策与轮流决策的收益无显著性差异（p=0.747>0.05），如图5-22所示。

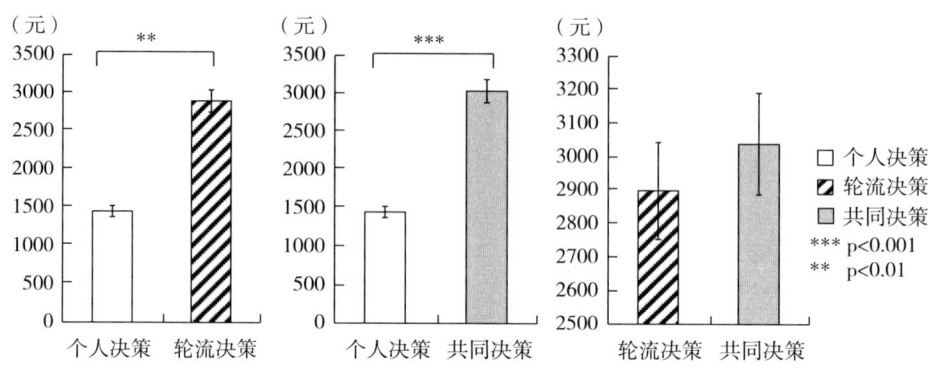

图5-22 收益比较

低分被试在一高一低冒险寻求分数被试组合中,个人决策、轮流决策、共同决策的风险偏好无差异;轮流决策、共同决策收益高于个人决策收益。综合来说,轮流决策、共同决策均优于个人决策。

(3)高冒险寻求分数被试在一高一低冒险寻求分数被试组合中。

根据描述统计(如表 5-35 所示)和单因素方差分析(如表 5-36 所示)结果显示,从风险偏好看,个人决策、轮流决策、共同决策的未吹爆气球平均被吹次数差异性需要进一步分析(F = 2.043,p = 0.135 < 0.05)。从收益情况看,个人决策、轮流决策、共同决策的收益之间存在显著性差异(F = 4.680,p = 0.011 < 0.05)。

表 5-35 描述统计

未吹爆气球平均被吹次数	个数(N)	平均数	标准偏差	95%置信区间		最小值	最大值
				下限	上限		
个人	35	7.14	2.08	6.43	7.86	3.28	13.00
轮流	35	6.35	1.39	5.87	6.83	4.05	9.33
共同	35	6.86	1.44	6.37	7.36	4.47	10.28
收益	个数(N)	平均数	标准偏差	95%置信区间		最小值	最大值
				下限	上限		
个人	35	1792.57	1281.383	1352.40	2232.74	-520	4310
轮流	35	2898.86	1761.556	2293.74	3503.97	-510	8280
共同	35	3039.43	2391.418	2217.95	3860.91	-1280	10900

表 5-36 单因素方差分析

未吹爆气球平均被吹次数	平方和	df	平均值平方	F	显著性
组间	11.387	2	5.694	2.043	0.135
组内	284.316	102	2.787	—	—
收益	平方和	df	平均值平方	F	显著性
组间	32646613.333	2	16323306.667	4.680	0.011
组内	355772711.429	102	3487967.759	—	—

为了进一步分析高冒险寻求分数被试在一高一低冒险寻求分数被试组合中,个人决策、轮流决策、共同决策之间风险决策差异情况,采用事后多重比较,如

表 5-37 所示。

表 5-37 多重比较

未吹爆气球平均被吹次数	平均差异	显著性（p值）	95%置信区间	
			下限	上限
个人—轮流	0.795	0.049	0.003	1.586
个人—共同	0.281	0.483	-0.510	1.072
轮流—共同	-0.514	0.201	-1.305	0.277
收益	平均差异	显著性（p值）	95%置信区间	
			下限	上限
个人—轮流	-1106.286	0.015	-1991.81	-220.77
个人—共同	-1246.857	0.006	-2132.38	-361.34
轮流—共同	-140.571	0.754	-1026.09	744.95

从风险偏好看，个人决策与轮流决策的未吹爆气球平均被吹次数存在显著性差异（p=0.049<0.05），即个人决策的风险偏好显著性高于轮流决策的风险偏好；个人决策与共同决策的未吹爆气球平均被吹次数无显著性差异（p=0.483>0.05），即个人决策与共同决策的风险偏好无显著性差异；共同决策与轮流决策的未吹爆气球平均被吹次数存在显著性差异（p=0.201>0.05），即共同决策与轮流决策的风险偏好无显著性差异，如图 5-23 所示。

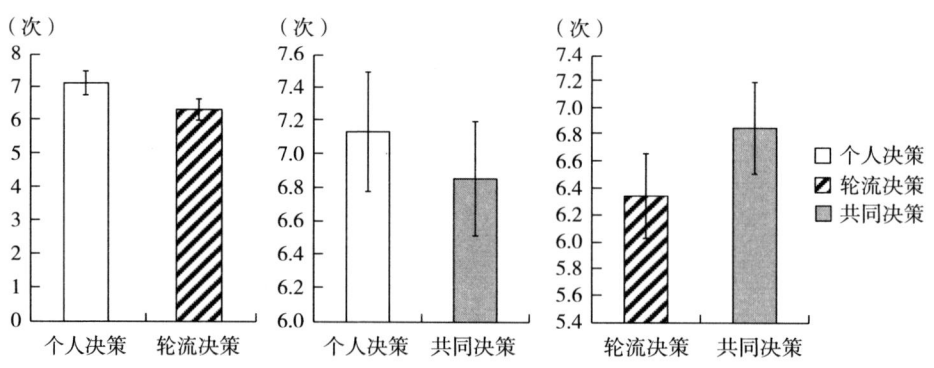

图 5-23 未吹爆气球平均被吹次数比较

从收益上看,个人决策与轮流决策的收益存在显著性差异($p = 0.015 < 0.05$),且个人决策收益低于轮流决策收益;个人决策与共同决策的收益存在显著性差异($p = 0.006 < 0.01$),且个人决策的收益小于共同决策的收益;共同决策与轮流决策的收益无显著性差异($p = 0.754 > 0.05$),如图5-24所示。

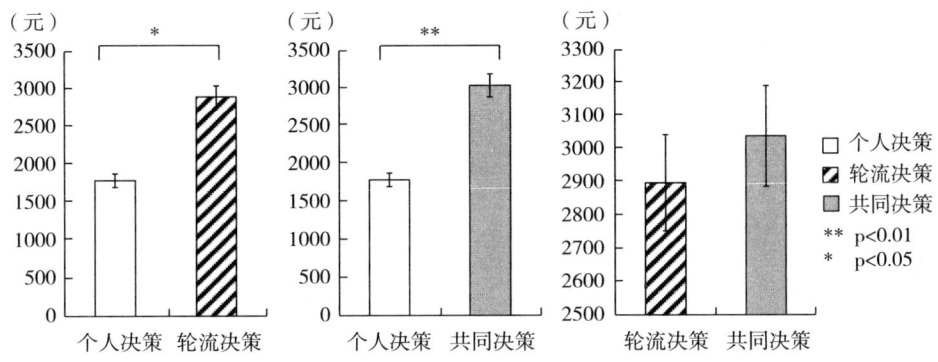

图5-24 收益比较

一高一低冒险寻求两名被试组合中,高分数被试的个人决策风险偏好高于轮流决策;共同决策和轮流决策收益高于个人决策收益。综合来说,轮流决策、共同决策均优于个人决策。

(4)高冒险寻求分数被试在两名高冒险寻求分数被试组合中。

根据描述统计(如表5-38所示)和单因素方差分析(如表5-39所示)结果显示,从风险偏好看,个人决策、轮流决策、共同决策的未吹爆气球平均被吹次数存在显著性差异($F = 5.460$,$p = 0.005 < 0.05$),即三种决策模式之间的风险偏好存在显著性差异。从收益情况看,个人决策、轮流决策、共同决策的收益之间存在显著性差异($F = 15.592$,$p = 0.000 < 0.05$)。

表5-38 描述统计

未吹爆气球平均被吹次数	个数(N)	平均数	标准偏差	95%置信区间		最小值	最大值
				下限	上限		
个人	60	7.30	2.17	6.74	7.86	3.52	13.00
轮流	60	6.24	1.26	5.91	6.56	3.68	10.16
共同	60	6.72	1.73	6.27	7.17	3.88	11.33

续表

收益	个数（N）	平均数	标准偏差	95%置信区间		最小值	最大值
				下限	上限		
个人	60	1805.17	1187.67	1498.36	2111.98	-380	5230
轮流	60	3053.83	1835.03	2579.79	3527.87	-20	8010
共同	60	4097.33	3229.01	3263.19	4931.48	-800	13020

表 5-39 单因素方差分析

未吹爆气球平均被吹次数	平方和	df	平均值平方	F	显著性
组间	34.050	2	17.025	5.460	0.005
组内	551.960	177	3.118	—	—
收益	平方和	df	平均值平方	F	显著性
组间	158041774.444	2	79020887.222	15.592	0.000
组内	897063740.000	177	5068156.723	—	—

为了进一步分析高冒险寻求分数被试在两名高冒险寻求分数被试组合中，个人决策、轮流决策、共同决策之间风险决策差异情况，采用事后多重比较，如表 5-40 所示。

表 5-40 多重比较

未吹爆气球平均被吹次数	平均差异	显著性（p 值）	95%置信区间	
			下限	上限
个人—轮流	1.064**	0.001	0.427	1.700
个人—共同	0.577	0.075	-0.058	1.213
轮流—共同	-0.486	0.133	-1.122	0.149
收益	平均差异	显著性（p 值）	95%置信区间	
			下限	上限
个人—轮流	-1248.667**	0.003	-2059.80	-437.53
个人—共同	-2292.167***	0.000	-3103.30	-1481.03
轮流—共同	-1043.500*	0.012	-1854.63	-232.37

注：* 表示 $p<0.05$；** 表示 $p<0.01$；*** 表示 $p<0.001$。

从风险偏好看，个人决策与轮流决策的未吹爆气球平均被吹次数存在显著性差异（p=0.001<0.05），即个人决策与轮流决策的风险偏好存在显著性差异，个人决策的风险差异显著高于轮流决策的风险偏好；个人决策与共同决策的未吹爆气球平均被吹次数无显著性差异（p=0.075>0.05），即个人决策与共同决策的风险偏好之间无显著性差异；共同决策与轮流决策的未吹爆气球平均被吹次数无显著性差异（p=0.133>0.05），即共同决策与轮流决策的风险偏好无显著性差异，如图5-25所示。

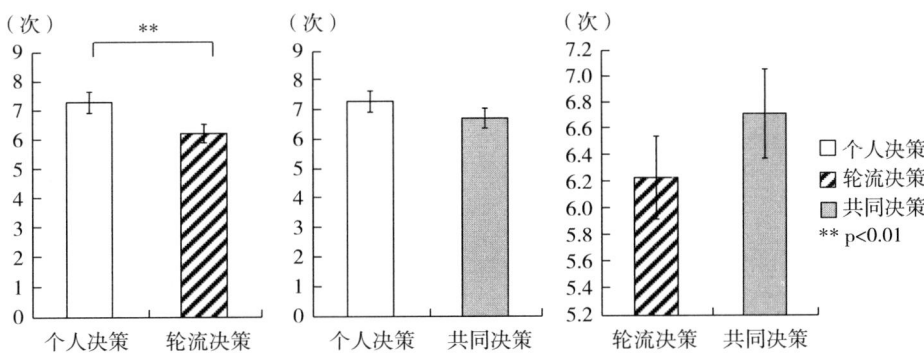

图 5-25 未吹爆气球平均被吹次数比较

从收益上看，个人决策与轮流决策的收益存在显著性差异（p=0.003<0.01），且个人决策的收益小于轮流决策的收益；个人决策与共同决策的收益存在显著性差异（p=0.000<0.001），且个人决策的收益小于共同决策的收益；共同决策与轮流决策的收益存在显著性差异（p=0.012<0.01），如图5-26所示。

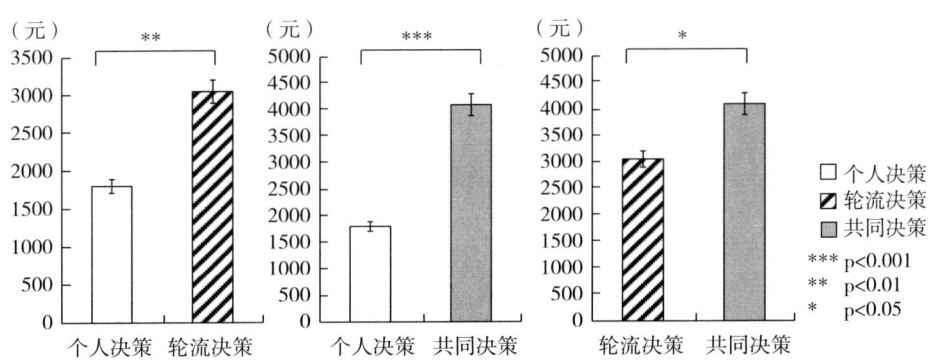

图 5-26 收益比较

两名高危险与冒险被试组合中,被试的个人决策和共同决策风险偏好高于轮流决策;共同决策和轮流决策收益高于个人决策收益。综合来说,轮流决策、共同决策均优于个人决策。

4. 按不甘寂寞分数分组

将被试按不甘寂寞分数分组,高于平均分(2.58)的为高分组,低于平均分的为低分组。

(1)低不甘寂寞分数被试在两名低不甘寂寞分数被试组合中。

根据描述统计(如表5-41所示)和单因素方差分析(如表5-42所示)结果显示,从风险偏好看,个人决策、轮流决策、共同决策的未吹爆气球平均被吹次数存在显著性差异(F=0.828,p=0.439),即三者之间的风险偏好需要进一步分析。从收益情况看,个人决策、轮流决策、共同决策的收益之间存在显著性差异(F=7.623,p=0.001)。

表5-41 描述统计

未吹爆气球平均被吹次数	个数(N)	平均数	标准偏差	95%置信区间		最小值	最大值
				下限	上限		
个人	50	6.81	2.00	6.24	7.38	3.60	13.00
轮流	50	6.37	1.32	5.99	6.75	3.88	9.33
共同	50	6.61	1.77	6.11	7.12	4.23	11.33
收益	个数(N)	平均数	标准偏差	95%置信区间		最小值	最大值
				下限	上限		
个人	50	1715.80	970.645	1439.95	1991.65	120	4360
轮流	50	2889.50	2033.578	2311.56	3467.44	-20	8280
共同	50	2972.00	2153.448	2360.00	3584.00	-180	7640

表5-42 单因素方差分析

未吹爆气球平均被吹次数	平方和	df	平均值平方	F	显著性
组间	4.938	2	2.469	0.828	0.439
组内	438.125	147	2.980	—	—
收益	平方和	df	平均值平方	F	显著性
组间	49373606.333	2	24686803.167	7.623	0.001
组内	476031530.500	147	3238309.731		

为了进一步分析低不甘寂寞分数被试在两名低不甘寂寞分数被试组合中,个人决策、轮流决策、共同决策之间风险决策差异情况,采用事后多重比较,如表5-43所示。

表 5-43 多重比较

未吹爆气球平均被吹次数	平均差异	显著性(p值)	95%置信区间	
			下限	上限
个人—轮流	0.443	0.201	-0.238	1.126
个人—共同	0.200	0.563	-0.482	0.882
轮流—共同	-0.243	0.482	-0.925	0.438
收益	平均差异	显著性(p值)	95%置信区间	
			下限	上限
个人—轮流	-1173.700**	0.001	-1884.96	-462.44
个人—共同	-1256.200**	0.001	-1967.46	-544.94
轮流—共同	-82.500	0.819	-793.76	628.76

注:** 表示 $p<0.01$。

从风险偏好看,个人决策与轮流决策的未吹爆气球平均被吹次数存在显著性差异($p=0.201>0.05$),即个人决策与轮流决策的风险偏好无显著性差异;个人决策与共同决策的未吹爆气球平均被吹次数无显著性差异($p=0.563>0.05$),即个人决策与共同决策的风险偏好无显著性差异;共同决策与轮流决策的未吹爆气球平均被吹次数存在显著性差异($p=0.482>0.05$),即共同决策与轮流决策的风险偏好无显著性差异,如图5-27所示。

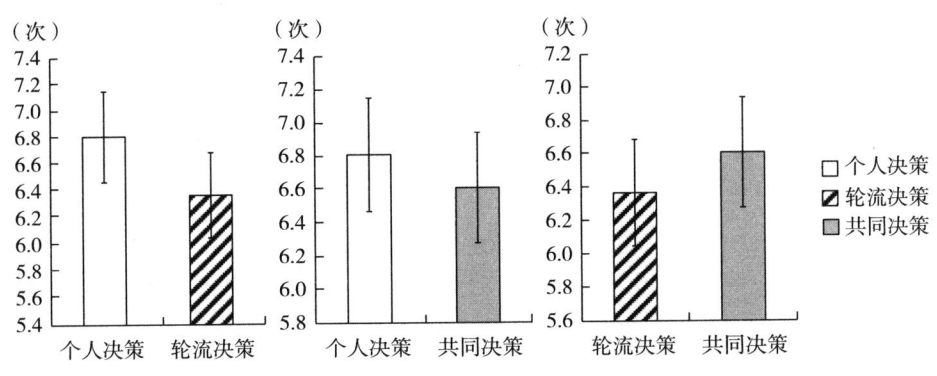

图 5-27 未吹爆气球平均被吹次数

从收益上看，个人决策与轮流决策的收益存在显著性差异（p＝0.001＜0.01），且个人决策的收益小于轮流决策的收益；个人决策与共同决策的收益存在显著性差异（p＝0.001＜0.01），且个人决策的收益小于共同决策的收益；共同决策与轮流决策的收益不存在显著性差异（p＝0.819＞0.05），如图5－28所示。

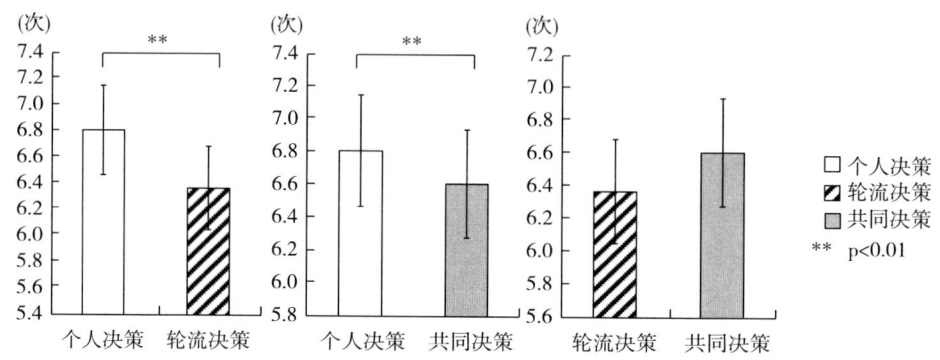

图5－28　收益比较

两名低不甘寂寞被试组合中，被试的个人决策、轮流决策、共同决策风险偏好无显著差异；共同决策和轮流决策收益高于个人决策收益。综合来说，轮流决策、共同决策均优于个人决策。

（2）低不甘寂寞分数被试在一高一低不甘寂寞分数被试组合中。

根据描述统计（如表5－44所示）和单因素方差分析（如表5－45所示）结果显示，从风险偏好看，个人决策、轮流决策、共同决策的未吹爆气球平均被吹次数存在显著性差异（F＝5.026，p＝0.008＜0.05），即三种决策模式的风险偏好之间存在显著性差异。从收益情况看，个人决策、轮流决策、共同决策的收益之间存在显著性差异（F＝7.824，p＝0.001＜0.05）。

表5－44　描述统计

未吹爆气球平均被吹次数	个数（N）	平均数	标准偏差	95%置信区间		最小值	最大值
				下限	上限		
个人	37	7.14	1.99	6.47	7.80	3.28	11.00
轮流	37	5.99	1.35	5.54	6.44	3.68	9.33
共同	37	6.65	1.21	6.25	7.06	4.23	9.66

续表

收益	个数（N）	平均数	标准偏差	95%置信区间		最小值	最大值
				下限	上限		
个人	37	1620.00	1126.642	1244.36	1995.64	-380	4310
轮流	37	2837.97	1422.572	2363.66	3312.28	-20	6270
共同	37	3376.22	2862.310	2421.87	4330.56	-240	10960

表 5-45 单因素方差分析

未吹爆气球平均被吹次数	平方和	df	平均值平方	F	显著性
组间	24.441	2	12.221	5.026	0.008
组内	262.597	108	2.431	—	—
收益	平方和	df	平均值平方	F	显著性
组间	59908665.315	2	29954332.658	7.824	0.001
组内	413490693.243	108	3828617.530	—	—

为了进一步分析低不甘寂寞分数被试在一高一低不甘寂寞分数被试组合中，个人决策、轮流决策、共同决策之间风险决策差异情况，采用事后多重比较，如表 5-46 所示。

表 5-46 多重比较

未吹爆气球平均被吹次数	平均差异	显著性（p值）	95%置信区间	
			下限	上限
个人—轮流	1.144**	0.002	0.426	1.863
个人—共同	0.483	0.186	-0.235	1.201
轮流—共同	-0.661	0.071	-1.380	0.056
收益	平均差异	显著性（p值）	95%置信区间	
			下限	上限
个人—轮流	-1217.973**	0.009	-2119.70	-316.24
个人—共同	-1756.216***	0.000	-2657.95	-854.49
轮流—共同	-538.243	0.239	-1439.97	363.49

注：**表示 $p<0.01$；***表示 $p<0.001$。

从风险偏好看,个人决策与轮流决策的未吹爆气球平均被吹次数存在显著性差异(p=0.002<0.01),即个人决策与轮流决策的风险偏好存在显著性差异,且个人决策风险偏好高于轮流决策风险偏好;个人决策与共同决策的未吹爆气球平均被吹次数无显著性差异(p=0.186>0.05),即个人决策与共同决策的风险偏好无显著性差异;共同决策与轮流决策的未吹爆气球平均被吹次数存在显著性差异(p=0.071>0.05),即共同决策与轮流决策的风险偏好无显著性差异,如图5-29所示。

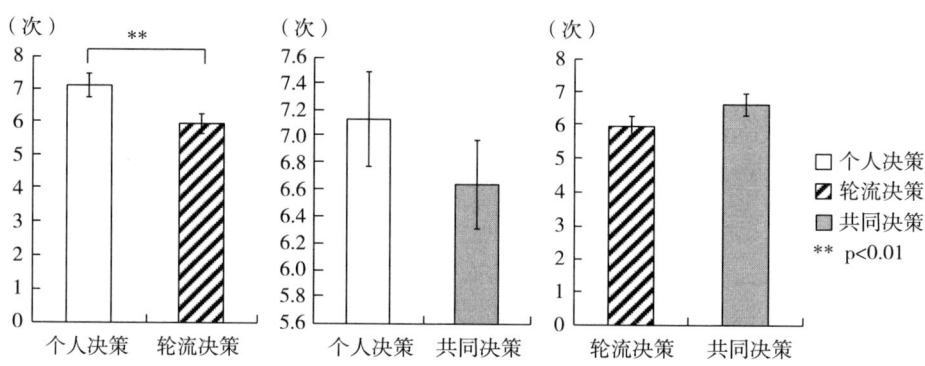

图5-29 未吹爆气球平均被吹次数比较

从收益上看,个人决策与轮流决策的收益存在显著性差异(p=0.009<0.01),且个人决策的收益小于轮流决策的收益;个人决策与共同决策的收益存在显著性差异(p=0.000<0.001),且个人决策的收益小于共同决策的收益;共同决策与轮流决策的收益无显著性差异(p=0.239>0.05),如图5-30所示。

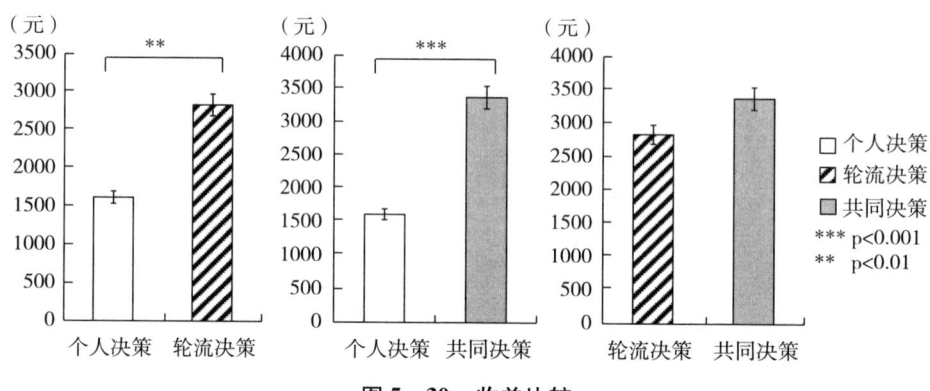

图5-30 收益比较

一高一低两名不甘寂寞被试组合中，低分数被试的个人决策风险偏好高于轮流决策；共同决策和轮流决策收益高于个人决策收益。综合来说，轮流决策、共同决策均优于个人决策。

（3）高不甘寂寞分数被试在一高一低不甘寂寞分数被试组合中。

根据描述统计（如表5-47所示）和单因素方差分析（如表5-48所示）结果显示，从风险偏好看，个人决策、轮流决策、共同决策的未吹爆气球平均被吹次数差异性需要进一步分析（F=2.064，p=0.132>0.05）。从收益情况看，个人决策、轮流决策、共同决策的收益之间存在显著性差异（F=9.710，p=0.000<0.05）。

表5-47 描述统计

未吹爆气球平均被吹次数	个数（N）	平均数	标准偏差	95%置信区间		最小值	最大值
				下限	上限		
个人	37	7.14	1.99	6.47	7.80	3.28	11.00
轮流	37	5.99	1.35	5.54	6.44	3.68	9.33
共同	37	6.65	1.21	6.25	7.06	4.23	9.66
收益	个数（N）	平均数	标准偏差	95%置信区间		最小值	最大值
				下限	上限		
个人	37	1620.00	1126.642	1244.36	1995.64	-380	4310
轮流	37	2837.97	1422.572	2363.66	3312.28	-20	6270
共同	37	3376.22	2862.310	2421.87	4330.56	-240	10960

表5-48 单因素方差分析

未吹爆气球平均被吹次数	平方和	df	平均值平方	F	显著性
组间	10.906	2	5.453	2.064	0.132
组内	285.324	108	2.642	—	—
收益	平方和	df	平均值平方	F	显著性
组间	64625432.883	2	32312716.441	9.710	0.000
组内	359400364.865	108	3327781.156	—	—

为了进一步分析高不甘寂寞分数被试在一高一低不甘寂寞分数被试组合中，个人决策、轮流决策、共同决策之间风险决策差异情况，采用事后多重比较，如

表 5 – 49 所示。

表 5 – 49　多重比较

未吹爆气球平均被吹次数	平均差异	显著性（p 值）	95% 置信区间	
			下限	上限
个人—轮流	0.758 *	0.047	0.009	1.507
个人—共同	0.278	0.463	-0.470	1.027
轮流—共同	-0.480	0.206	-1.229	0.268
收益	平均差异	显著性（p 值）	95% 置信区间	
			下限	上限
个人—轮流	-1381.216 **	0.002	-2221.90	-540.53
个人—共同	-1781.081 ***	0.000	-2621.77	-940.40
轮流—共同	-399.865	0.348	-1240.55	440.82

注：* 表示 $p<0.05$；** 表示 $p<0.01$；*** 表示 $p<0.001$。

从风险偏好看，个人决策与轮流决策的未吹爆气球平均被吹次数存在显著性差异（$p=0.047<0.05$），即个人决策与轮流决策的风险偏好存在显著性差异；个人决策与共同决策的未吹爆气球平均被吹次数无显著性差异（$p=0.463>0.05$），即个人决策与共同决策的风险偏好无显著性差异；共同决策与轮流决策的未吹爆气球平均被吹次数存在显著性差异（$p=0.206>0.05$），即共同决策与轮流决策的风险偏好无显著性差异，如图 5 – 31 所示。

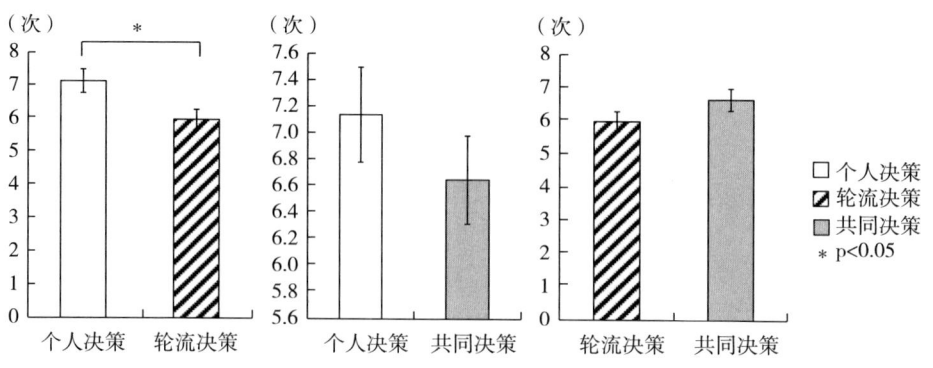

图 5 – 31　未吹爆气球平均被吹次数

从收益上看,个人决策与轮流决策的收益存在显著性差异(p = 0.002 < 0.01),且个人决策收益低于轮流决策收益;个人决策与共同决策的收益存在显著性差异(p = 0.000 < 0.001),且个人决策的收益小于共同决策的收益;共同决策与轮流决策的收益无显著性差异(p = 0.348 > 0.05),如图 5-32 所示。

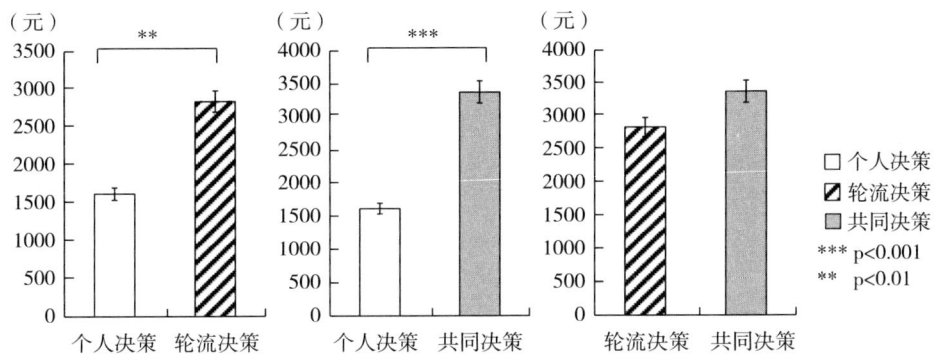

图 5-32 收益比较

一高一低两名不甘寂寞被试组合中,高分数被试的个人决策风险偏好低于轮流决策;共同决策和轮流决策收益高于个人决策收益。综合来说,轮流决策、共同决策均优于个人决策。

(4) 高不甘寂寞分数被试在两名高不甘寂寞分数被试组合中。

根据描述统计(如表 5-50 所示)和单因素方差分析(如表 5-51 所示)结果显示,从风险偏好看,个人决策、轮流决策、共同决策的未吹爆气球平均被吹次数存在显著性差异(F = 3.714,p = 0.028 < 0.05),即三种决策模式之间的风险偏好存在显著性差异。从收益情况看,个人决策、轮流决策、共同决策的收益之间存在显著性差异(F = 5.076,p = 0.008 < 0.05)。

表 5-50 描述统计

未吹爆气球平均被吹次数	个数(N)	平均数	标准偏差	95% 置信区间		最小值	最大值
				下限	上限		
个人	32	7.28	1.78	6.63	7.92	4.44	11.20
轮流	32	6.18	1.42	5.66	6.69	3.68	10.16
共同	32	6.65	1.62	6.06	7.23	3.88	10.00

续表

收益	个数（N）	平均数	标准偏差	95%置信区间		最小值	最大值
				下限	上限		
个人	32	1725.00	1317.757	1249.90	2200.10	-520	5230
轮流	32	2907.34	1423.393	2394.16	3420.53	900	7350
共同	32	3658.75	3769.572	2299.67	5017.83	-800	13020

表5-51 单因素方差分析

未吹爆气球平均被吹次数	平方和	df	平均值平方	F	显著性
组间	19.490	2	9.745	3.714	0.028
组内	244.023	93	2.624	—	—
收益	平方和	df	平均值平方	F	显著性
组间	60820663.021	2	30410331.510	5.076	0.008
组内	557138399.219	93	5990735.475	—	—

为了进一步分析高不甘寂寞分数被试在两名高不甘寂寞分数被试组合中，个人决策、轮流决策、共同决策之间风险决策差异情况，采用事后多重比较，如表5-52所示。

表5-52 多重比较

未吹爆气球平均被吹次数	平均差异	显著性（p值）	95%置信区间	
			下限	上限
个人—轮流	1.099**	0.008	0.295	1.903
个人—共同	0.630	0.123	-0.174	1.434
轮流—共同	-0.469	0.249	-1.273	0.334
收益	平均差异	显著性（p值）	95%置信区间	
			下限	上限
个人—轮流	-1182.344	0.056	-2397.45	32.77
个人—共同	-1933.750**	0.002	-3148.86	-718.64
轮流—共同	-751.406	0.223	-1966.52	463.70

注：** 表示 $p<0.01$。

从风险偏好看，个人决策与轮流决策的未吹爆气球平均被吹次数存在显著性

差异（p=0.008<0.01），即个人决策与轮流决策的风险偏好存在显著性差异，个人决策的风险差异显著高于轮流决策的风险偏好；个人决策与共同决策的未吹爆气球平均被吹次数存在显著性差异（p=0.123>0.05），即个人决策与共同决策的风险偏好之间无显著性差异；共同决策与轮流决策的未吹爆气球平均被吹次数存在显著性差异（p=0.249>0.05），即共同决策与轮流决策的风险偏好无显著性差异，如图5-33所示。

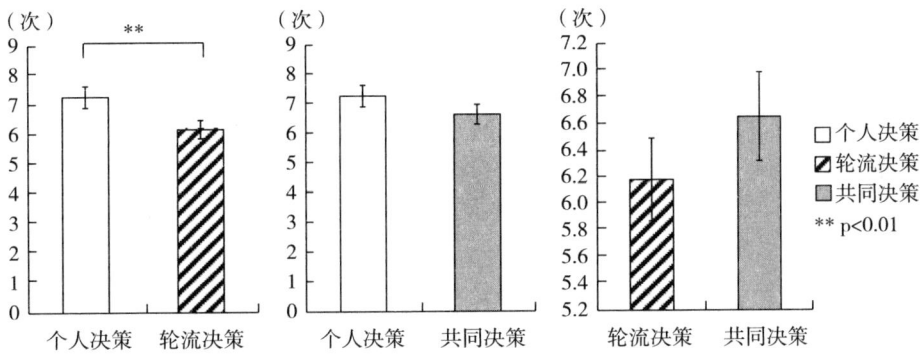

图5-33　未吹爆气球平均被吹次数比较

从收益上看，个人决策与轮流决策的收益无显著性差异（p=0.056>0.05）；个人决策与共同决策的收益存在显著性差异（p=0.002<0.01），且个人决策的收益小于共同决策的收益；共同决策与轮流决策的收益无显著性差异（p=0.223>0.05），如图5-34所示。

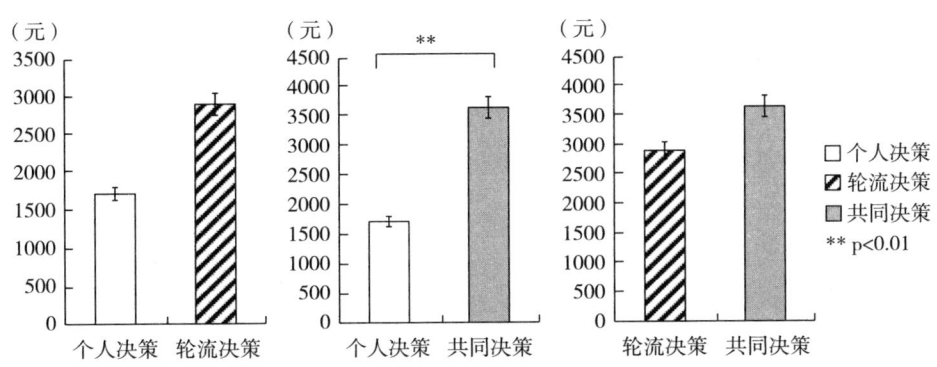

图5-34　收益比较

两名高不甘寂寞被试组合中,被试的个人决策风险偏好高于轮流决策;共同决策收益高于个人决策收益。综合来说,轮流决策、共同决策均优于个人决策。

5. 按经历寻求分数分组

将被试按经历寻求分数分组,高于平均分(4.52)的为高分组,低于平均分的为低分组。

(1)低经历寻求分数被试在两名低经历寻求分数被试组合中。

根据描述统计(如表 5-53 所示)和单因素方差分析(如表 5-54 所示)结果显示,从风险偏好看,个人决策、轮流决策、共同决策的未吹爆气球平均被吹次数无显著性差异(F=1.413,p=0.247),即三者之间的风险偏好需要进一步分析。从收益情况看,个人决策、轮流决策、共同决策的收益之间存在显著性差异(F=5.660,p=0.004)。

表 5-53 描述统计

未吹爆气球平均被吹次数	个数(N)	平均数	标准偏差	95%置信区间		最小值	最大值
				下限	上限		
个人	42	6.44	1.43	5.99	6.89	3.28	9.50
轮流	42	5.97	1.41	5.53	6.42	3.80	9.33
共同	42	6.36	1.18	5.99	6.73	4.23	8.09
收益	个数(N)	平均数	标准偏差	95%置信区间		最小值	最大值
				下限	上限		
个人	42	1685.71	1030.144	1364.70	2006.73	-260	4780
轮流	42	2677.62	1437.062	2229.80	3125.44	660	6270
共同	42	2621.90	1946.182	2015.43	3228.38	-800	7000

表 5-54 单因素方差分析

未吹爆气球平均被吹次数	平方和	df	平均值平方	F	显著性
组间	5.165	2	2.583	1.413	0.247
组内	224.852	123	1.828	—	—
收益	平方和	df	平均值平方	F	显著性
组间	26088044.444	2	13044022.222	5.660	0.004
组内	283472738.095	123	2304656.407	—	—

为了进一步分析低经历寻求分数被试在两名低经历寻求分数被试组合中，个人决策、轮流决策、共同决策之间风险决策差异情况，采用事后多重比较，如表5-55所示。

表 5-55 多重比较

未吹爆气球平均被吹次数	平均差异	显著性（p值）	95%置信区间	
			下限	上限
个人—轮流	0.464	0.118	-0.119	1.048
个人—共同	0.080	0.785	-0.503	0.664
轮流—共同	-0.383	0.196	-0.967	0.201
收益	平均差异	显著性（p值）	95%置信区间	
			下限	上限
个人—轮流	-991.905**	0.003	-1647.65	-336.16
个人—共同	-936.190**	0.006	-1591.94	-280.44
轮流—共同	55.714	0.867	-600.03	711.46

注：** 表示 $p<0.01$。

从风险偏好看，个人决策与轮流决策的未吹爆气球平均被吹次数存在显著性差异（$p=0.118>0.05$），即个人决策与轮流决策的风险偏好无显著性差异；个人决策与共同决策的未吹爆气球平均被吹次数无显著性差异（$p=0.785>0.05$），即个人决策与共同决策的风险偏好无显著性差异；共同决策与轮流决策的未吹爆气球平均被吹次数存在显著性差异（$p=0.196>0.05$），即共同决策与轮流决策的风险偏好无显著性差异，如图5-35所示。

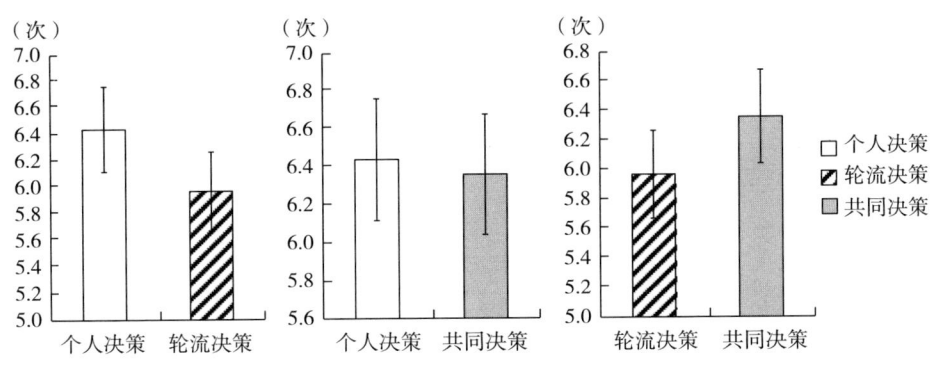

图 5-35 未吹爆气球平均被吹次数比较

从收益上看，个人决策与轮流决策的收益存在显著性差异（p=0.003<0.01），且个人决策的收益小于轮流决策的收益；个人决策与共同决策的收益存在显著性差异（p=0.006<0.01），且个人决策的收益小于共同决策的收益；共同决策与轮流决策的收益不存在显著性差异（p=0.867>0.05），如图5-36所示。

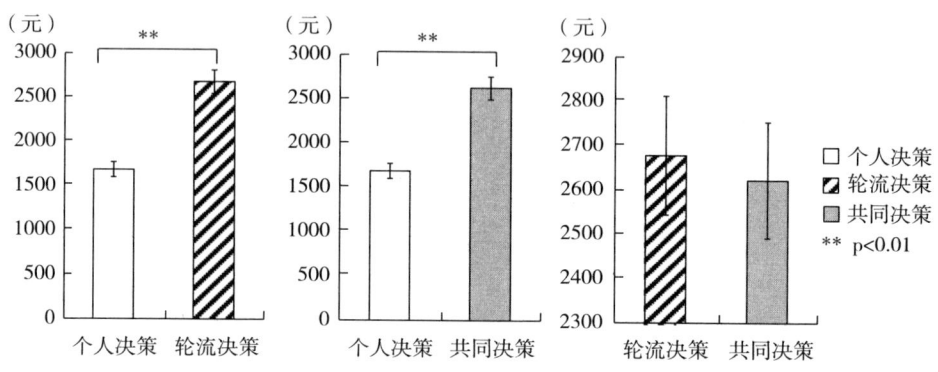

图5-36 收益比较

两名低经历寻求被试组合中，被试的风险偏好无显著差异；轮流决策、共同决策收益均高于个人决策收益。综合来说，轮流决策、共同决策均优于个人决策。

（2）低经历寻求分数被试在一高一低经历寻求分数被试组合中。

根据描述统计（如表5-56所示）和单因素方差分析（如表5-57所示）结果显示，从风险偏好看，个人决策、轮流决策、共同决策的未吹爆气球平均被吹次数无显著性差异（F=0.773，p=0.464>0.05）。从收益情况看，个人决策、轮流决策、共同决策的收益之间存在显著性差异（F=11.951，p=0.000<0.05）。

表5-56 描述统计

未吹爆气球平均被吹次数	个数（N）	平均数	标准偏差	95%置信区间		最小值	最大值
				下限	上限		
个人	37	6.42	2.02	5.74	7.09	3.59	13.00
轮流	37	6.25	1.14	5.86	6.63	3.68	8.87
共同	37	6.72	1.64	6.17	7.27	3.88	11.33

续表

收益	个数（N）	平均数	标准偏差	95%置信区间		最小值	最大值
				下限	上限		
个人	37	1514.05	1046.511	1165.13	1862.98	-520	4310
轮流	37	3076.76	1884.807	2448.33	3705.18	-20	8280
共同	37	3776.22	2794.959	2844.33	4708.10	-540	10960

表5-57 单因素方差分析

未吹爆气球平均被吹次数	平方和	df	平均值平方	F	显著性
组间	4.190	2	2.095	0.773	0.464
组内	292.801	108	2.711	—	—
收益	平方和	df	平均值平方	F	显著性
组间	99266818.018	2	49633409.009	11.951	0.000
组内	448541272.973	108	4153159.935	—	—

为了进一步分析低经历寻求分数被试在一高一低经历寻求分数被试组合中，个人决策、轮流决策、共同决策之间风险决策差异情况，采用事后多重比较，如表5-58所示。

表5-58 多重比较

未吹爆气球平均被吹次数	平均差异	显著性（p值）	95%置信区间	
			下限	上限
个人—轮流	0.173	0.652	-0.585	0.931
个人—共同	-0.297	0.439	-1.056	0.461
轮流—共同	-0.470	0.222	-1.229	0.288
收益	平均差异	显著性（p值）	95%置信区间	
			下限	上限
个人—轮流	-1562.703**	0.001	-2501.87	-623.53
个人—共同	-2262.162***	0.000	-3201.33	-1322.99
轮流—共同	-0.470	0.222	-1.229	0.288

注：** 表示 $p<0.01$；*** 表示 $p<0.001$。

从风险偏好看，个人决策与轮流决策的未吹爆气球平均被吹次数存在显著性

差异（p=0.652>0.05），即个人决策与轮流决策的风险偏好无显著性差异；个人决策与共同决策的未吹爆气球平均被吹次数无显著性差异（p=0.439>0.05），即个人决策与共同决策的风险偏好无显著性差异；共同决策与轮流决策的未吹爆气球平均被吹次数存在显著性差异（p=0.222>0.05），即共同决策与轮流决策的风险偏好无显著性差异，如图5-37所示。

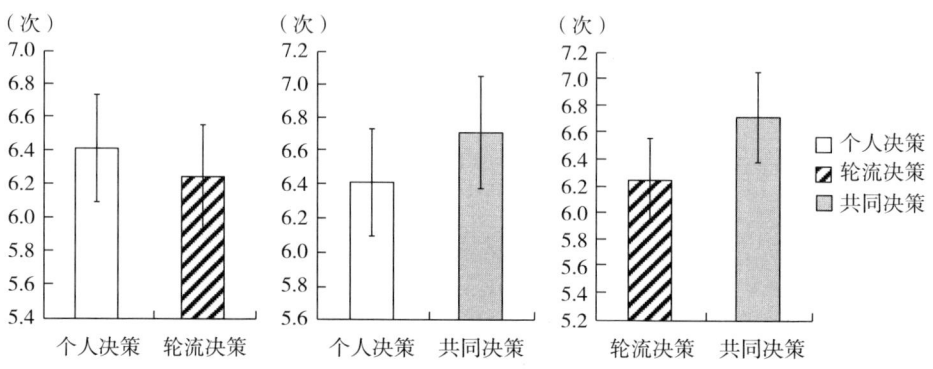

图5-37 未吹爆气球平均被吹次数比较

从收益上看，个人决策与轮流决策的收益存在显著性差异（p=0.001<0.01），且个人决策的收益小于轮流决策的收益；个人决策与共同决策的收益存在显著性差异（p=0.000<0.001），且个人决策的收益小于共同决策的收益；共同决策与轮流决策的收益无显著性差异（p=0.222>0.05），如图5-38所示。

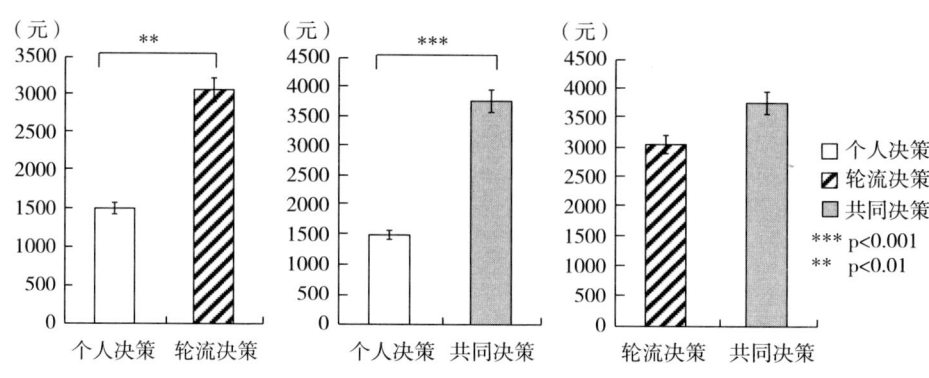

图5-38 收益比较

在一高一低经历寻求被试组合中，低分数被试轮流决策的风险偏好低于个人决策风险偏好；轮流决策、共同决策收益均高于个人决策收益。综合来说，轮流决策、共同决策均优于个人决策。

（3）高经历寻求分数被试在一高一低经历寻求分数被试组合中。

根据描述统计（如表5－59所示）和单因素方差分析（如表5－60所示）结果显示，从风险偏好看，个人决策、轮流决策、共同决策的未吹爆气球平均被吹次数之间存在显著性差异（F＝7.365，p＝0.001＜0.05）。从收益情况看，个人决策、轮流决策、共同决策的收益之间存在显著性差异（F＝9.029，p＝0.000＜0.05）。

表5－59　描述统计

未吹爆气球平均被吹次数	个数（N）	平均数	标准偏差	95%置信区间		最小值	最大值
				下限	上限		
个人	37	7.64	1.88	7.01	8.27	4.90	13.00
轮流	37	6.25	1.14	5.86	6.63	3.68	8.87
共同	37	6.72	1.64	6.17	7.27	3.88	11.33
收益	个数（N）	平均数	标准偏差	95%置信区间		最小值	最大值
				下限	上限		
个人	37	1778.38	1127.321	1402.51	2154.25	－380	4360
轮流	37	3076.76	1884.807	2448.33	3705.18	－20	8280
共同	37	3776.22	2794.959	2844.33	4708.10	－540	10960

表5－60　单因素方差分析

未吹爆气球平均被吹次数	平方和	df	平均值平方	F	显著性
组间	37.243	2	18.622	7.365	0.001
组内	273.076	108	2.528	—	—
收益	平方和	df	平均值平方	F	显著性
组间	76052093.694	2	38026046.847	9.029	0.000
组内	454865283.784	108	4211715.591	—	—

为了进一步分析高不甘寂寞分数被试在一高一低不甘寂寞分数被试组合中，个人决策、轮流决策、共同决策之间风险决策差异情况，采用事后多重比较，如

表 5-61 所示。

表 5-61 多重比较

未吹爆气球平均被吹次数	平均差异	显著性（p 值）	95%置信区间	
			下限	上限
个人—轮流	1.394***	0.000	0.661	2.127
个人—共同	0.924*	0.014	0.191	1.656
轮流—共同	-0.470	0.206	-1.203	0.262
收益	平均差异	显著性（p 值）	95%置信区间	
			下限	上限
个人—轮流	-1298.378**	0.008	-2244.15	-352.61
个人—共同	-1997.838***	0.000	-2943.61	-1052.07
轮流—共同	-699.459	0.146	-1645.23	246.31

注：*表示 p<0.05；**表示 p<0.01；***表示 p<0.001。

从风险偏好看，个人决策与轮流决策的未吹爆气球平均被吹次数存在显著性差异（p=0.000<0.001），即个人决策与轮流决策的风险偏好存在显著性差异；个人决策与共同决策的未吹爆气球平均被吹次数存在显著性差异（p=0.014<0.05），即个人决策与共同决策的风险偏好无显著性差异；共同决策与轮流决策的未吹爆气球平均被吹次数无显著性差异（p=0.206>0.05），即共同决策与轮流决策的风险偏好无显著性差异，如图 5-39 所示。

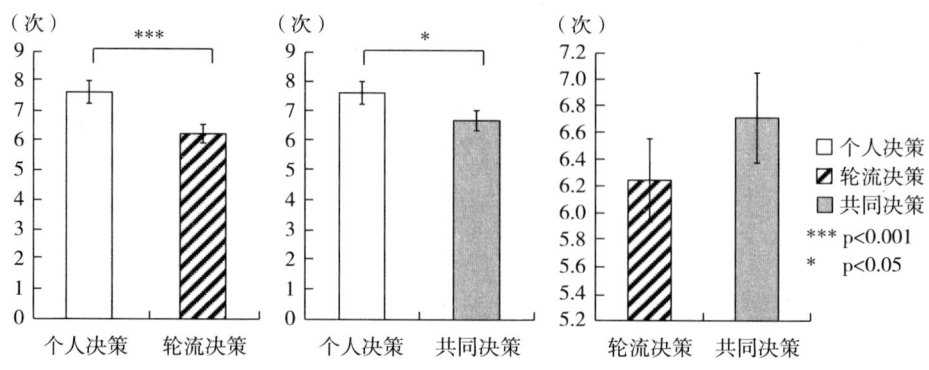

图 5-39 未吹爆气球平均被吹次数比较

从收益上看，个人决策与轮流决策的收益存在显著性差异（p = 0.008 < 0.01），且个人决策收益低于轮流决策收益；个人决策与共同决策的收益存在显著性差异（p = 0.000 < 0.001），且个人决策的收益小于共同决策的收益；共同决策与轮流决策的收益无显著性差异（p = 0.146 > 0.05），如图 5 - 40 所示。

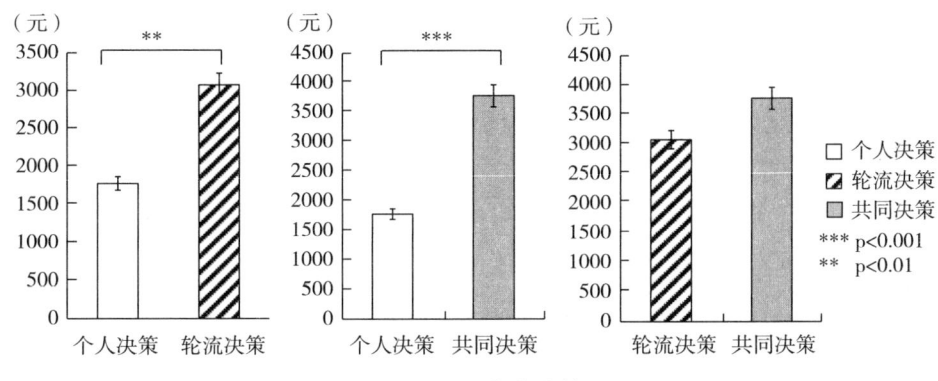

图 5 - 40　收益比较

在一高一低经历寻求被试组合中，高分数被试轮流决策的风险偏好高于个人决策风险偏好；轮流决策、共同决策收益均高于个人决策收益。综合来说，轮流决策、共同决策均优于个人决策。

（4）高经历寻求分数被试在两名高经历寻求分数被试组合中。

根据描述统计（如表 5 - 62 所示）和单因素方差分析（如表 5 - 63 所示）结果显示，从风险偏好看，个人决策、轮流决策、共同决策的未吹爆气球平均被吹次数存在显著性差异（F = 5.031，p = 0.008 < 0.05），即三种决策模式之间的风险偏好存在显著性差异。从收益情况看，个人决策、轮流决策、共同决策的收益之间存在显著性差异（F = 4.687，p = 0.011 < 0.05）。

表 5 - 62　描述统计

未吹爆气球平均被吹次数	个数（N）	平均数	标准偏差	95%置信区间		最小值	最大值
				下限	上限		
个人	40	7.70	2.18	7.01	8.40	3.52	11.40
轮流	40	6.45	1.51	5.96	6.93	4.45	10.16
共同	40	6.91	1.61	6.39	7.43	4.00	10.00

续表

收益	个数（N）	平均数	标准偏差	95%置信区间		最小值	最大值
				下限	上限		
个人	40	1752.25	1355.245	1318.82	2185.68	-270	5230
轮流	40	2881.50	1765.571	2316.84	3446.16	-510	7350
共同	40	3218.00	3184.249	2199.63	4236.37	-1280	13020

表5-63 单因素方差分析

未吹爆气球平均被吹次数	平方和	df	平均值平方	F	显著性
组间	32.383	2	16.191	5.031	0.008
组内	376.533	117	3.218	—	—
收益	平方和	df	平均值平方	F	显著性
组间	47158145.000	2	23579072.500	4.687	0.011
组内	588641547.500	117	5031124.338	—	—

为了进一步分析高经历寻求分数被试在两名高经历寻求分数被试组合中，个人决策、轮流决策、共同决策之间风险决策差异情况，采用事后多重比较，如表5-64所示。

表5-64 多重比较

未吹爆气球平均被吹次数	平均差异	显著性（p值）	95%置信区间	
			下限	上限
个人—轮流	1.258**	0.002	0.463	2.052
个人—共同	0.794	0.050	-0.0003	1.588
轮流—共同	-0.463	0.250	-1.258	0.330
收益	平均差异	显著性（p值）	95%置信区间	
			下限	上限
个人—轮流	-1129.250*	0.026	-2122.55	-135.95
个人—共同	-1465.750**	0.004	-2459.05	-472.45
轮流—共同	-336.500	0.504	-1329.80	656.80

注：*表示p<0.05；**表示p<0.01。

从风险偏好看，个人决策与轮流决策的未吹爆气球平均被吹次数存在显著性

差异（p=0.002<0.01），即个人决策与轮流决策的风险偏好存在显著性差异，个人决策的风险差异显著高于轮流决策的风险偏好；个人决策与共同决策的未吹爆气球平均被吹次数存在显著性差异（p=0.050>0.05），即个人决策与共同决策的风险偏好之间无显著性差异；共同决策与轮流决策的未吹爆气球平均被吹次数存在显著性差异（p=0.250>0.05），即共同决策与轮流决策的风险偏好无显著性差异，如图5-41所示。

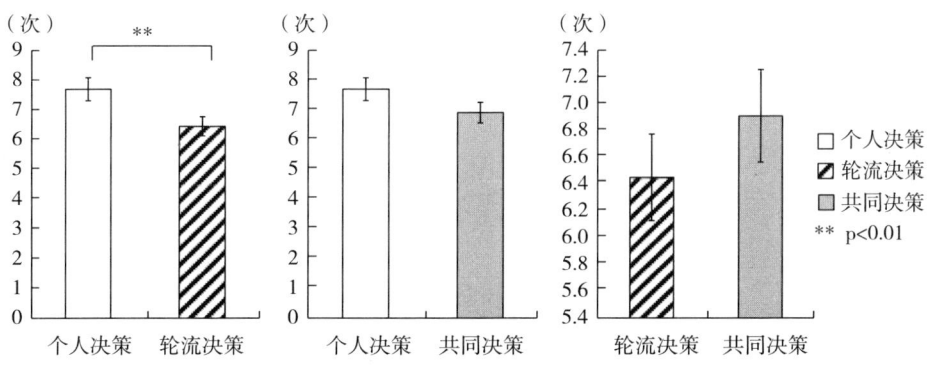

图5-41 未吹爆气球平均被吹次数比较

从收益上看，个人决策与轮流决策的收益存在显著性差异（p=0.026<0.05），且个人收益低于轮流收益；个人决策与共同决策的收益存在显著性差异（p=0.004<0.01），且个人决策的收益小于共同决策的收益；共同决策与轮流决策的收益无显著性差异（p=0.504>0.05），如图5-42所示。

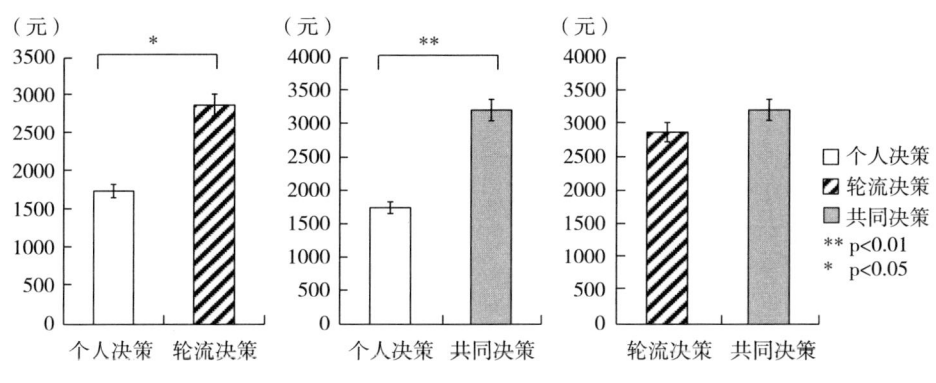

图5-42 收益比较

在两名高经历寻求被试组合中,被试轮流决策的风险偏好低于个人决策风险偏好;轮流决策、共同决策收益均高于个人决策收益。综合来说,轮流决策、共同决策均优于个人决策。

(四)按感觉寻求分组,比较各分组轮流决策、共同风险偏好和收益差异

以上研究将被试按感觉寻求总分及各分项分数分组,比较同一被试的个人决策、轮流决策和共同决策的风险偏好及收益是否有差异。在本研究中,主要比较按感觉寻求总分及各分项分数高低分组后,不同分数组合被试的轮流决策风险偏好及收益是否存在差异;共同决策的风险偏好及收益是否存在差异。

1. 按感觉寻求总分分组

将被试按感觉寻求总分高低分成两组,高于平均分的为高分组,低于平均分的为低分组。这样就会产生三种被试的组合(低低、低高、高低)。分别比较这三种组合的轮流决策和共同决策的差异。

(1)轮流决策间的差异。

根据描述统计(如表5-65所示)和单因素方差分析(如表5-66所示)结果显示,从风险偏好看,三种组合(低低、低高、高高)的轮流决策的未吹爆气球平均被吹次数之间存在显著性差异(F=5.159,p=0.007<0.05)。从收益情况看,三种组合(低低、低高、高高)的轮流决策收益之间的差异性需进一步分析(F=1.912,p=0.151>0.05)。

表5-65 描述统计

未吹爆气球平均被吹次数	个数(N)	平均数	标准偏差	95%置信区间		最小值	最大值
				下限	上限		
低低	34	5.75	1.16	5.34	6.15	3.80	8.42
低高	78	6.17	1.31	5.88	6.47	3.68	9.33
高高	44	6.68	1.31	6.28	7.08	4.94	10.16
收益	个数(N)	平均数	标准偏差	95%置信区间		最小值	最大值
				下限	上限		
低低	34	2423.82	1150.16	2022.51	2825.14	660	4745
低高	78	3114.23	1661.03	2739.73	3488.74	810	8280
高高	44	2956.36	2150.70	2302.49	3610.24	-510	8010

第五章 人格特质对于两人风险决策的影响研究

表 5-66 单因素方差分析

未吹爆气球平均被吹次数	平方和	df	平均值平方	F	显著性
组间	17.062	2	8.531	5.159	0.007
组内	253.006	153	1.654	—	—
收益	平方和	df	平均值平方	F	显著性
组间	11371182.723	2	5685591.362	1.912	0.151
组内	454997124.969	153	2973837.418	—	—

为了进一步分析三种组合（低低、低高、高高）的轮流决策时，未吹爆气球平均被吹次数之间风险差异情况，采用事后多重比较，如表 5-67 所示。

表 5-67 多重比较

未吹爆气球平均被吹次数	平均差异	显著性（p 值）	95%置信区间	
			下限	上限
低低—低高	-0.427	0.108	-0.949	0.094
低低—高高	-0.932**	0.002	-1.512	-0.352
低高—高高	-0.505*	0.039	-0.984	-0.026
收益	平均差异	显著性（p 值）	95%置信区间	
			下限	上限
低低—低高	-690.407	0.053	-1390.54	9.72
低低—高高	-532.540	0.178	-1310.46	245.38
低高—高高	157.867	0.628	-484.47	800.20

注：* 表示 p<0.05；** 表示 p<0.01。

从风险偏好看，低低组合轮流决策的未吹爆气球平均被吹次数与低高组合轮流决策的未吹爆气球平均被吹次数无显著性差异（p=0.108>0.05），即低低组合和低高组合的风险偏好无显著性差异；低低组合轮流决策的未吹爆气球平均被吹次数与高高组合轮流决策的未吹爆气球平均被吹次数存在显著性差异（p=0.002<0.01），即低低组合与高高的风险偏好之间存在显著性差异，且低低组合低于高高组合风险偏好；低高组合轮流决策的未吹爆气球平均被吹次数与高高组合轮流决策的未吹爆气球平均被吹次数有显著性差异（p=0.039<0.05），即低低组合与高高的风险偏好之间存在显著性差异，如图 5-43 所示。

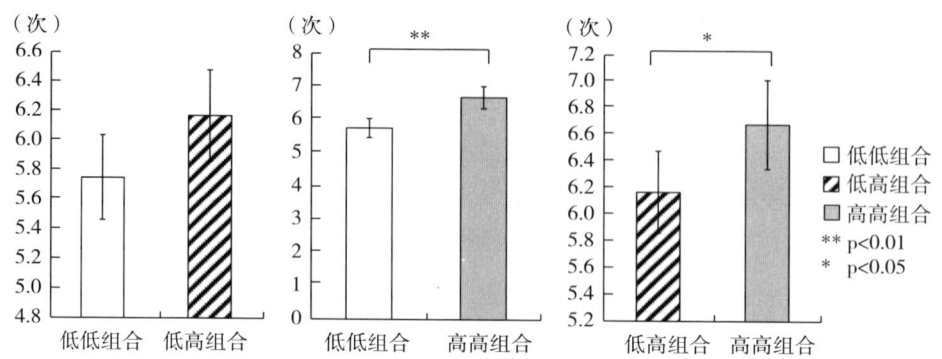

图 5-43 未吹爆气球平均被吹次数比较

从收益上看,低低组合轮流决策的收益与低高组合轮流决策的收益无显著性差异($p=0.053>0.05$);低低组合轮流决策的收益与高高组合轮流决策的收益无显著性差异($p=0.178>0.05$);低高组合轮流决策的收益与高高组合轮流决策的收益无显著性差异($p=0.628>0.05$),如图 5-44 所示。

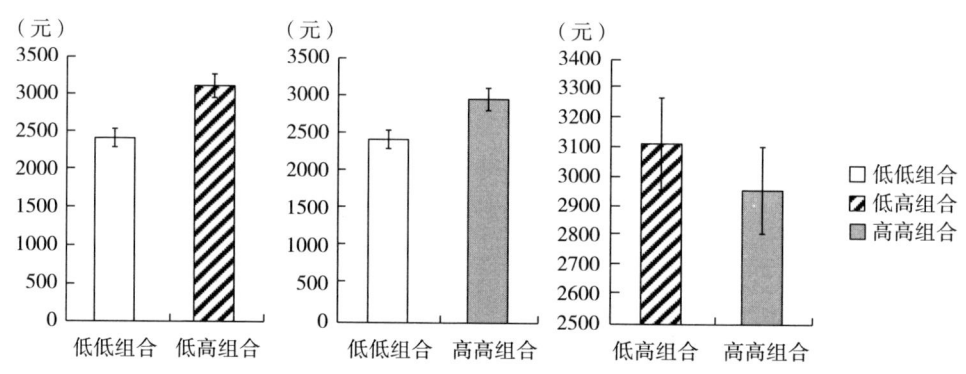

图 5-44 收益比较

综上,高高组合风险偏好大于高低组合、低低组合。收益方面无显著性差异。

(2)共同决策间的差异。

根据描述统计(如表 5-68 所示)和单因素方差分析(如表 5-69 所示)结果显示,从风险偏好看,三种组合(低低、低高、高高)的共同决策的未吹爆气球平均被吹次数之间存在显著性差异($F=12.806$,$p=0.000<0.05$)。从收

益情况看，三种组合（低低、低高、高高）的共同决策收益之间存在显著性差异（F=5.229，p=0.006<0.05）。

表 5-68 描述统计

未吹爆气球平均被吹次数	个数（N）	平均数	标准偏差	95%置信区间		最小值	最大值
				下限	上限		
低—低	34	6.10	1.21	5.68	6.52	4.23	8.09
低—高	78	6.41	1.41	6.09	6.73	3.88	10.00
高—高	44	7.57	1.58	7.09	8.05	5.15	11.33
收益	个数（N）	平均数	标准偏差	95%置信区间		最小值	最大值
				下限	上限		
低—低	34	2392.94	2065.790	1672.15	3113.73	-80	7000
低—高	78	3173.33	2343.426	2644.97	3701.69	-800	10900
高—高	44	4304.55	3451.435	3255.21	5353.88	-1280	13020

表 5-69 单因素方差分析

未吹爆气球平均被吹次数	平方和	df	平均值平方	F	显著性
组间	51.810	2	25.905	12.806	0.000
组内	309.505	153	2.023	—	—
收益	平方和	df	平均值平方	F	显著性
组间	73548439.106	2	36774219.553	5.229	0.006
组内	1075917130.125	153	7032138.105	—	—

为了进一步分析三种组合（低低、低高、高高）的共同决策时，未吹爆气球平均被吹次数之间风险差异情况，采用事后多重比较，如表5-70所示。

表 5-70 多重比较

未吹爆气球平均被吹次数	平均差异	显著性（p值）	95%置信区间	
			下限	上限
低低—低高	-0.307	0.294	-0.885	0.269
低低—高高	-1.466***	0.000	-2.108	-0.825
低高—高高	-1.159***	0.000	-1.688	-0.629

续表

收益	平均差异	显著性（p值）	95%置信区间	
			下限	上限
低低—低高	-780.392	0.154	-1857.01	296.23
低低—高高	-1911.604**	0.002	-3107.85	-715.35
低高—高高	-1131.212*	0.025	-2118.96	-143.46

注：* 表示 $p<0.05$；** 表示 $p<0.01$。

从风险偏好看，低低组合共同决策的未吹爆气球平均被吹次数与低高组合共同决策的未吹爆气球平均被吹次数无显著性差异（$p=0.294>0.05$），即低低组合和低高组合的风险偏好无显著性差异；低低组合共同决策的未吹爆气球平均被吹次数与高高组合共同决策的未吹爆气球平均被吹次数存在显著性差异（$p=0.000<0.001$），即低低组合与高高的风险偏好之间存在显著性差异，且低低组合的风险偏好低于高高组合；低高组合共同决策的未吹爆气球平均被吹次数与高高组合共同决策的未吹爆气球平均被吹次数存在显著性差异（$p=0.000<0.001$），即低低组合与高高的风险偏好之间存在显著性差异，且低高组合的风险偏好小于高高组合，如图5-45所示。

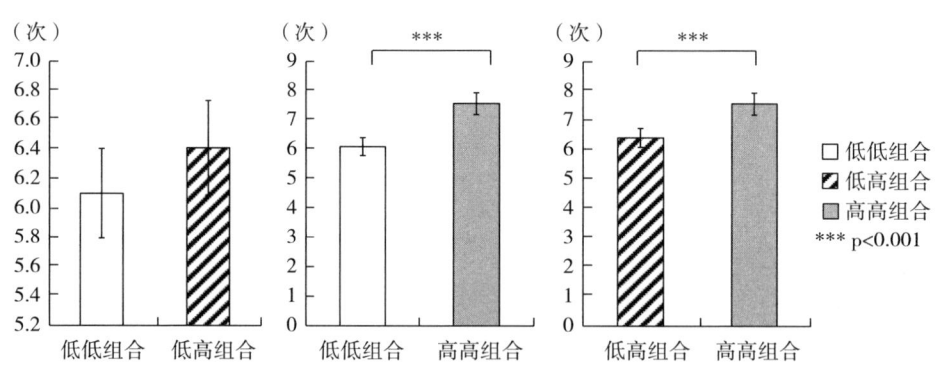

图5-45 未吹爆气球平均被吹次数比较

从收益上看，低低组合共同决策的收益与低高组合共同决策的收益无显著性差异（$p=0.154>0.05$）；低低组合共同决策的收益与高高组合共同决策的收益存在显著性差异（$p=0.002<0.01$），且低低组合收益低于高高组合收益；低高组合共同决策的收益与高高组合共同决策的收益存在显著性差异（$p=0.025<$

0.05），且低高组合收益低于高高组合收益，如图5-46所示。

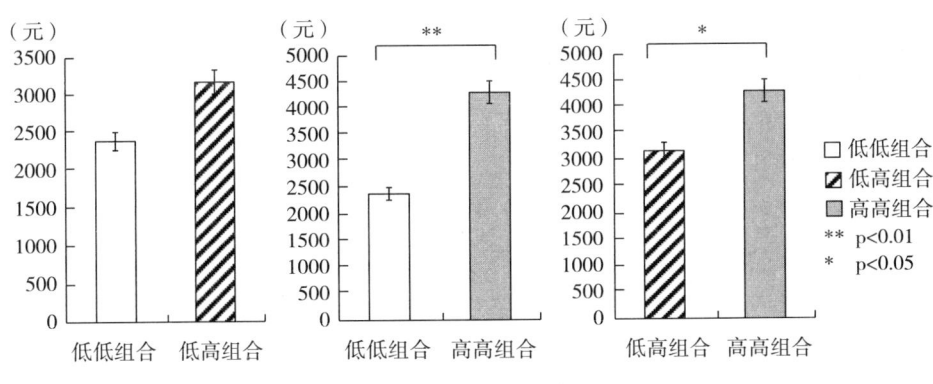

图 5-46　收益比较

综上，低低组合、低高组合风险偏好低于高高组合。低低组合、低高组合收益低于高高组合。

2. 按危险与冒险分数分组

将被试按危险与冒险分数高低分成两组，高于平均分的为高分组，低于平均分的为低分组。这样就会产生三种被试的组合（低低、低高、高低）。分别比较这三种组合的轮流决策和共同决策的差异。

（1）轮流决策间的差异。

根据描述统计（如表5-71所示）和单因素方差分析（如表5-72所示）结果显示，从风险偏好看，三种组合（低低、低高、高高）的轮流决策的未吹爆气球平均被吹次数之间差异性需要进一步分析（F=1.304，p=0.275>0.05）。从收益情况看，三种组合（低低、低高、高高）的轮流决策收益之间显著性需要进一步分析（F=0.465，p=0.629>0.05）。

表 5-71　描述统计

未吹爆气球平均被吹次数	个数（N）	平均数	标准偏差	95%置信区间		最小值	最大值
				下限	上限		
低—低	26	5.86	1.23	5.36	6.36	3.80	8.42
低—高	70	6.35	1.38	6.02	6.68	4.05	9.33
高—高	60	6.24	1.26	5.91	6.56	3.68	10.16

续表

收益	个数（N）	平均数	标准偏差	95%置信区间		最小值	最大值
				下限	上限		
低—低	26	2663.46	1467.904	2070.56	3256.36	990	4890
低—高	70	2898.86	1748.744	2481.88	3315.83	-510	8280
高—高	60	3053.83	1835.033	2579.79	3527.87	-20	8010

表5-72 单因素方差分析

未吹爆气球平均被吹次数	平方和	df	平均值平方	F	显著性
组间	4.526	2	2.263	1.304	0.275
组内	265.543	153	1.736	—	—
收益	平方和	df	平均值平方	F	显著性
组间	2816992.326	2	1408496.163	0.465	0.629
组内	463551315.366	153	3029747.159	—	—

为了进一步分析三种组合（低低、低高、高高）的轮流决策时，未吹爆气球平均被吹次数之间风险差异情况，采用事后多重比较，如表5-73所示。

表5-73 多重比较

未吹爆气球平均被吹次数	平均差异	显著性（p值）	95%置信区间	
			下限	上限
低低—低高	-0.487	0.109	-1.085	0.109
低低—高高	-0.376	0.226	-0.987	0.235
低高—高高	0.111	0.630	-0.346	0.569
收益	平均差异	显著性（p值）	95%置信区间	
			下限	上限
低低—低高	-235.396	0.557	-1025.16	554.37
低低—高高	-390.372	0.341	-1197.77	417.02
低高—高高	-154.976	0.614	-759.96	450.01

从风险偏好看，低低组合轮流决策的未吹爆气球平均被吹次数与低高组合轮流决策的未吹爆气球平均被吹次数无显著性差异（p=0.109>0.05），即低低组

合和低高组合的风险偏好无显著性差异；低低组合轮流决策的未吹爆气球平均被吹次数与高高组合轮流决策的未吹爆气球平均被吹次数无显著性差异（p=0.226>0.05），即低低组合与高高的风险偏好之间无显著性差异；低高组合轮流决策的未吹爆气球平均被吹次数与高高组合轮流决策的未吹爆气球平均被吹次数无显著性差异（p=0.630>0.05），即低低组合与高高的风险偏好之间无显著性差异，如图5-47所示。

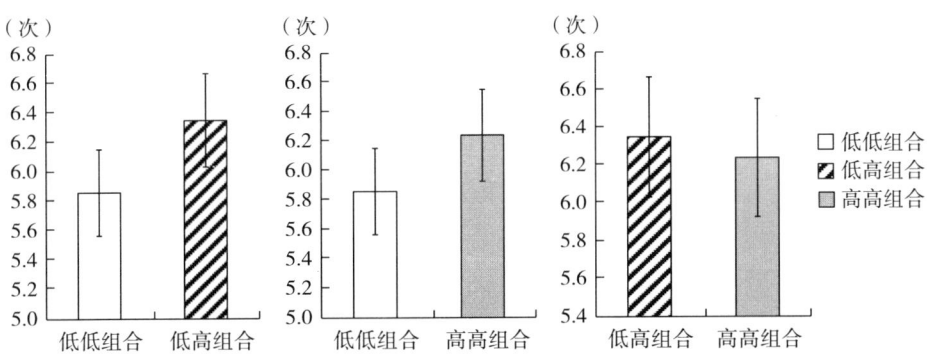

图5-47 未吹爆气球平均被吹次数比较

从收益上看，低低组合轮流决策的收益与低高组合轮流决策的收益无显著性差异（p=0.557>0.05）；低低组合轮流决策的收益与高高组合轮流决策的收益无显著性差异（p=0.341>0.05）；低高组合轮流决策的收益与高高组合轮流决策的收益无显著性差异（p=0.614>0.05），如图5-48所示。

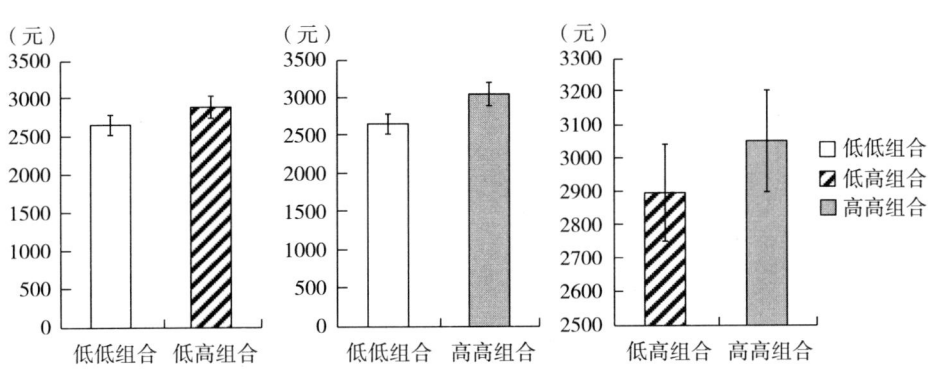

图5-48 收益比较

综上，低低组合、低高组合、高高组合风险偏好及收益均无差异。

（2）共同决策间的差异。

根据描述统计（如表5-74所示）和单因素方差分析（如表5-75所示）结果显示，从风险偏好看，三种组合（低低、低高、高高）的共同决策的未吹爆气球平均被吹次数之间差异需进一步分析（F=2.918，p=0.054>0.05）。从收益情况看，三种组合（低低、低高、高高）的共同决策收益之间存在显著性差异（F=4.890，p=0.009<0.05）。

表5-74 描述统计

未吹爆气球平均被吹次数	个数（N）	平均数	标准偏差	95%置信区间		最小值	最大值
				下限	上限		
低—低	26	6.03	1.06	5.60	6.46	4.23	8.00
低—高	70	6.86	1.43	6.52	7.20	4.47	10.28
高—高	60	6.72	1.73	6.27	7.17	3.88	11.33
收益	个数（N）	平均数	标准偏差	95%置信区间		最小值	最大值
				下限	上限		
低—低	26	2295.38	1747.632	1589.50	3001.27	200	4880
低—高	70	3039.43	2374.026	2473.36	3605.50	-1280	10900
高—高	60	4097.33	3229.016	3263.19	4931.48	-800	13020

表5-75 单因素方差分析

未吹爆气球平均被吹次数	平方和	df	平均值平方	F	显著性
组间	13.552	2	6.776	2.981	0.054
组内	347.763	153	2.273	—	—
收益	平方和	df	平均值平方	F	显著性
组间	69060172.601	2	34530086.300	4.890	0.009
组内	1080405396.630	153	7061473.181	—	—

为了进一步分析三种组合（低低、低高、高高）的共同决策时，未吹爆气球平均被吹次数之间风险差异情况，采用事后多重比较，如表5-76所示。

第五章 人格特质对于两人风险决策的影响研究

表 5-76 多重比较

未吹爆气球平均被吹次数	平均差异	显著性（p 值）	95%置信区间	
			下限	上限
低低—低高	-0.836*	0.017	-1.520	-0.152
低低—高高	-0.697	0.051	-1.396	0.001
低高—高高	0.139	0.600	-0.384	0.663
收益	平均差异	显著性（p 值）	95%置信区间	
			下限	上限
低低—低高	-744.044	0.225	-1949.76	461.67
低低—高高	-1801.949**	0.004	-3034.58	-569.32
低高—高高	-1057.905*	0.025	-1981.52	-134.29

注：* 表示 $p<0.05$；** 表示 $p<0.01$。

从风险偏好看，低低组合共同决策的未吹爆气球平均被吹次数与低高组合共同决策的未吹爆气球平均被吹次数存在显著性差异（$p=0.017<0.05$），即低低组合和低高组合的风险偏好存在显著性差异，且低低组合风险偏好低于低高组合；低低组合共同决策的未吹爆气球平均被吹次数与高高组合共同决策的未吹爆气球平均被吹次数存在显著性差异（$p=0.051>0.05$），即低低组合与高高的风险偏好之间无显著性差异；低高组合共同决策的未吹爆气球平均被吹次数与高高组合共同决策的未吹爆气球平均被吹次数无显著性差异（$p=0.600>0.05$），即低低组合与高高的风险偏好之间无显著性差异，如图 5-49 所示。

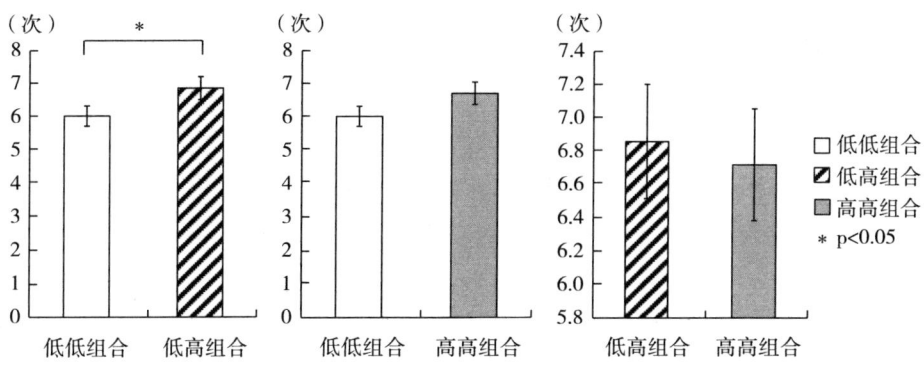

图 5-49 未吹爆气球被吹次数比较

从收益上看，低低组合共同决策的收益与低高组合共同决策的收益无显著性差异（p=0.225>0.05）；低低组合共同决策的收益与高高组合共同决策的收益存在显著性差异（p=0.004<0.01），且低低组合收益低于高高组合收益；低高组合共同决策的收益与高高组合共同决策的收益存在显著性差异（p=0.025<0.05），且低高组合收益显著低于高高组合收益，如图5-50所示。

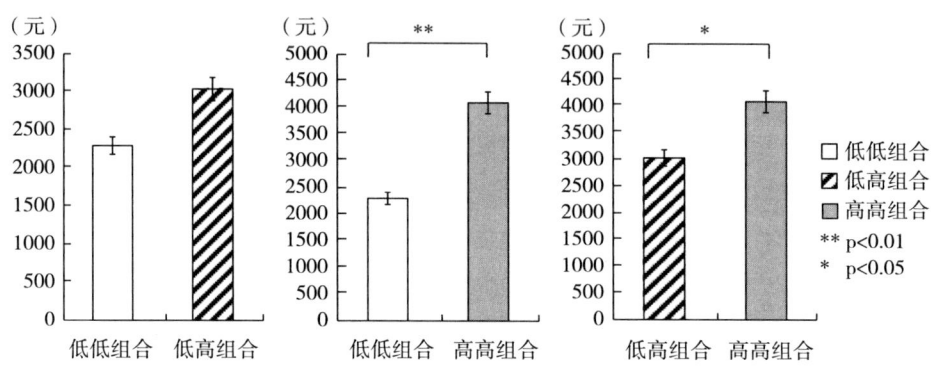

图5-50 收益比较

综上，低低组合低于低高组合风险偏好，低低、低高组合收益均小于高高组合收益。

3. 按经历寻求分数分组

将被试按危险寻求分数高低分成两组，高于平均分的为高分组，低于平均分的为低分组。这样就会产生三种被试的组合（低低、低高、高低），分别比较这三种组合的轮流决策和共同决策的差异。

（1）轮流决策间的差异。

根据描述统计（如表5-77所示）和单因素方差分析（如表5-78所示）结果显示，从风险偏好看，三种组合（低低、低高、高高）的轮流决策的未吹爆气球平均被吹次数之间差异性要进一步分析（F=1.327，p=0.268>0.05）。从收益情况看，三种组合（低低、低高、高高）的轮流决策收益之间差异性需要进一步分析（F=0.719，p=0.489>0.05）。

第五章 人格特质对于两人风险决策的影响研究

表 5-77 描述统计

未吹爆气球平均被吹次数	个数（N）	平均数	标准偏差	95%置信区间		最小值	最大值
				下限	上限		
低—低	42	5.97	1.41	5.53	6.42	3.80	9.33
低—高	74	6.25	1.13	5.98	6.51	3.68	8.87
高—高	40	6.450	1.51	5.96	6.93	4.45	10.16
收益	个数（N）	平均数	标准偏差	95%置信区间		最小值	最大值
				下限	上限		
低—低	42	2677.62	1437.062	2229.80	3125.44	660	6270
低—高	74	3076.76	1871.853	2643.08	3510.43	-20	8280
高—高	40	2881.50	1765.571	2316.84	3446.16	-510	7350

表 5-78 单因素方差分析

未吹爆气球平均被吹次数	平方和	df	平均值平方	F	显著性
组间	4.606	2	2.303	1.327	0.268
组内	265.463	153	1.735	—	—
收益	平方和	df	平均值平方	F	显著性
组间	4345014.166	2	2172507.083	0.719	0.489
组内	462023293.526	153	3019760.088	—	—

为了进一步分析三种组合（低低、低高、高高）的轮流决策时，未吹爆气球平均被吹次数之间风险差异情况，采用事后多重比较，如表 5-79 所示。

表 5-79 多重比较

未吹爆气球平均被吹次数	平均差异	显著性（p值）	95%置信区间	
			下限	上限
低低—低高	-0.270	0.289	-0.773	0.232
低低—高高	-0.470	0.108	-1.045	0.104
低高—高高	-0.200	0.440	-0.710	0.310
收益	平均差异	显著性（p值）	95%置信区间	
			下限	上限
低低—低高	-399.138	0.236	-1062.38	264.10
低低—高高	-203.881	0.596	-962.35	554.58
低高—高高	195.257	0.568	-478.48	868.99

从风险偏好看，低低组合轮流决策的未吹爆气球平均被吹次数与低高组合轮流决策的未吹爆气球平均被吹次数无显著性差异（p = 0.289 > 0.05），即低低组合和低高组合的风险偏好无显著性差异；低低组合轮流决策的未吹爆气球平均被吹次数与高高组合轮流决策的未吹爆气球平均被吹次数无显著性差异（p = 0.108 > 0.05），即低低组合与高高的风险偏好之间无显著性差异；低高组合轮流决策的未吹爆气球平均被吹次数与高高组合轮流决策的未吹爆气球平均被吹次数无显著性差异（p = 0.440 > 0.05），即低低组合与高高的风险偏好之间无显著性差异，如图 5 – 51 所示。

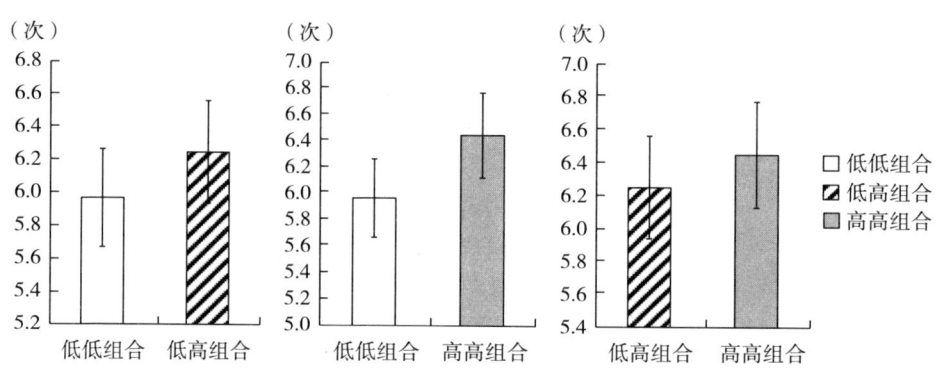

图 5 – 51 未吹爆气球平均被吹次数

从收益上看，低低组合轮流决策的收益与低高组合轮流决策的收益无显著性差异（p = 0.236 > 0.05）；低低组合轮流决策的收益与高高组合轮流决策的收益无显著性差异（p = 0.596 > 0.05）；低高组合轮流决策的收益与高高组合轮流决策的收益无显著性差异（p = 0.568 > 0.05），如图 5 – 52 所示。

综上，低低组合、低高组合、高高组合风险偏好及收益均无差异。

（2）共同决策间的差异。

根据描述统计（如表 5 – 80 所示）和单因素方差分析（如表 5 – 81 所示）结果显示，从风险偏好看，三种组合（低低、低高、高高）的共同决策的未吹爆气球平均被吹次数之间差异性需要进一步分析（F = 1.409，p = 0.248 > 0.05）。从收益情况看，三种组合（低低、低高、高高）的共同决策收益之间差异性需要进一步分析（F = 2.494，p = 0.086 > 0.05）。

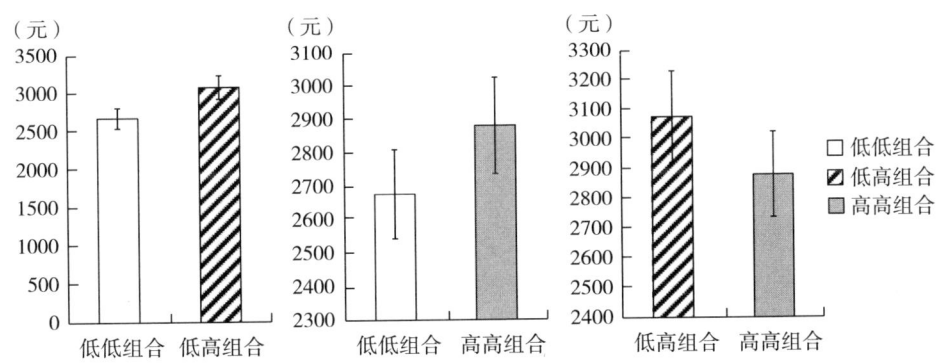

图 5-52 收益差异

表 5-80 描述统计

未吹爆气球平均被吹次数	个数（N）	平均数	标准偏差	95%置信区间		最小值	最大值
				下限	上限		
低—低	42	6.36	1.18	5.99	6.73	4.23	8.09
低—高	74	6.72	1.63	6.34	7.10	3.88	11.33
高—高	40	6.91	1.61	6.39	7.43	4.00	10.00
收益	个数（N）	平均数	标准偏差	95%置信区间		最小值	最大值
				下限	上限		
低—低	42	2621.90	1946.182	2015.43	3228.38	-800	7000
低—高	74	3776.22	2775.750	3133.13	4419.31	-540	10960
高—高	40	3218.00	3184.249	2199.63	4236.37	-1280	13020

表 5-81 单因素方差分析

未吹爆气球平均被吹次数	平方和	df	平均值平方	F	显著性
组间	6.533	2	3.266	1.409	0.248
组内	354.782	153	2.319	—	—
收益	平方和	df	平均值平方	F	显著性
组间	36285341.071	2	18142670.536	2.494	0.086
组内	1113180228.160	153	7275687.766	—	—

为了进一步分析三种组合（低低、低高、高高）的共同决策时，未吹爆气

球平均被吹次数之间风险差异情况,采用事后多重比较(如表 5-82 所示)。

表 5-82 多重比较

未吹爆气球平均被吹次数	平均差异	显著性(p值)	95% 置信区间	
			下限	上限
低低—低高	-0.357	0.226	-0.938	0.223
低低—高高	-0.551	0.103	-1.215	0.113
低高—高高	-0.193	0.518	-0.7840	0.396
收益	平均差异	显著性(p值)	95% 置信区间	
			下限	上限
低低—低高	-1154.311*	0.028	-2183.80	-124.82
低低—高高	-596.095	0.319	-1773.39	581.20
低高—高高	558.216	0.293	-487.56	1604.00

注:*表示 p<0.05。

从风险偏好看,低低组合共同决策的未吹爆气球平均被吹次数与低高组合共同决策的未吹爆气球平均被吹次数无显著性差异(p=0.226>0.05),即低低组合和低高组合的风险偏好无显著性差异;低低组合共同决策的未吹爆气球平均被吹次数与高高组合共同决策的未吹爆气球平均被吹次数无显著性差异(p=0.103>0.05),即低低组合与高高的风险偏好之间无显著性差异;低高组合共同决策的未吹爆气球平均被吹次数与高高组合共同决策的未吹爆气球平均被吹次数无显著性差异(p=0.518>0.05),即低低组合与高高的风险偏好之间无显著性差异,如图 5-53 所示。

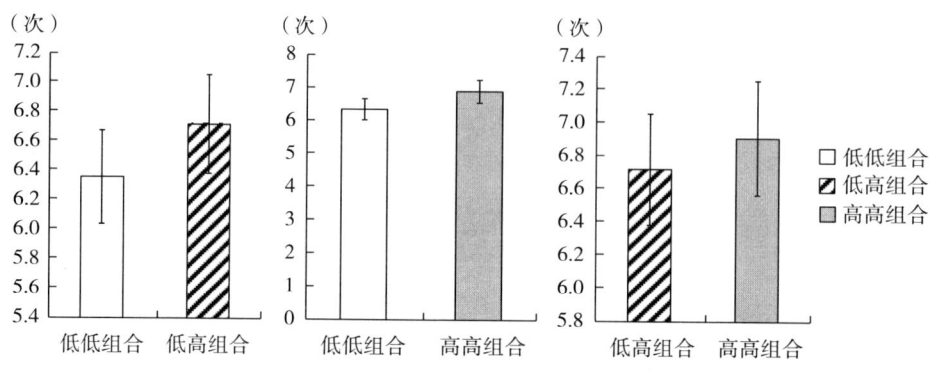

图 5-53 未吹爆气球平均被吹次数

从收益上看，低低组合共同决策的收益与低高组合共同决策的收益存在显著性差异（p=0.028<0.05），且低低组合收益低于低高组合的收益；低低组合共同决策的收益与高高组合共同决策的收益存在显著性差异（p=0.319>0.05）；低高组合共同决策的收益与高高组合共同决策的收益无显著性差异（p=0.293>0.05），如图5-54所示。

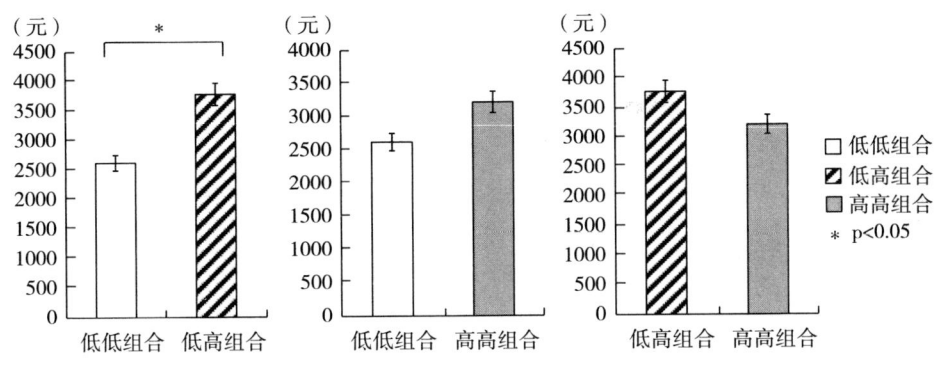

图5-54 收益差异

综上，低低组合、低高组合、高高组合风险偏好均无差异。低低组合的收益显著低于低高组合。

4. 按放纵欲望分数分组

将被试按放纵欲望分数高低分成两组，高于平均分的为高分组，低于平均分的为低分组。这样就会产生三种被试的组合（低低、低高、高低），分别比较这三种组合的轮流决策和共同决策的差异。

（1）轮流决策间的差异。

根据描述统计（如表5-83所示）和单因素方差分析（如表5-84所示）结果显示，从风险偏好看，三种组合（低低、低高、高高）的轮流决策的未吹爆气球平均被吹次数之间存在显著性差异（F=7.661，p=0.001<0.05）。从收益情况看，三种组合（低低、低高、高高）的轮流决策收益之间差异性需要进一步分析（F=2.141，p=0.121>0.05）。

为了进一步分析三种组合（低低、低高、高高）的轮流决策时，未吹爆气球平均被吹次数之间风险差异情况，采用事后多重比较（如表5-85所示）。

表5-83 描述统计

未吹爆气球平均被吹次数	个数（N）	平均数	标准偏差	95%置信区间 下限	95%置信区间 上限	最小值	最大值
低—低	50	6.32	1.25	5.96	6.67	3.80	9.33
低—高	70	6.07	1.39	5.74	6.40	3.68	10.16
高—高	36	6.40	1.26	5.97	6.83	4.05	9.33
收益	个数（N）	平均数	标准偏差	95%置信区间 下限	95%置信区间 上限	最小值	最大值
低—低	50	2866.80	1851.374	2340.65	3392.95	660	8280
低—高	70	2636.57	1231.717	2342.88	2930.26	150	5370
高—高	36	3541.67	2230.037	2787.13	4296.20	-510	8010

表5-84 单因素方差分析

未吹爆气球平均被吹次数	平方和	df	平均值平方	F	显著性
组间	32.888	2	16.444	7.661	0.001
组内	328.426	153	2.147	—	—
收益	平方和	df	平均值平方	F	显著性
组间	31290632.088	2	15645316.044	2.141	0.121
组内	1118174937.143	153	7308332.923	—	—

表5-85 多重比较

未吹爆气球平均被吹次数	平均差异	显著性（p值）	95%置信区间 下限	95%置信区间 上限
低低—低高	0.245	0.317	-0.237	0.728
低低—高高	-0.082	0.776	-0.652	0.488
低高—高高	-0.327	0.228	-0.862	0.207
收益	平均差异	显著性（p值）	95%置信区间 下限	95%置信区间 上限
低低—低高	230.229	0.468	-394.82	855.27
低低—高高	-674.867	0.073	-1412.72	62.98
低高—高高	-905.095*	0.011	-1597.42	-212.77

注：*表示p<0.05。

从风险偏好看，低低组合轮流决策的未吹爆气球平均被吹次数与低高组合轮流决策的未吹爆气球平均被吹次数无显著性差异（p = 0.317 > 0.05），即低低组合和低高组合的风险偏好无显著性差异；低低组合轮流决策的未吹爆气球平均被吹次数与高高组合轮流决策的未吹爆气球平均被吹次数无显著性差异（p = 0.776 > 0.05），即低低组合与高高的风险偏好之间无显著性差异；低高组合轮流决策的未吹爆气球平均被吹次数与高高组合轮流决策的未吹爆气球平均被吹次数无显著性差异（p = 0.228 > 0.05），即低低组合与高高的风险偏好之间无显著性差异，如图 5 - 55 所示。

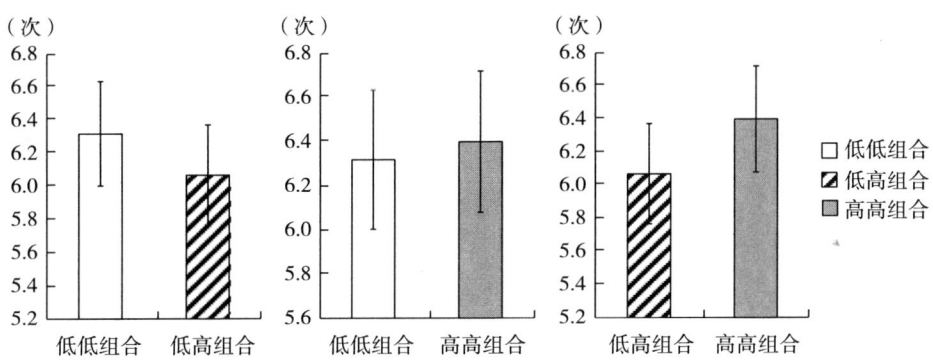

图 5 - 55　未吹爆气球被吹次数比较

从收益上看，低低组合轮流决策的收益与低高组合轮流决策的收益无显著性差异（p = 0.468 > 0.05）；低低组合轮流决策的收益与高高组合轮流决策的收益无显著性差异（p = 0.073 > 0.05）；低高组合轮流决策的收益与高高组合轮流决策的收益存在显著性差异（p = 0.011 < 0.05），且低高组合收益低于高高组合，如图 5 - 56 所示。

综上，低低组合、低高组合、高高组合风险偏好均无差异。低高组合的收益显著低于高高组合。

（2）共同决策间的差异。

根据描述统计（如表 5 - 86 所示）和单因素方差分析（如表 5 - 87 所示）结果显示，从风险偏好看，三种组合（低低、低高、高高）的共同决策的未吹爆气球平均被吹次数之间存在显著性差异（F = 7.661，p = 0.001 < 0.05）。从收

益情况看，三种组合（低低、低高、高高）的共同决策收益之间差异性需要进一步分析（F = 2.141，p = 0.121 > 0.05）。

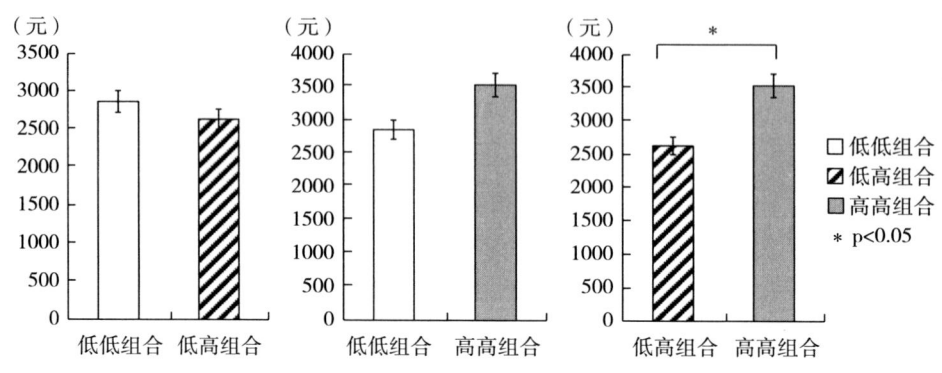

图 5-56 收益差异

表 5-86 描述统计

未吹爆气球平均被吹次数	个数（N）	平均数	标准偏差	95% 置信区间		最小值	最大值
				下限	上限		
低—低	50	6.53	1.40	6.13	6.93	4.00	9.11
低—高	70	6.34	1.48	5.99	6.70	3.88	11.33
高—高	36	7.49	1.50	6.98	8.01	4.66	10.28
收益	个数（N）	平均数	标准偏差	95% 置信区间		最小值	最大值
				下限	上限		
低—低	50	2712.00	2185.839	2090.79	3333.21	-800	7000
低—高	70	3747.43	2774.046	3085.98	4408.88	0	13020
高—高	36	3343.33	3176.163	2268.67	4417.99	-1280	10960

表 5-87 单因素方差分析

未吹爆气球平均被吹次数	平方和	df	平均值平方	F	显著性
组间	32.888	2	16.444	7.661	0.001
组内	328.426	153	2.147	—	—
收益	平方和	df	平均值平方	F	显著性
组间	31290632.088	2	15645316.044	2.141	0.121
组内	1118174937.143	153	7308332.923	—	—

为了进一步分析三种组合（低低、低高、高高）的共同决策时，未吹爆气球平均被吹次数之间风险差异情况，采用事后多重比较，如表5-88所示。

表5-88 多重比较

未吹爆气球平均被吹次数	平均差异	显著性（p值）	95%置信区间	
			下限	上限
低低—低高	0.188	0.488	-0.347	0.724
低低—高高	-0.962**	0.003	-1.595	-0.329
低高—高高	-1.1510***	0.000	-1.744	-0.557
收益	平均差异	显著性（p值）	95%置信区间	
			下限	上限
低低—低高	-1035.429*	0.040	-2024.35	-46.51
低低—高高	-631.333	0.287	-1798.73	536.06
低高—高高	404.095	0.467	-691.27	1499.46

注：*表示p<0.05；**表示p<0.01；***表示p<0.001。

从风险偏好看，低低组合共同决策的未吹爆气球平均被吹次数与低高组合共同决策的未吹爆气球平均被吹次数无显著性差异（p=0.488>0.05），即低低组合和低高组合的风险偏好无显著性差异；低低组合共同决策的未吹爆气球平均被吹次数与高高组合共同决策的未吹爆气球平均被吹次数存在显著性差异（p=0.003<0.01），即低低组合与高高组合的风险偏好之间存在显著性差异，且低低组合显著低于高高组合；低高组合共同决策的未吹爆气球平均被吹次数与高高组合共同决策的未吹爆气球平均被吹次数有显著性差异（p=0.000<0.001），即低低组合与高高组合的风险偏好之间存在显著性差异，且低低组合风险偏好低于高高组合风险偏好，如图5-57所示。

从收益上看，低低组合共同决策的收益与低高组合共同决策的收益存在显著性差异（p=0.040<0.05），且低低组合收益低于低高组合的收益；低低组合共同决策的收益与高高组合共同决策的收益无显著性差异（p=0.287>0.05）；低高组合共同决策的收益与高高组合共同决策的收益无显著性差异（p=0.467>0.05），如图5-58所示。

综上，低低组合、低高组合风险偏好显著低于高高组合。低低组合的收益显著低于低高组合。

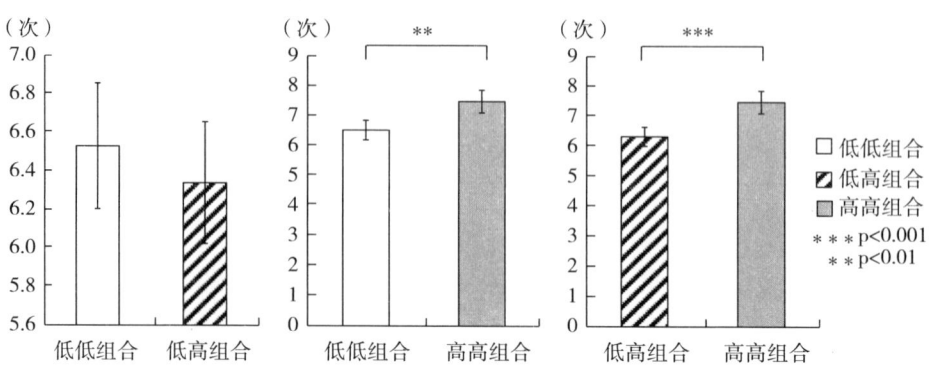

图 5-57　未吹爆气球被吹次数比较

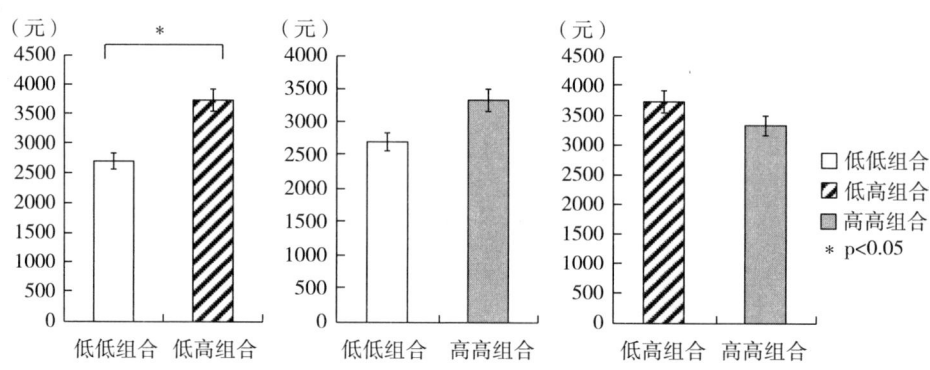

图 5-58　收益差异

5. 按不甘寂寞分数分组

将被试按不甘寂寞分数高低分成两组，高于平均分的为高分组，低于平均分的为低分组。这样就会产生三种被试的组合（低低、低高、高低），分别比较这三种组合的轮流决策和共同决策的差异。

（1）轮流决策间的差异。

根据描述统计（如表 5-89 所示）和单因素方差分析（如表 5-90 所示）结果显示，从风险偏好看，三种组合（低低、低高、高高）的轮流决策的未吹爆气球平均被吹次数之间差异性需要进一步分析（$F=0.447$，$p=0.640>0.05$）。从收益情况看，三种组合（低低、低高、高高）的轮流决策收益之间差异性需要进一步分析（$F=0.016$，$p=0.984>0.05$）。

第五章 人格特质对于两人风险决策的影响研究

表5-89 描述统计

未吹爆气球平均被吹次数	个数（N）	平均数	标准偏差	95%置信区间		最小值	最大值
				下限	上限		
低—低	50	6.37	1.32	5.99	6.75	3.88	9.33
低—高	74	6.15	1.27	5.85	6.44	3.68	9.33
高—高	32	6.18	1.42	5.66	6.69	3.68	10.16
收益	个数（N）	平均数	标准偏差	95%置信区间		最小值	最大值
				下限	上限		
低—低	50	2889.50	2033.578	2311.56	3467.44	-20	8280
低—高	74	2944.46	1658.637	2560.18	3328.73	-510	7350
高—高	32	2907.34	1423.393	2394.16	3420.53	900	7350

表5-90 单因素方差分析

未吹爆气球平均被吹次数	平方和	df	平均值平方	F	显著性
组间	1.570	2	0.785	0.447	0.640
组内	268.498	153	1.755	—	—
收益	平方和	df	平均值平方	F	显著性
组间	95817.595	2	47908.798	0.016	0.984
组内	466272490.097	153	3047532.615	—	—

为了进一步分析三种组合（低低、低高、高高）的轮流决策时，未吹爆气球平均被吹次数之间风险差异情况，采用事后多重比较，如表5-91所示。

表5-91 多重比较

未吹爆气球平均被吹次数	平均差异	显著性（p值）	95%置信区间	
			下限	上限
低低—低高	0.222	0.360	-0.256	0.701
低低—高高	0.191	0.523	-0.400	0.784
低高—高高	-0.031	0.912	-0.584	0.522

续表

收益	平均差异	显著性（p值）	95%置信区间	
			下限	上限
低低—低高	-54.959	0.864	-686.33	576.41
低低—高高	-17.844	0.964	-798.60	762.92
低高—高高	37.116	0.920	-692.57	766.80

从风险偏好看，低低组合轮流决策的未吹爆气球平均被吹次数与低高组合轮流决策的未吹爆气球平均被吹次数无显著性差异（p=0.360>0.05），即低低组合和低高组合的风险偏好无显著性差异；低低组合轮流决策的未吹爆气球平均被吹次数与高高组合轮流决策的未吹爆气球平均被吹次数无显著性差异（p=0.523>0.05），即低低组合与高高组合的风险偏好之间无显著性差异；低高组合轮流决策的未吹爆气球平均被吹次数与高高组合轮流决策的未吹爆气球平均被吹次数无显著性差异（p=0.912>0.05），即低低组合与高高组合的风险偏好之间无显著性差异，如图5-59所示。

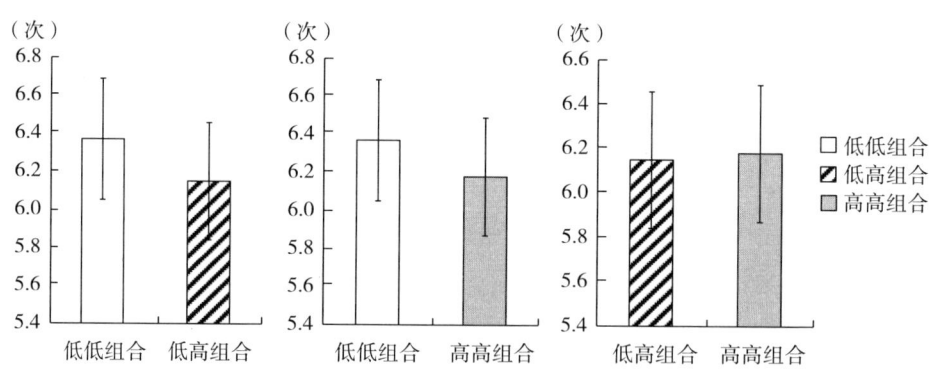

图5-59 未吹爆气球被吹次数比较

从收益上看，低低组合轮流决策的收益与低高组合轮流决策的收益无显著性差异（p=0.864>0.05）；低低组合轮流决策的收益与高高组合轮流决策的收益无显著性差异（p=0.964>0.05）；低高组合轮流决策的收益与高高组合轮流决策的收益无显著性差异（p=0.920>0.05），如图5-60所示。

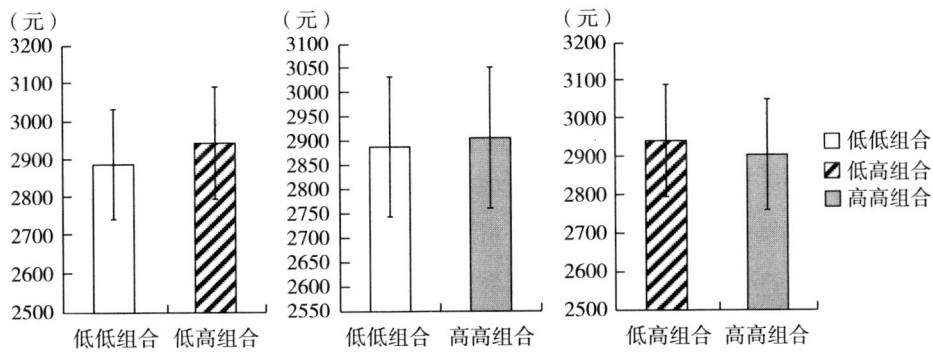

图 5-60 收益差异

综上，低低组合、低高组合、高高组合风险偏好及收益均无显著差异。

（2）共同决策间的差异。

根据描述统计（如表 5-92 所示）和单因素方差分析（如表 5-93 所示）结果显示，从风险偏好看，三种组合（低低、低高、高高）的共同决策的未吹爆气球平均被吹次数之间差异性需要进一步分析（$F=0.074$，$p=0.929>0.05$）。从收益情况看，三种组合（低低、低高、高高）的共同决策收益之间差异性需要进一步分析（$F=0.697$，$p=0.500>0.05$）。

表 5-92 描述统计

未吹爆气球平均被吹次数	个数（N）	平均数	标准偏差	95% 置信区间		最小值	最大值
				下限	上限		
低—低	50	6.61	1.77	6.11	7.12	4.23	11.33
低—高	74	6.72	1.30	6.42	7.02	3.88	9.66
高—高	32	6.65	1.62	6.06	7.23	3.88	10.00
收益	个数（N）	平均数	标准偏差	95% 置信区间		最小值	最大值
				下限	上限		
低—低	50	2972.00	2153.448	2360.00	3584.00	-180	7640
低—高	74	3413.51	2541.067	2824.80	4002.23	-1280	10960
高—高	32	3658.75	3769.572	2299.67	5017.83	-800	13020

表 5-93　单因素方差分析

未吹爆气球平均被吹次数	平方和	df	平均值平方	F	显著性
组间	0.347	2	0.174	0.074	0.929
组内	360.967	153	2.359	—	—
收益	平方和	df	平均值平方	F	显著性
组间	10373532.744	2	5186766.372	0.697	0.500
组内	1139092036.486	153	7445045.990	—	—

为了进一步分析三种组合（低低、低高、高高）的共同决策时，未吹爆气球平均被吹次数之间风险差异情况，采用事后多重比较，如表 5-94 所示。

表 5-94　多重比较

未吹爆气球平均被吹次数	平均差异	显著性（p 值）	95% 置信区间	
			下限	上限
低低—低高	-0.104	0.710	-0.660	0.450
低低—高高	-0.034	0.921	-0.721	0.652
低高—高高	0.070	0.829	-0.5716	0.712
收益	平均差异	显著性（p 值）	95% 置信区间	
			下限	上限
低低—低高	-441.514	0.378	-1428.34	545.31
低低—高高	-686.750	0.268	-1907.08	533.58
低高—高高	-245.236	0.672	-1385.73	895.26

从风险偏好看，低低组合共同决策的未吹爆气球平均被吹次数与低高组合共同决策的未吹爆气球平均被吹次数无显著性差异（p = 0.710 > 0.05），即低低组合和低高组合的风险偏好无显著性差异；低低组合共同决策的未吹爆气球平均被吹次数与高高组合共同决策的未吹爆气球平均被吹次数无显著性差异（p = 0.921 > 0.05），即低低组合与高高组合的风险偏好之间无显著性差异；低高组合共同决策的未吹爆气球平均被吹次数与高高组合共同决策的未吹爆气球平均被吹次数无显著性差异（p = 0.829 > 0.05），即低低组合与高高组合的风险偏好之间无显著性差异，如图 5-61 所示。

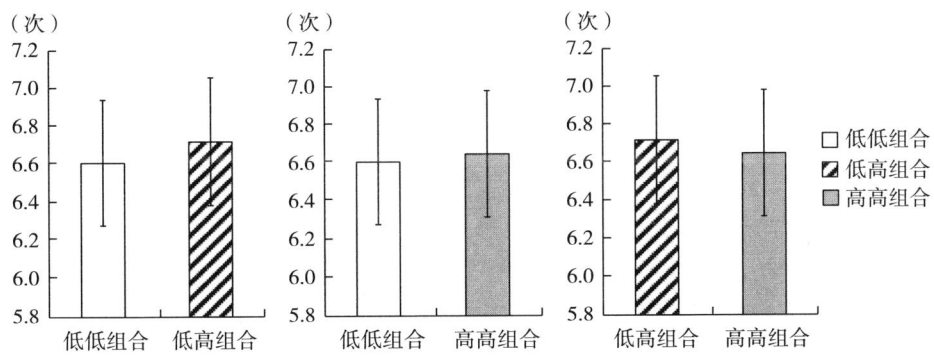

图 5-61 未吹爆气球被吹次数比较

从收益上看，低低组合共同决策的收益与低高组合共同决策的收益存在显著性差异（p=0.378>0.05）；低低组合共同决策的收益与高高组合共同决策的收益存在显著性差异（p=0.268>0.05）；低高组合共同决策的收益与高高组合共同决策的收益无显著性差异（p=0.672>0.05），如图5-62所示。

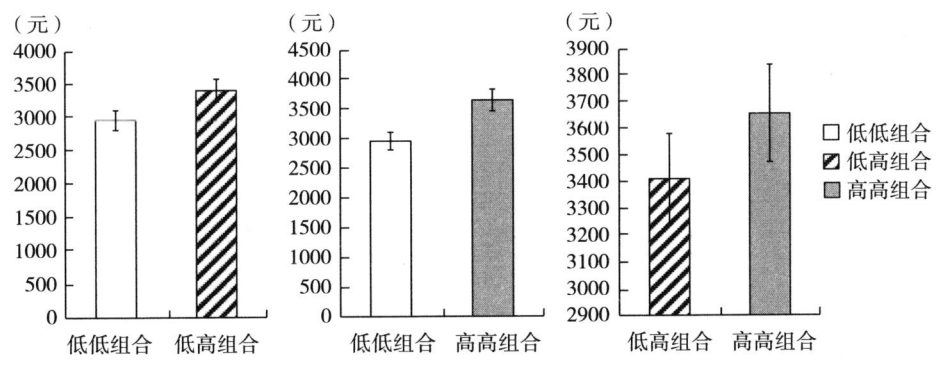

图 5-62 收益差异

综上，低低组合、低高组合、高高组合风险偏好及收益均无显著性差异。

（五）决策模式和感觉寻求量表交互作用分析

在以上分析中，分别研究了三种决策模式的风险偏好和收益差异、感觉寻求人格特质和行为学风险偏好及收益的相关性、感觉寻求高低分组合中，不同决策模式的风险偏好和收益差异、组合的风险偏好和收益差异。本书将分析决策模式（个人决策、轮流决策、共同决策）和感觉寻求量表及各分量表的交互作用。

1. 未吹爆气球平均被吹次数和感觉寻求交互作用分析

本分析为 3*2 实验分析。分别将感觉寻求总分、放纵欲望、冒险寻求、不甘寂寞、经历寻求分成高低两组。高于平均分的为高分组，低于平均分的为低分组。决策模式为组内变量，分数高低为组间变量，分析结果如表 5-95 所示。

表 5-95 交互作用分析

	感觉寻求总分		放纵欲望		冒险寻求	
	F (1, 154)	显著性（p值）	F (1, 154)	显著性（p值）	F (1, 154)	显著性（p值）
未吹爆气球平均被吹次数	4.002	0.021	9.312	0.000	0.78	0.452
	不甘寂寞			经历寻求		
	F (1, 154)		显著性（p值）	F (1, 154)		显著性（p值）
	0.181		0.821	7.576		0.001

对于未吹爆气球平均被吹次数，感觉寻求总分分组和决策模式（个人决策、轮流决策、共同决策）存在交互作用[F(1, 154) = 4.002，p = 0.021]；放纵欲望分数分组和决策模式（个人决策、轮流决策、共同决策）存在交互作用[F(1, 154) = 9.312，p = 0.000]；经历寻求分组和决策模式（个人决策、轮流决策、共同决策）存在交互作用[F(1, 154) = 7.576，p = 0.001]；冒险寻求分数分组和决策模式（个人决策、轮流决策、共同决策）无交互作用[F(1, 154) = 0.78，p = 0.452]；不甘寂寞分数分组和决策模式（个人决策、轮流决策、共同决策）无交互作用[F(1, 154) = 0.181，p = 0.821]。

进一步研究感觉寻求总分、放纵欲望分数、经历寻求分数分组与决策模式（个人决策、轮流决策、共同决策）之间交互作用。

（1）低感觉寻求总分与决策模式（个人决策、轮流决策、共同决策）之间均无交互作用（p = 1.000；p = 0.319；p = 0.513）；高感觉寻求总分与决策模式（个人决策、轮流决策、共同决策）之间存在交互作用：高感觉寻求总分下，个人决策和轮流决策之间存在交互作用（p=0.002）；个人决策和共同决策之间存在交互作用（p=0.000）；轮流决策和共同决策之间存在交互作用（p=0.012），如表5-96所示。

表5-96 感觉寻求总分高低与决策模式交互作用

感觉寻求总分分组	决策模式1	决策模式2	平均差异	显著性（p值）	95%置信区间	
					下限	上限
低分	个人决策	轮流决策	0.094	1	-0.369	0.557
		共同决策	0.384	0.319	-0.188	0.956
	轮流决策	个人决策	-0.094	1	-0.557	0.369
		共同决策	0.291	0.513	-0.221	0.802
	共同决策	个人决策	-0.384	0.319	-0.956	0.188
		轮流决策	-0.291	0.513	-0.802	0.221
高分	个人决策	轮流决策	0.621*	0.002	0.186	1.055
		共同决策	1.202*	0	0.665	1.739
	轮流决策	个人决策	-0.621*	0.002	-1.055	-0.186
		共同决策	0.582*	0.012	0.102	1.061
	共同决策	个人决策	-1.202*	0	-1.739	-0.665
		轮流决策	-0.582*	0.012	-1.061	-0.102

注：*表示p<0.05。

（2）低放纵欲望分数与决策模式（个人决策、轮流决策、共同决策）之间均无交互作用（p=1.000；p=0.682；p=0.659）；高放纵欲望总分与决策模式（个人决策、轮流决策、共同决策）之间存在交互作用：高放纵欲望总分下，个人决策和轮流决策之间存在交互作用（p=0.000）；个人决策和共同决策之间存在交互作用（p=0.000）；轮流决策和共同决策之间存在交互作用（p=0.004），如表5-97所示。

（3）低经历寻求分数与决策模式（个人决策、轮流决策、共同决策）之间均无差异（p=1.000；p=0.441；p=0.117）；高经历寻求总分与决策模式（个人决策、轮流决策、共同决策）之间存在显著差异：高经历寻求总分下，个人决策和轮流决策之间存在显著差异（p=0.000）；个人决策和共同决策之间存在显著差异（p=0.000）；轮流决策和共同决策之间无差异（p=0.075），如表5-98所示。

表 5-97　放纵欲望高低与决策模式交互作用

放纵欲望分组	决策模式1	决策模式2	平均差异	显著性（p值）	95%置信区间	
					下限	上限
低分	个人决策	轮流决策	0.019	1	-0.404	0.441
		共同决策	0.259	0.682	-0.258	0.775
	轮流决策	个人决策	-0.019	1	-0.441	0.404
		共同决策	0.24	0.659	-0.232	0.712
	共同决策	个人决策	-0.259	0.682	-0.775	0.258
		轮流决策	-0.24	0.659	-0.712	0.232
高分	个人决策	轮流决策	0.799*	0	0.337	1.262
		共同决策	1.491*	0	0.926	2.056
	轮流决策	个人决策	-0.799*	0	-1.262	-0.337
		共同决策	0.691*	0.004	0.175	1.207
	共同决策	个人决策	-1.491*	0	-2.056	-0.926
		轮流决策	-0.691*	0.004	-1.207	-0.175

注：* 表示 $p<0.05$。

表 5-98　经历寻求高低与决策模式交互作用

经历寻求分组	决策模式1	决策模式2	平均差异	显著性（p值）	95%置信区间	
					下限	上限
低分	个人决策	轮流决策	-0.096	1	-0.528	0.335
		共同决策	0.328	0.441	-0.217	0.872
	轮流决策	个人决策	0.096	1	-0.335	0.528
		共同决策	0.424	0.117	-0.069	0.917
	共同决策	个人决策	-0.328	0.441	-0.872	0.217
		轮流决策	-0.424	0.117	-0.917	0.069
高分	个人决策	轮流决策	0.857*	0	0.419	1.294
		共同决策	1.324*	0	0.772	1.875
	轮流决策	个人决策	-0.857*	0	-1.294	-0.419
		共同决策	0.467	0.075	-0.032	0.967
	共同决策	个人决策	-1.324*	0	-1.875	-0.772
		轮流决策	-0.467	0.075	-0.967	0.032

注：* 表示 $p<0.05$。

2. 收益和感觉寻求交互作用分析

本分析为3*2实验分析。分别将感觉寻求总分、放纵欲望、冒险寻求、不甘寂寞、经历寻求分成高低两组。高于平均分的为高分组，低于平均分的为低分组。决策模式为组内变量，分数高低为组间变量，分析结果如表5-99所示。

表5-99 收益与感觉寻求交互作用

收益	感觉寻求总分		放纵欲望		冒险寻求	
	F (1, 154)	显著性	F (1, 154)	显著性	F (1, 154)	显著性
	1.248	0.242	0.023	0.962	1.783	0.176

收益	不甘寂寞		经历寻求	
	F (1, 154)	显著性	F (1, 154)	显著性
	0.396	0.638	0.125	0.848

对于收益，感觉寻求总分分组和决策模式（个人决策、轮流决策、共同决策）无交互作用 [F (1, 154) =1.248, p=0.242]；放纵欲望分数分组和决策模式（个人决策、轮流决策、共同决策）无交互作用 [F (1, 154) =0.023, p=0.962]；经历寻求分组和决策模式（个人决策、轮流决策、共同决策）无交互作用 [F (1, 154) =0.125, p=0.848]；冒险寻求分数分组和决策模式（个人决策、轮流决策、共同决策）无交互作用 [F (1, 154) =1.783, p=0.176]；不甘寂寞分数分组和决策模式（个人决策、轮流决策、共同决策）无交互作用 [F (1, 154) =0.396, p=0.638]。

六、本章小结

本章中，分别将被试按感觉寻求总分、放纵欲望分数、经历寻求分数、冒险寻求分数、不甘寂寞分数分组，对比不同分数高低被试在各种组合、不同决策模式下的风险偏好和收益差异。

按感觉寻求总分分组，低低组合中，轮流决策时被试的风险偏好最低，其收益最高；共同决策的风险偏好虽然不显著低于个人决策，但均值仍低于个人，且收益高于个人。在一高一低感觉寻求总分组合中，低感觉寻求被试的风险偏好在个人决策、轮流决策、共同决策模式下无差异；轮流决策、共同决策的收益均高于个人决策收益。高感觉寻求被试的风险偏好在个人决策上高于轮流决策；轮流决策、共同决策的收益均高于个人决策收益。两名高感觉寻求总分组合中，个人决策、共同决策的风险偏好均高于轮流决策；轮流决策、共同决策的收益均高于个人决策收益。

按放纵欲望分数分组，两名低放纵欲望组合中，个人决策、轮流决策、共同决策的风险偏好无差异；轮流决策、共同决策的收益均高于个人决策收益。一高一低两名放纵欲望被试组合中，个人决策、轮流决策、共同决策的风险偏好无差异；共同决策高于轮流决策的收益，轮流决策高于个人决策收益。高感觉寻求被试的个人决策风险偏好高于轮流决策；共同决策收益高于个人决策和轮流决策收益。两名高放纵欲望被试组合中，被试的个人决策风险偏好高于共同决策，共同决策高于轮流决策；共同决策、轮流决策收益高于个人决策收益。

按冒险寻求分组，两名低冒险寻求组合中，个人决策、轮流决策、共同决策的风险偏好无差异；轮流决策高于个人决策收益。低分被试在一高一低冒险寻求分数被试组合中，个人决策、轮流决策、共同决策的风险偏好无差异；轮流决策、共同决策收益高于个人决策收益。一高一低两名冒险寻求被试组合中，高分数被试的个人决策风险偏好高于轮流决策；共同决策和轮流决策收益高于个人决策收益。两名高冒险寻求被试组合中，被试的个人决策和共同决策风险偏好高于轮流决策；共同决策和轮流决策收益高于个人决策收益。

按不甘寂寞分组，两名低不甘寂寞被试组合中，被试的个人决策、轮流决策、共同决策风险偏好无显著差异；共同决策和轮流决策收益高于个人决策收益。一高一低两名不甘寂寞被试组合中，低分数被试的个人决策风险偏好高于轮流决策；共同决策和轮流决策收益高于个人决策收益。一高一低两名不甘寂寞被试组合中，高分数被试的个人决策风险偏好高于轮流决策；共同决策和轮流决策收益高于个人决策收益。两名高不甘寂寞被试组合中，被试的个人决策风险偏好高于轮流决策；共同决策收益高于个人决策收益。

按经历寻求分组，两名低经历寻求被试组合中，被试的风险偏好无显著差异；轮流决策、共同决策收益均高于个人决策收益。在一高一低经历寻求被试组合中，低分数被试轮流决策的风险偏好低于个人决策风险偏好；轮流决策、共同决策收益均高于个人决策收益。在一高一低经历寻求被试组合中，高分数被试轮流决策的风险偏好低于个人决策风险偏好；轮流决策、共同决策收益均高于个人决策收益。在两名高经历寻求被试组合中，被试轮流决策的风险偏好低于个人决策风险偏好；轮流决策、共同决策收益均高于个人决策收益。综合来说，轮流决策、共同决策均优于个人决策，总体结果如图 5-63 所示。

按感觉寻求总分分组，轮流决策中高高组合风险偏好大于高低组合、低低组合；收益方面无显著差异。共同决策中低低组合、低高组合风险偏好低于高高组合；低低组合、低高组合收益低于高高组合。按冒险寻求分数分组，轮流决策中低低组合、低高组合、高高组合风险偏好及收益均无差异。共同决策中低低组合低于低高组合风险偏好；低低、低高组合收益均低于高高组合收益。按经历寻求分组，轮流决策中低低组合、低高组合、高高组合风险偏好及收益均无差异。共同决策中低低组合、低高组合、高高组合风险偏好均无差异。低低组合的收益显著低于低高组合。按放纵欲望分组，轮流决策中低低组合、低高组合、高高组合风险偏好均无差异；低高组合的收益显著低于高高组合。共同决策中低低组合、低高组合风险偏好显著低于高高组合；低低组合的收益显著低于低高组合。按不甘寂寞分组，轮流决策中低低组合、低高组合、高高组合风险偏好及收益均无显著差异。共同决策中低低组合、低高组合、高高组合风险偏好及收益均无显著差异，如图 5-64 所示。

人们在面对风险决策，想要降低风险或提高收益时，可以参考以上结论进行人员搭配和选择。本章主要介绍将人格特质用于轮流决策、共同决策的两人风险决策中的情形，同时，将被试按不同人格特质得分分组，判断不同人格特质组合对于轮流决策、共同决策的影响。

	低低						低/高低						高/高低						高高					
感觉寻求总分	风险偏好			收益			风险偏好			收益			风险偏好			收益			风险偏好			收益		
	I/A	I/J	A/J	I/A	I/J	A/J	I/A	I/J	A/J	I/A	I/J	A/J	I/A	I/J	A/J	I/A	I/J	A/J	I/A	I/J	A/J	I/A	I/J	A/J
	*			*	*					***	***		*			**	**		***		*		***	*
	低低						低/高低						高/高低						高高					
放纵欲望	风险偏好			收益			风险偏好			收益			风险偏好			收益			风险偏好			收益		
	I/A	I/J	A/J	I/A	I/J	A/J	I/A	I/J	A/J	I/A	I/J	A/J	I/A	I/J	A/J	I/A	I/J	A/J	I/A	I/J	A/J	I/A	I/J	A/J
				***	**					*	***	*					***	*	***	*	**	**	**	
	低低						低/高低						高/高低						高高					
冒险寻求	风险偏好			收益			风险偏好			收益			风险偏好			收益			风险偏好			收益		
	I/A	I/J	A/J	I/A	I/J	A/J	I/A	I/J	A/J	I/A	I/J	A/J	I/A	I/J	A/J	I/A	I/J	A/J	I/A	I/J	A/J	I/A	I/J	A/J
				**						**	***					*	**		**			**	***	*
	低低						低/高低						高/高低						高高					
不甘寂寞	风险偏好			收益			风险偏好			收益			风险偏好			收益			风险偏好			收益		
	I/A	I/J	A/J	I/A	I/J	A/J	I/A	I/J	A/J	I/A	I/J	A/J	I/A	I/J	A/J	I/A	I/J	A/J	I/A	I/J	A/J	I/A	I/J	A/J
					**	**	**			**	***		*			**	***		**				**	
	低低						低/高低						高/高低						高高					
经历寻求	风险偏好			收益			风险偏好			收益			风险偏好			收益			风险偏好			收益		
	I/A	I/J	A/J	I/A	I/J	A/J	I/A	I/J	A/J	I/A	I/J	A/J	I/A	I/J	A/J	I/A	I/J	A/J	I/A	I/J	A/J	I/A	I/J	A/J
					**	**					**	***	***	*		**	***		**			*	**	

图 5-63　分组总结 1

第五章　人格特质对于两人风险决策的影响研究

		轮流决策						共同决策					
		风险偏好			收益			风险偏好			收益		
		LL/LH	LH/HH	LL/HH	LL/LH	LH/HH	LL/HH	LL/LH	LH/HH	LL/HH	LL/LH	LH/HH	LL/HH
感觉寻求总分			**						***	***		**	*
冒险寻求								*				**	*
经历寻求						*							
放纵欲望						*		*	***	**			
不甘寂寞													

图 5-64　分组总结 2

第六章 两人决策脑神经机制研究

一、研究目标

在本书第四章、第五章分别介绍了个人决策、轮流决策和共同决策的情感体验差异、人格特质组合对轮流决策、共同决策组合的风险偏好及收益影响的相关研究。本章将介绍从脑神经层面分析个人决策、轮流决策和共同决策和人格特质的关系及产生情感体验差异的原因。

二、实验被试

被试两人一组，以小组为单位报名。招募共 30 名健康的男大学生（20~24 岁，平均年龄为 21.7 岁）参加实验。实验要求所有被试矫正视力正常，没有精神疾病以及头部外伤，右利手；要求两名被试成组报名，以保证两人在实验前是彼此熟悉并且愿意合作的。这样会更接近企业实际决策情境。在实验中，被试都要完成三组脑电实验：个人决策、轮流决策和共同决策。被试的目的是求尽可能多地获得报酬，在轮流决策和共同决策试验中，两名被试将平分最终收入。脑电实验完成后，每名被试要分别完成情感体验量表和感觉寻求量表。实验组织者会根据他们实验的完成情况付给他们相应的报酬。所有被试都自愿签订知情同意书，且保证在进行实验时态度认真。

三、实验设计

行为学实验依然采用 BART 任务，实验设计与第四章实验设计相同。不同之处在于个人决策中每名被试要完成 100 个气球的任务，在轮流决策和共同决策中，要分别完成 200 个气球的实验任务。被试按键选择和反馈之间会有 1.2s 的延迟。每种决策模式的顺序是相互平衡的。在轮流决策中，每名被试轮流按键做出决策。共同决策中，两名被试分别说"吹"和"存"，表示自己在本次选择的意见，意见一致则由其中一方按键；如果意见不一致，则重新给出意见。新一轮被试依然说"吹"或"存"，直到意见一致，由其中一方按键。针对决策结果，两名被试轮流按键。实验结束后，每名被试要填写情感体验量表和感觉寻求量表。

四、实验流程

首先，被试招募的时候被告知，在实验的前一天禁止饮酒并正常作息。被试阅读《知情同意书》并在上面签字。被试将头发洗干净，佩戴电极帽。其次，对被试进行实验内容和实验过程讲解。被试要求在实验过程中尽量少眨眼。如果被试感到疲劳可在每 20 个气球后休息，休息完成后按键盘上空格键继续。最后，被试根据实验内容做练习，在确保被试对实验内容全部了解的情况下，实验正式进行。主试对实验整体过程进行监控，解决异常问题。被试完成试验后，摘下电极帽并洗头，主试根据试验中被试完成情况支付报酬。

五、脑电结果记录

实验在安静的实验室内进行，同时要求实验室隔音、屏蔽。行为学实验设备采用一台台式电脑，安装 Windows XP 系统，并同时安装 E – Prime 程序。通过分屏器分别连接两台同型号的 Dell 21.5 寸显示器。台式机上分别连接 2 个小键盘，分别供两名被试使用。

脑电设备采用 ANT 公司的 64 导 eego mylab 脑电系统记录数据。两名被试分别佩戴 32 导电极帽，以采集相应的 EEG 数据。国际通用的 10 – 20 系统为本研究采用的电极位置。离线参考电极为双侧乳突平均值，接地 Fpz，采样频率为 1000Hz。头皮与电极之间的阻抗低于 5kΩ，如图 6 – 1 所示。

图 6 – 1 两人决策 ERP 数据采集

六、数据分析

首先通过预览脑电,剔除漂移严重的数据。以事件刺激出现为 EEG 分段依据,将脑电数据分段。选择事件出现前 200 毫秒至出现后 600 毫秒时间段。接下来进行基线校正。为了去伪迹,在数据分析时去除波幅大于 80 毫伏或小于负 80 毫伏的波形片段。将经过上述处理的 EEG 片段进行叠加,然后进行分类平均。根据以往研究发现 Cz 电极点和风险决策的关系,本研究选取电极 Cz 作为研究对象,P300 的时间窗为 320~400ms,FRN 的时间窗为 200~300ms。

(一) EEG 波形

为了能够更好地研究两人决策中的脑电情况,本研究将个人决策时的脑电细分为赢钱时和输钱时两种,即成功保存并得到收益和气球被吹爆并收益损失两种。

个人决策时,被试在赢钱、输钱时及赢钱输钱差异的脑电波形如图 6-2 所示,波幅从 -10~+25μV。

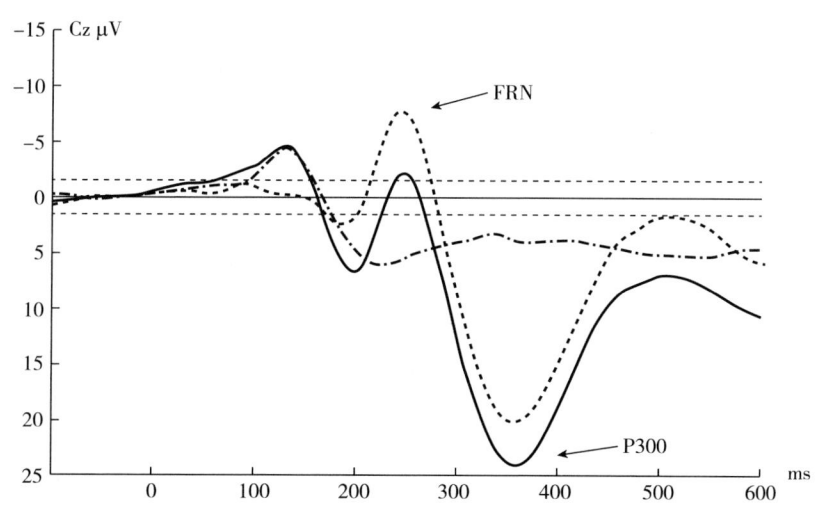

图 6-2 个人决策波形

在轮流决策中，Cz 电极波形如图 6-3 所示，波幅从 -10 ~ +20μV。

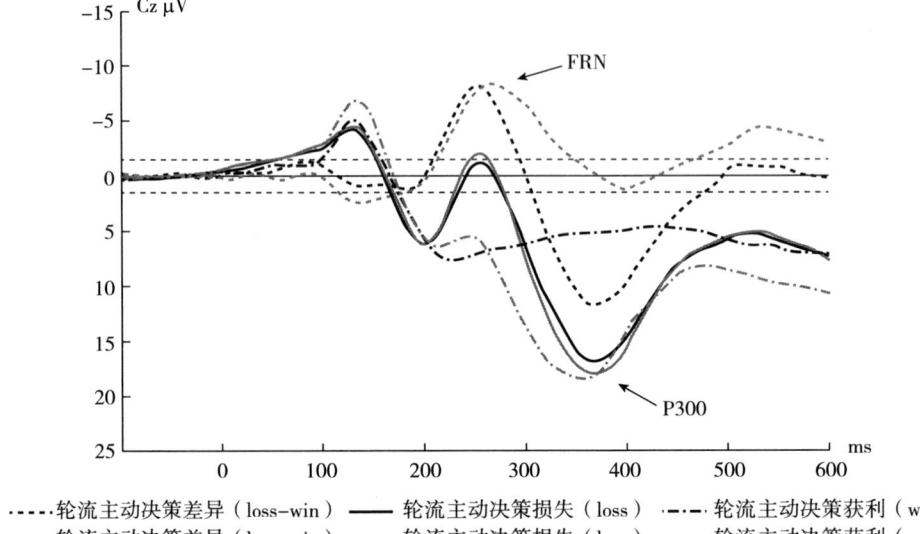

图 6-3　轮流决策波形

其中，被试主动保存气球时，Cz 电极波形如图 6-4 所示，波幅从 -10 ~ +20μV。

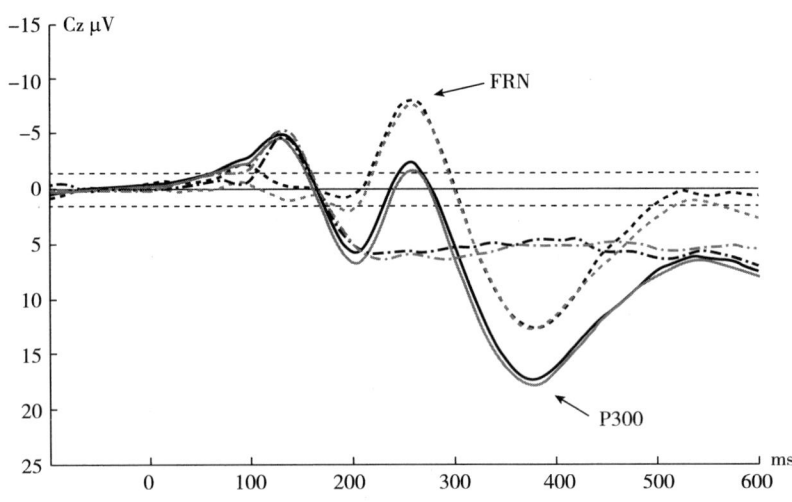

图 6-4　共同决策波形

(二) EEG 分析

第四章和第五章的行为学实验已经验证个人决策轮流决策和共同决策的差异性，尤其是个人决策和轮流决策之间、个人决策和共同决策之间差异显著。本分析也主要以差异波为研究对象，介绍差异波与行为学、情感体验、感觉寻求之间的关系。本章关注轮流决策和共同决策中个体差异研究，数据分析采用 Spearman 相关分析。在轮流决策和共同决策的实验中，存在自己按键决策和看对方按键决策两种情况，产生的 P300 波形分别称为主动 P300 和被动 P300；产生的 FRN 分别称为主动 FRN 和被动 FRN。

按主被动分类，P300 可分为：轮流决策主动 P300（AAP）、轮流决策被动 P300（APP）、共同决策主动 P300（JAP）、共同决策被动 P300（JPP）、个人主动决策 P300（IAP）五种。FRN 可分为：轮流决策主动 FRN（AAF）、轮流决策被动 FRN（APF）、共同决策主动 FRN（JAF）、共同决策被动 FRN（JPF）、个人主动决策 FRN（IAF）五种。

分析中使用的差异波具体分为：①轮流主动决策与轮流被动决策的 P300 差异（AAP－APP）；②轮流主动决策与个人主动决策的 P300 差异（AAP－IAP）；③轮流主动决策与轮流被动决策的 FRN 差异（AAF－APF）；④轮流主动决策与个人主动决策的 FRN 差异（AAF－IAF）；⑤共同主动决策与共同被动决策的 P300 差异（JAP－JPP）；⑥共同主动决策与个人主动决策的 P300 差异（AAP－IAP）；⑦共同主动决策与共同被动决策的 FRN 差异（JAF－JPF）；⑧共同主动决策与个人主动决策的 FRN 差异（JAF－IAF）。

结合以上分类，本章将 P300 及 FRN 数据分别与行为学数据、情感体验数据、感觉寻求数据结合进行分析介绍。

1. 与行为学结合分析

为了能够更深入地研究在进行不同决策时，行为与脑电的相关情况，本研究依然考虑两个行为指标：未吹爆气球平均被吹次数和收益，但同时将保存气球之前的一个情况考虑其中，即前一个气球可以是吹爆的或者可以是成功保存的，考虑前次风险决策对本次风险决策的影响。在文章中，分别用"存存"（SaveSave，SS）和"爆存"（PopSave，PS）来表示。

（1）轮流决策。

根据行为学中对于未吹爆气球被吹次数分类，在具体分析中未吹爆气球平均被吹次数可以分为个人"存"（IS）、轮流"存"（AS）、个人"存存"（ISS）、个人"爆存"（IPS）、轮流"存存"（ASS）、轮流"爆存"（APS）六类。差异可分为轮流"存"和个人"存"的差值（AS-IS）、轮流"存存"和个人"存存"的差值（ASS-ISS）、轮流"爆存"和个人"爆存"的差值（APS-IPS）。

分别将轮流主动决策与轮流被动决策的 P300 差异（AAP-APP）、轮流主动决策与个人主动决策的 P300 差异（AAP-IAP）、轮流主动决策与轮流被动决策的 FRN 差异（AAF-APF）、轮流主动决策与个人主动决策的 FRN 差异（AAF-IAF）与未吹爆气球的"存存"和"爆存"进行 Spearman 相关分析，结果发现，轮流"存存"和个人"存存"的差值（ASS-ISS）与轮流主动决策与轮流被动决策的 P300 差异（AAP-APP）正相关（r=0.552，p=0.009），如图 6-5 所示。其余组合无显著相关性。

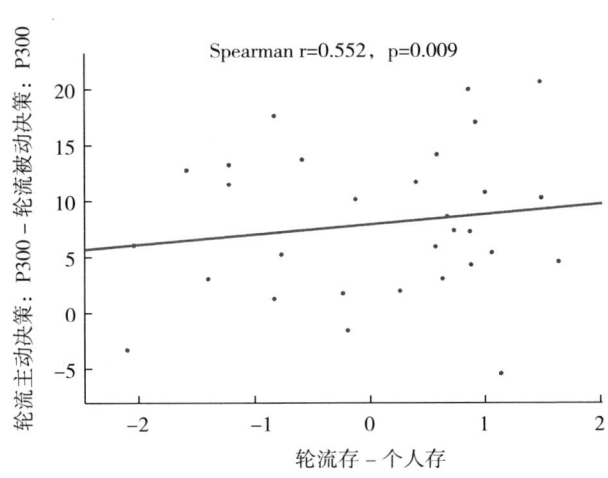

图 6-5 （ASS-ISS）与（AAP-APP）差值相关性

（2）共同决策。

根据行为学中对于未吹爆气球被吹次数分类，在具体分析中未吹爆气球平均被吹次数可以分为个人"存"（IS）、共同"存"（JS）、个人"存存"（ISS）、个人"爆存"（IPS）、共同"存存"（JSS）、共同"爆存"（JPS）六类。差异可分为共同"存"和个人"存"的差值（JS-IS）、共同"存存"和个人"存存"的差值（JSS-ISS）、共同"爆存"和个人"爆存"的差值（JPS-IPS）三类。

分别将共同主动决策与共同被动决策的 P300 差异（JAP－JPP）、共同主动决策与个人主动决策的 P300 差异（JAP－IAP）、共同主动决策与共同被动决策的 FRN 差异（JAF－JPF）、共同主动决策与个人主动决策的 FRN 差异（JAF－IAF）与未吹爆气球的"存存"和"爆存"进行 Spearman 相关分析，结果发现，共同"存"与个人"存"（JS－IS）与共同主动决策与共同被动决策的 FRN 差异（JAF－JPF）相关性边缘显著（r＝－0.386，p＝0.084），如图6－6所示。

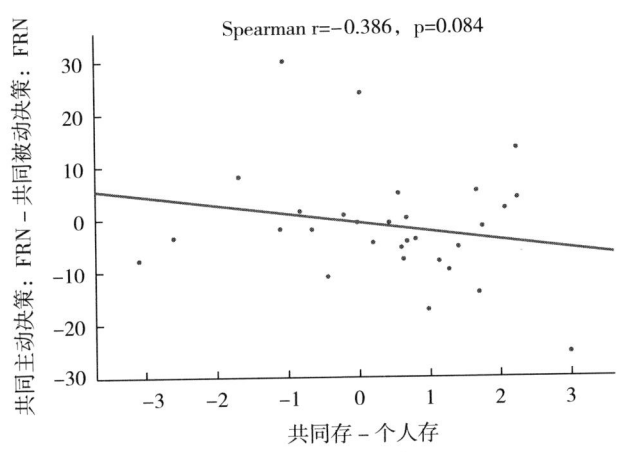

图6－6　（JS－IS）与（JAF－JPF）差值相关性

共同"爆存"和个人"爆存"的差值（JPS－IPS）与共同主动决策与共同被动决策的 P300 差异（JAP－JPP）相关性边缘显著（r＝0.397，p＝0.075），如图6－7所示。其余组合无显著相关性。

2. 与情感体验结合分析

与第二章相同，本研究的情感体验包括成就感、控制感、喜悦感和后悔感。分析依然采用差值计算，具体包括轮流成就感与个人成就感差值、轮流控制感与个人控制感差值、轮流喜悦感与个人喜悦感差值、轮流后悔感与个人后悔感差值。

（1）轮流决策。

脑电 P300 和 FRN 的差异波与情感体验的差值做相关分析，结果发现，轮流主动决策与轮流被动决策的 FRN 差异值（AAF－APF）和轮流控制感与个人控制感差值正相关（r=0.464，p=0.034），如图6-8所示。

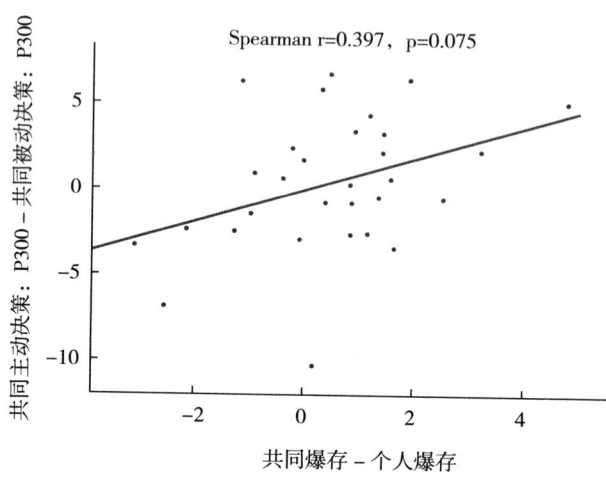

图6-7 （JPS-IPS）与（JAP-JPP）差值相关性

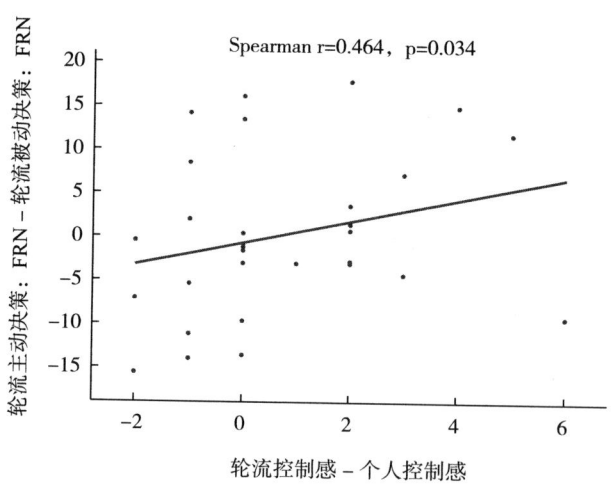

图6-8 （AAF-APF）和轮流控制感与个人控制感差值相关性

轮流主动决策与个人主动决策P300差异值（AAP-IAP）和轮流控制感与个人控制感差值正相关（r=0.455，p=0.038），如图6-9所示。

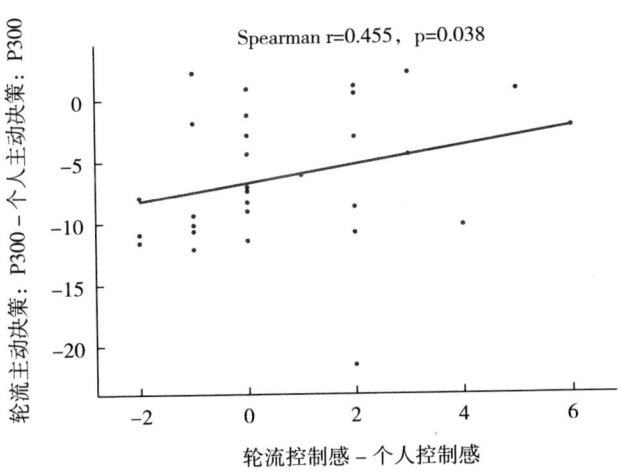

图 6-9 (AAP-IAP) 和轮流控制感与个人控制感差值相关性

轮流被动决策与个人主动决策 FRN 差异值 (AAF-IAF) 和轮流控制感与个人控制感差值呈负相关 (r=-0.531, p=0.013),如图 6-10 所示。

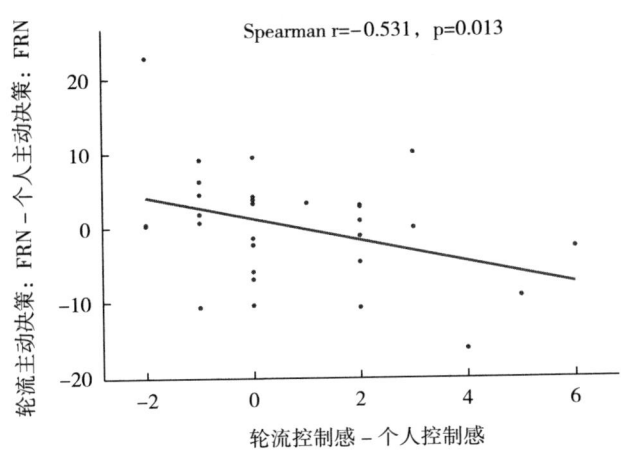

图 6-10 (AAF-IAF) 和轮流控制感与个人控制感差值相关性

轮流主动决策与个人主动决策 FRN 差异值 (AAF-IAF) 和轮流后悔感与个人后悔感差值正相关 (r=0.478, p=0.028),如图 6-11 所示。

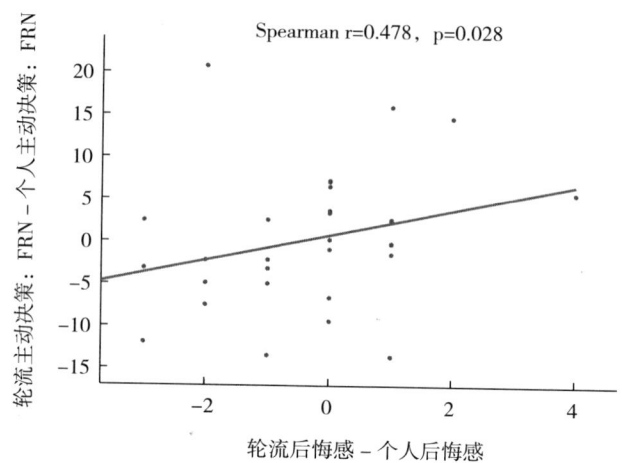

图 6-11 （AAF-IAF）和轮流后悔感与个人后悔感差值相关性

轮流被动决策与个人主动决策 FRN 差异值（APF-IAF）和轮流成就感与个人成就感差值负相关（$r=-0.490$，$p=0.024$），如图 6-12 所示。

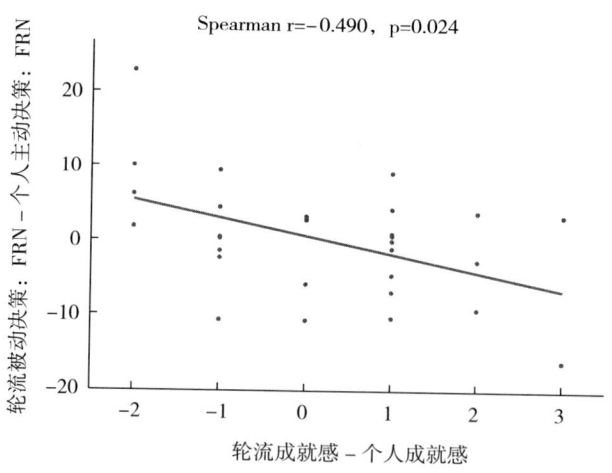

图 6-12 （APF-IAF）和轮流成就感与个人成就感差值相关性

（2）共同决策。

共同主动决策与共同被动决策的 P300 差异值（JAP-JPP）和共同控制感与个人控制感差值正相关（$r=0.434$，$p=0.049$），如图 6-13 所示。

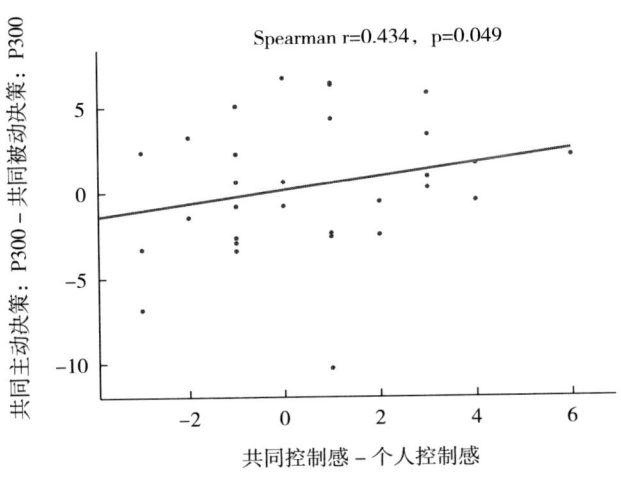

图6-13 (JAP-JPP)和共同控制感与个人控制感差值相关性

共同主动决策与共同被动决策的FRN差异值(JAF-JPF)和共同后悔感与个人后悔感差值负相关(r=-0.513,p=0.017),如图6-14所示。

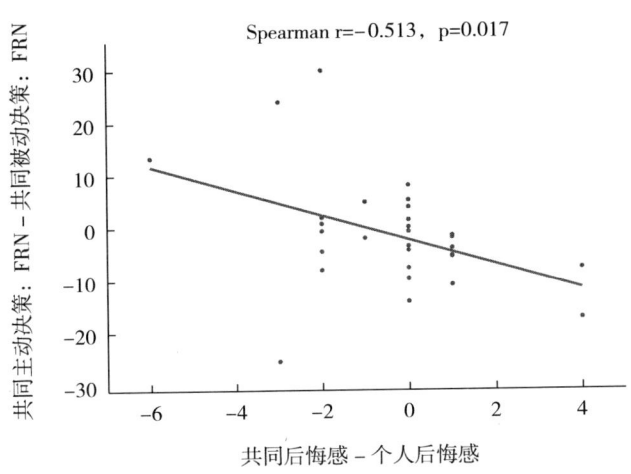

图6-14 (JAF-JPF)和共同后悔感与个人后悔感差值相关性

共同被动决策与个人主动决策的FRN差异值(JPF-IPF)和共同后悔感与个人后悔感差值正相关(r=0.505,p=0.019),如图6-15所示。

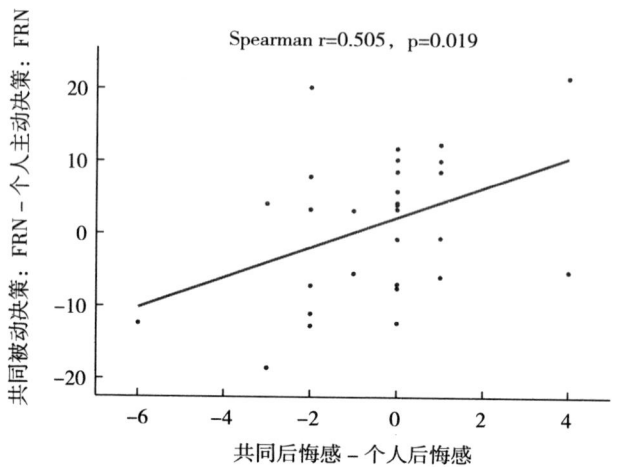

图 6-15　(JPF-IPF) 和共同后悔感与个人后悔感差值相关性

共同主动决策与共同被动决策的 P300 差异值（JAP-JPP）和共同成就感与个人成就感差值相关性边缘显著（r = 0.394，p = 0.077），如图 6-16 所示。其余组合无显著相关性。

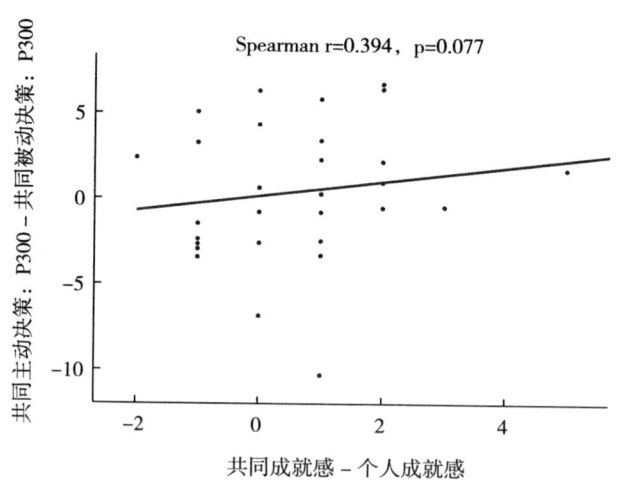

图 6-16　(JAP-JPP) 和共同成就感与个人成就感差值相关性

3. 与感觉寻求量表结合分析

与第三章相同，本研究的感觉寻求包括冒险寻求（TAS）、经历寻求（ES）、不甘寂寞（BS）、放纵欲望（DIS）。

（1）轮流决策。

分析依然采用差值计算，具体包括轮流主动决策与轮流被动 FRN 差异值（AAF-APF）、轮流主动决策与轮流被动 P300 差异值（AAP-APP）、轮流主动决策与个人主动决策 FRN 差异值（AAF-IAF）、轮流主动决策与个人主动决策 P300 差异值（AAP-IAP）、轮流被动与个人主动决策 FRN 差异值（AAF-IAF）。分析结果发现，轮流主动决策与个人主动决策 P300 差异值（AAP-IAP）和寻求危险与冒险（TAS）正相关（r=0.374，p=0.042），如图 6-17 所示。

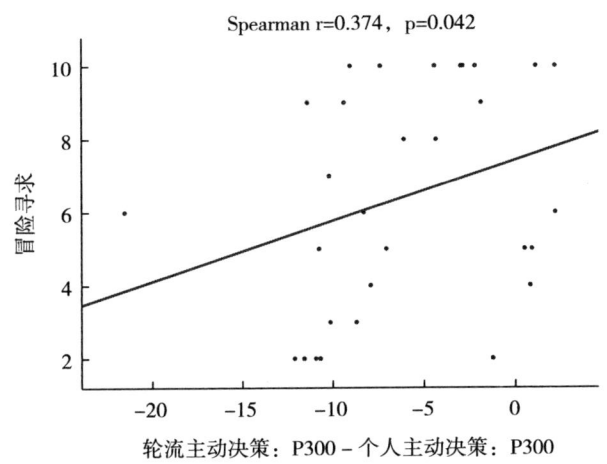

图 6-17　（AAP-IAP）和冒险寻求（TAS）差值相关性

（2）共同决策。

分析采用差值计算，具体包括共同主动决策与共同被动 FRN 差异值（AAF-APF）、共同主动决策与共同被动 P300 差异值（AAP-APP）、共同主动决策与个人主动决策 FRN 差异值（AAF-IAF）、共同主动决策与个人主动决策 P300 差异值（AAP-IAP）、共同被动与个人主动决策 FRN 差异值（AAF-IAF）。分析结果发现，共同主动决策与共同被动决策 FRN 差异值（JAF-JPF）和经历寻求（ES）边缘负相关（r=-0.349，p=0.059），如图 6-18 所示。

共同主动决策与共同被动 P300 差异值（AAP-APP）和不甘寂寞（BS）边缘负相关（r=-0.319，p=0.086），如图 6-19 所示。

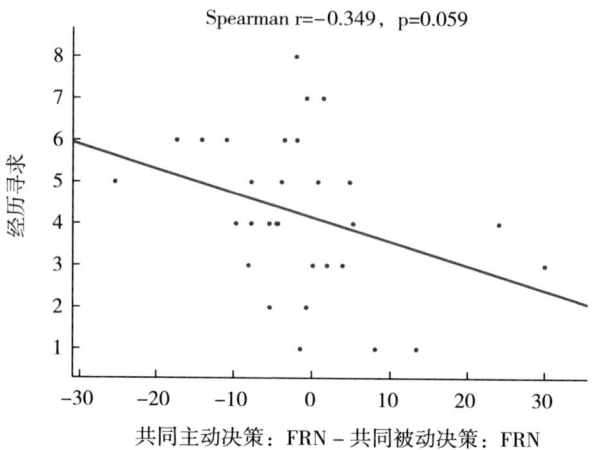

图 6-18 （JAF-JPF）和经历寻求（ES）差值相关性

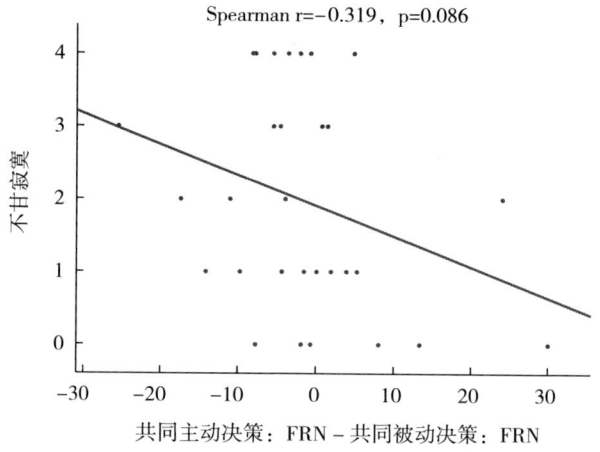

图 6-19 （AAP-APP）和不甘寂寞（BS）差值相关性

七、本章小结

经过实验分析我们发现，轮流"存存"和个人"存存"的差值（ASS-ISS）与轮流主动决策与轮流被动决策的 P300 差异（AAP-APP）正相关。共同"存"

与个人"存"（JS–IS）与共同主动决策与共同被动决策的FRN差异（JAF–JPF）相关性边缘显著。共同"爆存"和个人"爆存"的差值（JPS–IPS）与共同主动决策与共同被动决策的P300差异（JAP–JPP）相关性边缘显著。

轮流主动决策与轮流被动决策的FRN差异值（AAF–APF）和轮流控制感与个人控制感差值正相关。轮流主动决策与个人主动决策P300差异值（AAP–IAP）和轮流控制感与个人控制感差值正相关。轮流被动决策与个人主动决策FRN差异值（AAF–IAF）分别和轮流控制感与个人控制感差值、轮流后悔感与个人后悔感差值正相关。轮流被动决策与个人主动决策FRN差异值（APF–IAF）和轮流成就感与个人成就感差值正相关。共同主动决策与共同被动决策的P300差异值（JAP–JPP）和共同控制感与个人控制感差值正相关。共同主动决策与共同被动决策的FRN差异值（JAF–JPF）和共同后悔感与个人后悔感差值正相关。共同被动决策与个人主动决策的FRN差异值（JPF–IPF）和共同后悔感与个人后悔感差值正相关。共同主动决策与共同被动决策的P300差异值（JAP–JPP）和共同成就感与个人成就感差值相关性边缘显著。

轮流主动决策与个人主动决策P300差异值（AAP–IAP）和冒险寻求（TAS）正相关。共同主动决策与共同被动决策FRN差异值（JAF–JPF）和经历寻求（ES）边缘负相关。共同主动决策与共同被动P300差异值（AAP–APP）和不甘寂寞（BS）边缘负相关。

通过本章进一步介绍个人决策、轮流决策和共同决策中脑神经机制的差异，进一步分析了行为学中差异产生的原因，为两人风险决策差异提供了脑神经机制的解释。

第七章 研究结论与应用

一、本书结论

本书共分为七章,其中,第三章是在企业风险背景下,对于个人决策、轮流决策、共同决策三种决策模式的选择倾向性研究,目的是了解人们的主观意愿。第四章通过行为学实验比较个人决策、轮流决策和共同决策的风险偏好和收益差异;在个人决策、轮流决策和共同决策中,人们的情感体验是否有变化及情绪体验间的相关性。第五章将 BART 任务和感觉寻求量表相结合,研究不同感觉寻求的个人在个人决策、轮流决策和共同决策中风险偏好和收益是否有变化;在不同感觉寻求组合的轮流决策和共同决策中,哪种感觉寻求的个人风险状况和收益会发生变化。第六章阐述了个人决策、轮流决策和共同决策中脑神经机制的差异,进一步分析了行为学中差异产生的原因,为两人风险决策差异提供了脑神经机制的解释。主要研究结论包括:

(1) 通过企业风险问题相关问卷,研究人们进行决策时对于个人决策、轮流决策和共同决策的主观偏好。结果表明,人们最倾向于选择共同决策,其次是个人决策,最不倾向于选择轮流决策。

(2) 通过行为学实验发现,个人决策的风险偏好大于轮流决策和共同决策。个人决策的收益小于轮流决策和共同决策。

(3) 在情感体验方面,个人决策、轮流决策、共同决策的成就感无差异;个人决策的控制感体验小于轮流决策和共同决策的控制感体验,轮流决策和共同决策的控制感无差异。个人决策的喜悦感小于共同决策的喜悦感；然而，个人决策与轮流决策时的喜悦感、轮流决策与共同决策时的喜悦感没有显著性差异。个人决策的后悔感程度要高于共同决策时的后悔感，但个人决策的后悔感和轮流决策的后悔感，轮流决策的后悔感和共同决策的后悔感无显著差异。

（4）按感觉寻求总分分组，低低组合中，轮流决策时被试的风险偏好最低，其收益最高；共同决策的风险偏好虽然不显著低于个人决策，但均值仍低于个人，且收益高于个人。在一高一低感觉寻求总分组合中，低感觉寻求被试的风险偏好在个人决策、轮流决策、共同决策模式下无差异；轮流决策、共同决策的收益均高于个人决策收益。高感觉寻求被试的风险偏好在个人决策高于轮流决策；轮流决策、共同决策的收益均高于个人决策收益。两名高感觉寻求总分组合中，个人决策、共同决策的风险偏好均高于轮流决策；轮流决策、共同决策的收益均高于个人决策收益。

（5）按放纵欲望分数分组，两名低放纵欲望组合中，个人决策、轮流决策、共同决策的风险偏好无差异；轮流决策、共同决策的收益均高于个人决策收益。一高一低两名放纵欲望被试组合中，个人决策、轮流决策、共同决策的风险偏好无差异；共同决策高于轮流决策的收益，轮流决策高于个人决策收益。高感觉寻求被试的个人决策风险偏好高于轮流决策；共同决策收益高于个人决策和轮流决策收益。两名高放纵欲望被试组合中，被试的个人决策风险偏好高于共同决策，共同决策高于轮流决策；共同决策、轮流决策收益高于个人决策收益。

（6）按冒险寻求分组，两名低冒险寻求组合中，个人决策、轮流决策、共同决策的风险偏好无差异；轮流决策高于个人决策收益。低分被试在一高一低冒险寻求分数被试组合中，个人决策、轮流决策、共同决策的风险偏好无差异；轮流决策、共同决策收益高于个人决策收益。一高一低冒险寻求两名被试组合中，高分数被试的个人决策风险偏好高于轮流决策；共同决策和轮流决策收益高于个人决策收益。两名高冒险寻求被试组合中，被试的个人决策和共同决策风险偏好高于轮流决策；共同决策和轮流决策收益高于个人决策收益。

（7）按不甘寂寞分组，两名低不甘寂寞被试组合中，被试的个人决策、轮流决策、共同决策风险偏好无显著差异；共同决策和轮流决策收益高于个人决策收益。一高一低两名不甘寂寞被试组合中，低分数被试的个人决策风险偏好高于轮流决策；共同决策和轮流决策收益高于个人决策收益。一高一低两名不甘寂寞被试组合中，高分数被试的个人决策风险偏好高于轮流决策；共同决策和轮流决策收益高于个人决策收益。两名高不甘寂寞被试组合中,被试的个人决策风险偏好高于轮流决策;共同决策收益高于个人决策收益。

(8) 按经历寻求分组,两名低经历寻求被试组合中,被试的风险偏好无显著差异;轮流决策、共同决策收益均高于个人决策收益。在一高一低经历寻求被试组合中,低分数被试轮流决策的风险偏低于个人决策风险偏好;轮流决策、共同决策收益均高于个人决策收益。在一高一低经历寻求被试组合中,高分数被试轮流决策的风险偏低于个人决策风险偏好;轮流决策、共同决策收益均高于个人决策收益。在两名高经历寻求被试组合中,被试轮流决策的风险偏低于个人决策风险偏好;轮流决策、共同决策收益均高于个人决策收益。综合来说,轮流决策、共同决策均优于个人决策。

(9) 按感觉寻求总分分组,轮流决策中高高组合风险偏好大于高低组合、低低组合;收益方面无显著差异。共同决策中低低组合、低高组合风险偏好低于高高组合;低低组合、低高组合收益低于高高组合。按冒险寻求分数分组,轮流决策中低低组合、低高组合、高高组合风险偏好及收益均无差异。共同决策中低低组合低于低高组合风险偏好;低低、低高组合收益均小于高高组合收益。按经历寻求分组,轮流决策中低低组合、低高组合、高高组合风险偏好及收益均无差异。共同决策中低低组合、低高组合、高高组合风险偏好均无差异;低低组合的收益显著低于低高组合。按放纵欲望分组,轮流决策中低低组合、低高组合、高高组合风险偏好均无差异;低高组合的收益显著低于高高组合。共同决策中低低组合、低高组合风险偏好显著低于高高组合;低低组合的收益显著低于低高组合。按不甘寂寞分组,轮流决策中低低组合、低高组合、高高组合风险偏好及收益均无显著差异。共同决策中低低组合、低高组合、高高组合风险偏好及收益均无显著差异。

(10) 未吹爆气球平均被吹次数和决策模式(个人决策、轮流决策、共同决策)存在交互作用。高感觉寻求总分下,个人决策和轮流决策之间存在显著差异;个人决策和共同决策之间存在交互作用;轮流决策和共同决策之间存在显著差异。高放纵欲望总分下,个人决策和轮流决策之间存在显著差异;个人决策和共同决策之间存在显著差异;轮流决策和共同决策之间无显著差异。收益和决策模式(个人决策、轮流决策、共同决策)不存在交互作用。

(11) 轮流"存存"和个人"存存"的差值(ASS - ISS)与轮流主动决策与轮流被动决策的 P300 差异(AAP - APP)正相关。共同"存"与个人"存"

（JS－IS）与共同主动决策与共同被动决策的 FRN 差异（JAF－JPF）相关性边缘显著。共同"爆存"和个人"爆存"的差值（JPS－IPS）与共同主动决策与共同被动决策的 P300 差异（JAP－JPP）相关性边缘显著。

轮流主动决策与轮流被动决策的 FRN 差异值（AAF－APF）和轮流控制感与个人控制感差值正相关。轮流主动决策与个人主动决策 P300 差异值（AAP－IAP）和轮流控制感与个人控制感差值正相关。轮流被动决策与个人主动决策 FRN 差异值（AAF－IAF）分别和轮流控制感与个人控制感差值、轮流后悔感与个人后悔感差值正相关。轮流被动决策与个人主动决策 FRN 差异值（APF－IAF）和轮流成就感与个人成就感差值正相关。共同主动决策与共同被动决策的 P300 差异值（JAP－JPP）和共同控制感与个人控制感差值正相关。共同主动决策与共同被动决策的 FRN 差异值（JAF－JPF）和共同后悔感与个人后悔感差值正相关。共同被动决策与个人主动决策的 FRN 差异值（JPF－IPF）和共同后悔感与个人后悔感差值正相关。共同主动决策与共同被动决策的 P300 差异值（JAP－JPP）和共同成就感与个人成就感差值相关性边缘显著。

轮流主动决策与个人主动决策的 P300 差异值（AAP－IAP）和冒险寻求（TAS）正相关。共同主动决策与共同被动决策 FRN 差异值（JAF－JPF）和经历寻求（ES）边缘负相关。共同主动决策与共同被动 P300 差异值（AAP－APP）和不甘寂寞（BS）边缘负相关。

二、局限与展望

虽然本书已经对个人决策、轮流决策、共同决策的相关研究做了充分的阐述，但已有研究仍然存在局限性和不足，需要在接下来的研究中进一步补充。

（一）局限性

本书中研究的局限性主要体现在以下几方面：

（1）本书第三章相关研究中问卷实验部分，为了广泛了解人们意愿和选择倾向，在网络上进行调研，但相对来说，高学历、高收入人群数据量偏少。

（2）本书主要关注企业风险决策中的人事安排，因此将本研究的被试确定为男性。在现实情况中,虽然女性决策者数量很少,但依然存在。

(3) 本书中的行为学任务选择的是仿真气球任务(BART),虽然经过对比,BART相对于GDT、IGT和DDT等决策任务有很多优势,但在其他任务中,个人决策、轮流决策、共同决策的风险偏好、收益情况如何还需进一步研究。

(4) 在人格特质的结合上,本书介绍研究只考虑了感觉寻求而未考虑其他人格特质,如大五人格等。

(二) 展望

针对现有研究的局限性,未来的研究可以扩大被试范围,增加女性决策者被试。在分析中,将女性被试和男性被试组成一组,可以大大增加被试组合的多样性,使分析结果更加多样。还可以尝试将BART任务换成GDT、IGT、DDT任务,研究个人决策、轮流决策、共同决策的差异性。

脑神经机制研究是近年来兴起的研究方法,主要采用功能性磁共振成像(Functional Magnetic Resonance Imaging, fMRI)、脑电图(Electroencephalogram, EEG)等技术。此研究方法可以揭示人们决策过程中的脑神经机制,对人们在进行风险决策时的脑部特征进行测量和分析,从而打开人们决策过程的"黑箱"。本研究采用了EEG技术,主要从时间分辨率上分析个人决策、轮流决策和共同决策的脑部反应差异,未来研究可以采用fMRI技术主要从空间分辨率上研究个人决策、轮流决策、共同决策的脑神经机制差异,从而更全面地从脑神经的角度解释着三种决策模式产生风险偏好及收益差异的原因。

三、研究的应用

(一) 企业组织架构

从企业组织架构发展的历史进程来看,企业组织结构的演变过程是一个不断发展、不断创新的过程,从整体架构看,有直线制、矩阵制、事业部制等不同的企业组织结构形式。当前,金字塔式的层级结构已不能适应现代社会,特别是知识经济时代的要求。目前企业竞争已经呈现出全球化和员工知识化的特点,传统的金字塔式结构已经不能很好地适应当今企业发展的要求。所以，企业组织架构形式多以弹性制和分权化为主。现代企业为了满足客户需求、提高客户满意度、增强企业竞争力，通常会通过流程再造、组织重构来对现有的业务流程进行重建，进而实现企业降低风险、降低经营成本、提高产品质量、提高服务效率的目的。

企业决策者是企业组织架构中最重要的一环，在很多企业中，高层管理者制定负责所有的决策，低层管理人员负责执行高层管理者的指示。而另一种较极端情况是，组织把决策权下放到最基层管理人员手中。前者是高度集权式的组织，而后者则是高度分权式的。集权化（Centralization）是指组织中的决策权集中于一点的程度，是某个位置固有的权力。比如，企业是否进行海外投资，由CEO作决定；是否进行某种新技术研发，由CTO作决定。如果组织的高层管理者不考虑或很少考虑基层人员的意见就决定组织的主要事宜，则这个组织的集权化程度较高。相反，基层人员参与程度越高，或他们能够自主地做出决策，组织的分权化（Decentralization）程度就越高。从现实企业的具体组织架构设置来看，目前企业组织架构多介于极权式和分权式之间，会根据所要决定事项的重要程度来决定决策权的归属。

集权式与分权式组织在本质上是有所不同的。在分权式组织中，采取行动、解决问题的速度较快，更多的人为决策提供建议，所以，员工与那些能够影响他们的工作生活的决策者隔膜较少或几乎没有。集权式组织的优点主要有以下几个方面：一是易于协调各职能间的决策；二是对报告线的形式进行了规范，如利用管理账户；三是能与企业的目标达成一致；四是危急情况下能进行快速决策；五是有助于实现规模经济；六是这种结构比较适用于由外部机构（如专业的非营利性企业）实施密切监控的企业，因为所有的决策都能得以协调。目前大多数企业在实际运作中，采用集权式架构的企业占多数。

（二）组织行为

人是管理的主体，也是管理的对象，研究人的行为规律便成为管理中关于组织行为研究的重要内容。其主要目的在于联系组织管理者工作实际，提高其工作能力，提高组织的工作绩效，降低企业风险。在组织行为中，决策是任何组织都要进行的活动，也是组织行为重要的内容。按重要性，决策可以分为战略决策、管理决策和业务决策。战略决策是谋求在组织与环境之间达成动态平衡、直接关系到企业组织长远利益的重大决策。而管理决策是指企业内部有关战略的贯彻执行的决策，旨在提高组织内部活动的高度协调、资源合理配置和组织的管理效能。业务决策则是为了解决日常工作和具体业务中的问题所做的决策，大部分的业务决策是局部性、常规性和技术性的。由此可见，企业的战略决策是具有一定风险性的、至关重要的决策。战略决策的好坏，直接关系到企业的生存和发展。

在组织进行战略决策的过程中，分别会采用个人决策和群体决策两种不同的方式。通常来说，个体决策具有效率高、责任明确等优点，但同时决策质量相对低下、接受性差，一般适用于简单、次要、无须广泛接受的决策。所以针对企业战略决策这些复杂、重要的决策，决策者经常会采用群体决策来避免个人决策的缺点，但同时群体决策本身也存在不可避免的问题，比如，决策效率低下、责任不明确等。因此，企业组织架构调整和组织行为学的研究对企业组织架构进行适当改进，使企业员工的组织行为能够更好地为企业服务，提高企业绩效、降低企业风险提供了理论指导。

(三) 企业决策

目前很多公司都采用"双 CEO"的组织架构。法国雅高 (Accor) 集团由两个 CEO 掌管；SAP 和 Workday 公司均起用了两名 CEO 共同执掌大权；而 RIM (现已更名为黑莓) 公司也曾使用双 CEO 管理模式；国内最大的影视娱乐制作公司华谊兄弟由王中军和王中磊两兄弟共同创立并管理；在阿里巴巴集团内部，陆兆禧和彭蕾的地位仍是保持平行的，用阿里系内部的说法是"双 CEO"。另外，在我国央企、国企组织架构中，也大都采用书记和总经理共同负责制。

本书结论从理论角度可以很好地解释目前这些企业所采取的这种人事制度。并且研究表明，在决策过程中，轮流决策和共同决策还会有更积极的情绪体验，同时，有较低的风险偏好及较高的收益结果。研究结果表明轮流决策、共同决策可以降低风险并提高收益。在公司采用双决策者的前提下，决策者的选择便成为重点，选择何种特质的决策者进行配合能够更好地达到降低风险、提高收益的目的呢？本书的第五章给出了结论。人格特质是人们相对稳定的特质，具有持久性。本书采用感觉寻求量表测量被试的风险偏好情况，并根据不同人格特质组合决策结果的情况给出建议。

本书第四章至第六章通过仿真气球冒险任务，对不同两人风险决策的风险偏好和收益进行了介绍。结合相关结论，对企业组织架构调整建议如下：针对企业风险决策建议由两人进行，可考虑轮流决策或共同决策，但在考核体系上要让两名决策者共同承担风险或享受利益。在进行两人决策组合的时候，在两人能力、背景、符合职位要求的前提下分别考虑企业风险和收益，具体措施如下：

(1) 从企业风险角度考虑。

1) 可以根据候选人的感觉寻求总分来考虑。如果按感觉寻求总分进行组合，两名感觉寻求总分低的候选人组合可以使轮流决策风险变低；其共同决策的风险偏好虽然不显著低于个人决策，但均值仍低于个人。在一高一低感觉寻求总分组合中，低感觉寻求候选人的风险偏好在各种决策情境下保持不变；高感觉寻求候选人的风险偏好在轮流决策中会降低。两名高感觉寻求总分候选人的组合中，轮流决策最能降低候选人的风险状况。总体来说，两名决策者的决策不会提高冒险程度，所做决策有利于企业降低风险。企业在确定两名决策者的情况下，可以根据其感觉寻求总分的情况选择轮流决策或共同决策的决策模式，或者在决策者待定的情况下，根据决策模式和感觉寻求总分情况进行人员选择。

2) 可以按放纵欲望分数考虑。两名低放纵欲望候选人组合中，个人决策、轮流决策、共同决策的风险偏好无差异；在一高一低两名放纵欲望候选人组合中，个人决策、轮流决策、共同决策的风险偏好也无差异。两名高放纵欲望候选人的组合中，候选人的个人决策风险偏好高于共同决策，共同决策高于轮流决策。总体来说，两名决策者的决策不会提高冒险程度，所做决策有利于企业降低风险。企业在确定两名决策者的情况下，可以根据其放纵欲望分数的情况选择轮流决策或共同决策的决策模式。如果选定的两名候选人都是低放纵欲望或分数一高一低的人，则选择共同决策或轮流决策模式均可；若两人的放纵欲望得分均是高分，则采用轮流决策的风险最低，采用共同决策次之。在决策者待定的情况下，可以根据决策模式和放纵欲望得分情况进行人员选择。

3) 可以按冒险寻求分数考虑。两名低冒险寻求候选人组合中，个人决策、轮流决策、共同决策的风险偏好无差异。低分候选人在一高一低冒险寻求分数候选人组合中，个人决策、轮流决策、共同决策的风险偏好无差异。一高一低两名冒险寻求候选人组合中，高分数候选人的个人决策风险偏好高于轮流决策。两名高冒险寻求被试组合中，被试的个人决策和共同决策风险偏好高于轮流决策。总体来说，两名决策者的决策不会提高冒险程度，所做决策有利于企业降低风险。企业在确定两名决策者的情况下，可以根据其冒险寻求分数的情况选择轮流决策或共同决策的决策模式。如果选定的两名候选人都是低冒险寻求分数的人,则选择共同决策或轮流决策模式均可;若两人的冒险寻求分数一高一低,则应采用轮流决策;若两人的冒险寻求分数均是高分,则采用轮流决策的风险最低,采用共同决策次之。在决策者待定的情况下,可以根据冒险寻求分数情况进行人员选择。

4)按不甘寂寞分数考虑。两名低不甘寂寞候选人组合中,候选人的个人决策、轮流决策、共同决策风险偏好无显著差异。一高一低两名不甘寂寞候选人组合中,低分数候选人的个人决策风险偏好高于轮流决策。一高一低两名不甘寂寞候选人组合中,高分数候选人的个人决策风险偏好高于轮流决策。两名高不甘寂寞候选人组合中,候选人的个人决策风险偏好高于轮流决策。总体来说,两名决策者的决策不会提高冒险程度,所做决策有利于企业降低风险。企业在确定两名决策者的情况下,可以根据其不甘寂寞分数的情况选择轮流决策或共同决策的决策模式。如果选定的两名候选人都是低不甘寂寞分数的人,则选择共同决策或轮流决策模式均可;若两人的不甘寂寞分数一高一低,则应采用轮流决策;若两人的不甘寂寞分数均是高分,则采用轮流决策的风险最低,采用共同决策次之。在决策者待定的情况下,可以根据不甘寂寞分数情况进行人员选择。

5)按经历寻求分数考虑。两名低经历寻求候选人组合中,候选人的风险偏好无显著差异。在一高一低经历寻求候选人组合中,低分数候选人轮流决策的风险偏低于个人决策风险偏好。在一高一低经历寻求候选人组合中,高分数候选人轮流决策的风险偏低于个人决策风险偏好。在两名高经历寻求候选人组合中,候选人轮流决策的风险偏低于个人决策风险偏好。总体来说,两名决策者的决策不会提高冒险程度,所做决策有利于企业降低风险。企业在确定两名决策者的情况下,可以根据其经历寻求分数的情况选择轮流决策或共同决策的决策模式。如果选定的两名候选人都是低经历寻求分数的人,则选择共同决策或轮流决策模式均可;若两人的经历寻求分数一高一低,则应采用轮流决策;若两人的经历寻求分数均是高分,则采用轮流决策的风险最低,采用共同决策次之。在决策者待定的情况下,可以根据经历寻求分数情况进行人员选择。

(2)从企业收益角度考虑。

1)可以根据候选人的感觉寻求总分来考虑。低低组合中,轮流决策时收益最高。在一高一低感觉寻求总分组合中,轮流决策、共同决策的收益均高于个人决策收益。高感觉寻求候选人的轮流决策、共同决策的收益均高于个人决策收益。两名高感觉寻求总分组合中，轮流决策、共同决策的收益均高于个人决策收益。总体来说，两名决策者的决策不会提高冒险程度，所做决策有利于企业增加收益。企业在确定两名决策者的情况下，可以根据其感觉寻求总分的情况选择轮流决策或共同决策的决策模式。如果选定的两名候选人都是低感觉寻求总分的人，则选择轮流决策为最佳；若两人的感觉寻求总分一高一低，则应采用轮流决策或共同决策；若两人的感觉寻求总分均是高分，则采用轮流决策或共同决策。在决策者待定的情况下，可以根据感觉寻求总分情况进行人员选择。

2）按放纵欲望分数考虑。两名低放纵欲望组合中，轮流决策、共同决策的收益均高于个人决策收益。一高一低两名放纵欲望候选人组合中，低放纵欲望的候选人的共同决策收益高于轮流决策的收益，轮流决策收益高于个人决策收益；而两人中高放纵欲望分数候选人的共同决策收益高于个人决策和轮流决策收益。两名高放纵欲望候选人组合中，共同决策、轮流决策收益高于个人决策收益。总体来说，两名决策者的决策不会提高冒险程度，所做决策有利于企业增加收益。企业在确定两名决策者的情况下，可以根据其放纵欲望分数的情况选择轮流决策或共同决策的决策模式。如果选定的两名候选人都是低放纵欲望分数的人，则选择轮流决策或共同决策均可；若两人的放纵欲望分数一高一低，则应采用共同决策；若两人的放纵欲望分数均是高分，则采用轮流决策或共同决策。在决策者待定的情况下，可以根据放纵欲望分数情况进行人员选择。

3）按冒险寻求分数考虑。两名低冒险寻求组合中，轮流决策高于个人决策收益。低分候选人在一高一低冒险寻求分数候选人组合中，轮流决策、共同决策收益高于个人决策收益。一高一低两名冒险寻求候选人组合中，高分数候选人的共同决策和轮流决策收益高于个人决策收益。两名高冒险寻求候选人组合中，共同决策和轮流决策收益高于个人决策收益。总体来说，两名决策者的决策不会提高冒险程度，所做决策有利于企业增加收益。企业在确定两名决策者的情况下，可以根据其冒险寻求分数的情况选择轮流决策或共同决策的决策模式。如果选定的两名候选人都是低冒险寻求分数的人，则选择轮流决策和共同决策均可；若两人的冒险寻求分数一高一低，则应采用轮流决策或共同决策；若两人的经历寻求分数均是高分，则采用轮流决策或共同决策。即如果按冒险寻求分数来考虑决策人员配备，则无论两名人员的分数如何都应采用轮流或共同决策。在决策者待定的情况下，可以根据冒险寻求情况进行人员选择。

4）按不甘寂寞分数考虑。两名低不甘寂寞候选人组合中，共同决策和轮流决策收益高于个人决策收益。一高一低两名不甘寂寞候选人组合中,低分数候选人的共同决策和轮流决策收益高于个人决策收益。一高一低两名不甘寂寞候选人组合中,高分数候选人的共同决策和轮流决策收益高于个人决策收益。两名高不甘寂寞候选人组合中,共同决策收益高于个人决策收益。总体来说,两名决策者的决策不会提高冒险程度,所做决策有利于企业增加收益。企业在确定两名决策者的情况下,可以根据其不甘寂寞分数的情况选择轮流决策或共同决策的决策模式。如果选定的两名候选人都是低不甘寂寞分数的人,则可选择轮流决策或共同决策;若两人的不甘寂寞分数一高一低,则应采用轮流决策或共同决策;若两人的不甘寂寞分数均是高分,则采用共同决策。即如果按不甘寂寞分数来确定决策模式,则以共同决策为最佳。在决策者待定的情况下,可以根据不甘寂寞分数情况进行人员选择。

5) 按经历寻求分数考虑。两名低经历寻求候选人组合中,轮流决策、共同决策收益均高于个人决策收益。在一高一低经历寻求候选人组合中,低分数候选人的轮流决策、共同决策收益均高于个人决策收益。在一高一低经历寻求候选人组合中,高分数候选人的轮流决策、共同决策收益均高于个人决策收益。在两名高经历寻求候选人组合中轮流决策、共同决策收益均高于个人决策收益。总体来说,两名决策者的决策不会提高冒险程度,所做决策有利于企业增加收益。企业在确定两名决策者的情况下,可以根据其经历寻求的情况选择轮流决策或共同决策的决策模式。如果选定的两名候选人都是低经历寻求分数的人,则选择轮流决策和共同决策均可;若两人的经历寻求分数一高一低,则应采用轮流决策或共同决策;若两人的经历寻求分数均是高分,则采用轮流决策或共同决策。即如果按经历寻求分数来确定决策模式,则可以选择共同决策和轮流决策中的任何一种模式。在决策者待定的情况下,可以根据经历寻求分数情况进行人员选择。

企业在进行组织架构调整、人员配备时可以参考以上结论,在同时控制风险的同时提高企业收益。从本书介绍的研究内容来看,研究的对象主要是男性,因此企业在应用本书介绍的内容时,也针对男性决策者。

参考文献

[1] Abdellaoui, M., L'Haridon, O., Paraschiv, C. Individual vs. couple behavior: An experimental investigation of risk preferences [J]. Theory and Decision, 2013, 75 (75): 175-191.

[2] Acheson, A., Richards, J. B., Wit, H. Effects of sleep deprivation on impulsive behaviors in men and women [J]. Physiology and Behavior, 2007 (91): 579-587.

[3] Akinola, A. A. The concept of a rotational presidency in Nigeria [J]. Round Table, 1996, 85 (337): 13-24.

[4] Aklin, W. M., Lejuez, C. W., Zvolensky, M. J., et al. Evaluation of Behavioral Measures of Risk Taking Propensity with Inner City Adolescents [J]. Behaviour Research & Therapy, 2005, 43 (2): 215-28.

[5] Alice, M. I., Kimberly, A. D. Positive Affect Facilitates Creative Problem Solving [J]. Journal of Personality and Social Psychology, 1987, 52 (6): 1122-1131.

[6] Alhakami A. S., Slovic P. A psychological study of the inverse relationship between perceived benefit [J]. Risk Analysis, 1994, 14 (6): 1085-1096.

[7] Arnold M. B. Feelings and emotions: The Loyola symposium [M]. New York and London: Academic Press, 1970.

[8] Arrow, K. J. The theory of risk aversion [A].//Helsinki Y. J. S (Eds.) Aspects of the Theory of Risk Bearing [C]. Chicago: Markham Publ. Co., 1971: 90-109.

[9] Baker, R. J., Laury, S. K., Williams, A. W. Comparing small-group

and individual behavior in lottery – choice experiments [J]. Caepr Working Papers, 2008, 75 (2): 367 – 382.

[10] Banks, J. S., Duggan, J. A Bargaining Model of Collective Choice [J]. American Political Science Review, 2000, 94 (1): 73 – 88.

[11] Bateman, I., Munro, A. An experiment on risky choice amongst households [J]. Economic Journal, 2005, 115 (502): C176 – C189.

[12] Bault, N., Joffily, M., Rustichini, A., Coricelli, G. Medial prefrontal cortex and striatum mediate the influence of social comparison on the decision process [J]. Proceedings of the National Academy of Sciences, 2011, 108 (38): 16044 – 16049.

[13] Bechara, A. The role of emotion in decision – making: evidence from neurological patients with orbitofrontal damage [J]. Brain and Cognition, 2004, 55 (1): 30 – 40.

[14] Bechara, A., Damasio, A. R., Damasio, H., et al. Insensitivity to future consequences following damage to human prefrontal cortex [J]. Cognition, 1994 (50): 7 – 15.

[15] Bell, D. E. Regret in decision making under uncertainty [J]. Operation's Research, 1982, 30: 961 – 981.

[16] Bell, D. E. Disappointment in Decision Making under Uncertainty [J]. Operations Research, 1985, 33 (1): 1 – 27.

[17] Bellebaum, C., Daum, I. Learning – related changes in reward expectancy are reflected in the feedback – related negativity [J]. European Journal of Neuroscience, 2008, 27 (7): 1823 – 1835.

[18] Bellebaum, C., Kobza, S., Thiele, S., et al. It was not my fault: event – related brain potentials in active and observational learning from feedback [J]. Cerebral Cortex, 2010, 20 (12): 2874 – 2883.

[19] Benjamin, A. M., Robbins, S. J. The role of framing effects in performance on the Balloon Analogue Risk Task (BART) [J]. Personality and Individual Differences, 2007 (43): 221 – 230.

[20] Berend, D., Paroush, J. When is condorcet s jury theorem valid? [J]. Social Choice and Welfare, 1998, 15 (4): 481 – 488.

[21] Beshears, J., Choi, J. J., Laibson, D., et al. How are preferences revealed? [J]. Social Science Electronic Publishing, 2008, 92 (8-9): 1787-1794.

[22] Black, D. On the Rationale of Group Decision-making [J]. Journal of Political Economy, 1948, 56 (1): 23-34.

[23] Blinder, A., Morgan, J. Are Two Heads Better than One? An Experimental Analysis of Group versus Individual Decision Making [J]. Journal of Money, Credit and Banking, 2005, 37 (5): 789-812.

[24] Bornovalova, M. A., Cashman-Rolls, A., O'Donnel, J. M., et al. Risk taking differences on a behavioral task as a function of potential reward/loss magnitude and individual differences in impulsivity and sensation seeking [J]. Pharmacology Biochemistry and Behavior, 2009 (93): 258-262.

[25] Braun, N. A Nash bargaining model for simple exchange networks [J]. Social Networks, 2006, 28 (1): 1-23.

[26] Brosnan, S. F., de Waal, F. B. Evolution of responses to (un) fairness [J]. Science, 2014, 346 (6207): 1251776.

[27] Byrd, J., Fraser, D. R., Lee, D. S., et al. Are two heads better than one? Evidence from the thrift crisis [J]. Journal of Banking and Finance, 2012, 36 (4): 957-967.

[28] Carlsson, F., He, H., Martinsson, P., Qin, P., Sutter, M. Household decision making in rural china: using experiments to estimate the influences of spouses [J]. Journal of Economic Behavior and Organization, 2012, 84 (2): 525-536.

[29] Charness, G., Dan, L. Individual and group decision making under risk: An experimental study of Bayesian updating and violations of first-order stochastic dominance [J]. Journal of Risk and Uncertainty, 2007, 35 (2): 129-148.

[30] Chetty, R., Friedman, J. N., Lethpetersen, S., et al. Active vs. passive decisions and crowd out in retirement savings accounts: evidence from Denmark [J]. The Quarterly Journal of Economics, 2014, 129 (3): 1141-1219.

[31] Chiocchio, F. Project team performance: A study of electronic task and coordination communication [J]. Project Management Quarterly, 2007.

[32] Cooper, D. J., Kagel, J. H. Are Two Heads Better than One? Team ver-

sus Individual Play in Signaling Games [J]. American Economic Review, 2005, 95 (3): 477-509.

[33] Costa, P. T. Jr., McCrae R. R. Four ways Five Factors are basic [J]. Personality Individual Differences, 1992 (13): 653-665.

[34] Cox, J. C., Hayne, S. C. Barking up the right tree: Are small groups rational agents? [J]. Experimental Economics, 2006, 9 (3): 209-222.

[35] Csikszentmihalyi, M. Beyond boredom and anxiety [M]. San Francisco: Jossey-Bass Publishers, 1975.

[36] Dan, R. Exploring the Bargaining Model of War [J]. Perspectives on Politics, 2003, 1 (1): 27-43.

[37] Dean, A. C., Sugar, C. A., Hellemann, G. et al. Is all risk bad? Young adult cigarette smokers fail to take adaptive risk in a laboratory decision-making test [J]. Psychopharmacology, 2011 (215): 801-811.

[38] Dohle, S., Keller, C., Siegrist, M. Examining the relationship Between Affect and Implicit Associations [J]. Implications for Risk Perception, 2010, 30 (7): 1116-1128.

[39] Duncanjohnson, C. C., Donchin, E. On quantifying surprise: the variation of event-related potentials with subjective probability [J]. Psychophysiology, 1977, 14 (5): 456-467.

[40] Ekman, P. Basic Emotions [A]. In T. Dalgleish and T. Power (Eds.) The Handbook of Cognition and Emotion [C]. Sussex, U. K.: John Wiley & Sons, Ltd., 1999: 45-60.

[41] Ellsberg, D. The Crude Analysis of Strategy Choices [J]. American Economic Review, 1961: 472-478.

[42] Epstein, S. Integration of the cognitive and psychodynamic unconscious [J]. American Psychologist, 1994, 49 (8): 709-724.

[43] Evans, J. S. Dual-processing accounts of reasoning, judgment and social cognition [J]. Annual Review of Psychology, 2008, 59 (1): 255-278.

[44] Fernie, G., Cole, J. C., Goudie, A. J., et al. Risk-taking but not Response Inhibition or Delay Discounting Predict Alcohol Consumption in Social Drinkers [J]. Drug & Alcohol Dependence, 2010, 112 (1-2): 54-61.

[45] Filson, D., Werner, S. A Bargaining Model of War and Peace: Anticipating the Onset, Duration, and Outcome of War [J]. American Journal of Political Science, 2001, 46 (4): 819 –837.

[46] Finger, B., Weber, E. U. Personality and Risk Taking [J]. International Encyclopedia of the social & Behavioral Science, 2001: 809 –813.

[47] Finucane, M. L., Alhakami, A., Slovic, P. et al. The affect heuristic in judgments of risks and benefits [J]. Journal of Behavioral Decision Making, 2000, 13 (13): 1 –17.

[48] Fishbein, M., Raven, B. H. The AB scales: an operational definition of belief and attitude [J]. Human Relations, 1962 (12): 32 –44.

[49] Fisher, R., Grégoire, Y., Murray, K. The limited effects of power on satisfaction with joint consumption decisions [J]. Journal of Consumer Psychology, 2011, 21 (3): 277 –289.

[50] Fisher, R. J., Grégoire, Y. Gender differences in decision satisfaction within established dyads: effects of competitive and cooperative behaviors [J]. Psychology and Marketing, 2006, 23 (4): 313 –333.

[51] Forgas, J. P. Feeling and Doing: Affective Influences on Interpersonal Behavior [J]. Psychological Inquiry, 2002, 13 (1): 1 –28.

[52] Fraidin S N. When is one head better than two? Interdependent information in group decision making [J]. Organizational Behavior and Human Decision Processes, 2004, 93 (2): 102 –113.

[53] Fukushima, H., Hiraki, K. Whose loss is it? Human electrophysiological correlates of non – self reward processing [J]. Social Neuroscience, 2009, 4 (3): 261 –275.

[54] Fukushima, H. Perceiving an opponent's loss: gender – related differences in the medial – frontal negativity [J]. Social Cognitive and Affective Neuroscience, 2006, 1 (2): 149 –159.

[55] Fussell, S. R., Kraut, R. E., Lerch, F. J., et al. Coordination, overload and team performance: effects of team communication strategies [J]. IEEE Transactions on Engineering Management, 2003, 50 (3): 262 –269.

[56] Gardner, M., Steinberg, L. Peer influence on risk taking, risk prefer-

ence, and risky decision making in adolescence and adulthood: An experimental study [J]. Developmental Psychology, 2005, 41 (4): 625 –35.

[57] Gardner, M., Steinberg, L. Peer Influence on Risk Taking, Risk Preference, and Risky Decision Making in Adolescence and Adulthood: An Experimental Study [J]. Developmental Psychology, 2005, 41 (4): 625 –35.

[58] Ghani, J. A., Supnick, R., Rooney, P. The experience of flow in computer – mediated and in face – to – face groups [C]. Twelfth International Conference on Information Systems, 1991: 229 –237.

[59] Gray, J. A. Three fundamental emotion systems [A]. //Ekman P. E., Davidson R. J. (eds.). The Nature of Emotion: Fundamental Questions [C]. Oxford University Press, 1994: 243 –247.

[60] Hamann, K., Warneken, F., Greenberg, J. R., et. al. Collaboration encourages equal sharing in children but not in chimpanzees [J]. Nature, 2011, 476 (7360): 328 –331.

[61] Hare, B., Melis, A. P., Woods V., et al. Engineering cooperation in chimpanzees: Tolerance constraints on cooperation [J]. Animal Behaviour, 2006, 72 (2): 275 –286.

[62] Hare, B., Melis, A. P., Woods, V., et al. Tolerance allows bonobos to outperform chimpanzees on a cooperative task [J]. Current Biology, 2007, 17 (7): 619 –623.

[63] Harrison, G. W., Johnson, E., Rutstrom, E. E. Risk aversion and incentive effects: comment [J]. American Economic Review, 2005, 95 (3): 897 –901.

[64] Herbert, B., Gerald, L., Clore N. S. et al. Mood and the Use of Scripts: Does a Happy Mood Really Lead to Mindlessness? [J]. Journal of Personality and Social Psychology, 1996, 71 (4): 665 –679.

[65] Hill, G. W. Group versus individual performance: Are n + 1 heads better than one? [J]. Psychological Bulletin, 1982, 91 (3): 517 –539.

[66] Hoffman, L. R. Group Problem Solving [J]. Advances in Experimental Social Psycology, 1966 (2): 99 –132.

[67] Holroyd, C. B., Coles, M. G. The neural basis of human error process-

ing: reinforcement learning, dopamine, and the error – related negativity [J]. Psychological Review, 2002, 109 (4): 679 – 709.

[68] Hoorn, J. V., Fuligni, A. J., Crone, E. A., et. al. Peer influence effects on risk – taking and prosocial decision – making in adolescence: insights from neuroimaging studies [J]. Current Opinion in Behavioral Sciences, 2016 (10): 59 – 64.

[69] Hopko, D., Lejuez, C., Daughters, S., et al. Construct Validity of the Balloon Analogue risk Task (BART): Relationship with Mdma Use by Inner – city Drug Users in Residential Treatment [J]. Personal Relationships, 2015, 22 (2): 275 – 284.

[70] Howell, J. M., Shea, C. M. Effects of Champion Behavior, Team Potency, and External Communication Activities on Predicting Team Performance [J]. Group & Organization Management, 2006, 31 (2): 180 – 211.

[71] Hwang, H. G., Guynes J. The effect of group size on group performance in computer – supported decision making [J]. Information & Management, 1994, 26 (4): 189 – 198.

[72] Isen, A. M., Patrick, R. The effects of positive affect on risk – taking: when the chips are down [J]. Organizational Behavior and Human Decision Processes, 1983 (31): 194 – 202.

[73] Izard, C. E. Human emotions [M]. Des Moines: Springer Science & Business Media, 2013.

[74] Johnson, E. J., Tversky, A. Affect, generalization, and the perception of risk [J]. Journal of Personality and Social Psychology, 1983, 45 (1): 20 – 31.

[75] Juslin, P. N., Vastoa, D. Emotional response to music: the need to consider underlying mechanisms [J]. Research and Brain Sciences, 2008, 31 (5): 559 – 621.

[76] Juslin, P. N., Vastoa, D. Emotional response to music: the need to consider underlying mechanisms [J]. Research and Brain Sciences, 2008, 31 (5): 559 – 621.

[77] Kahneman, B. D., Tversky, A. Advances in prospect theory: Cumulative representation of uncertainty [J]. Risk and Uncertainty, 1992, 5 (4): 297 – 323.

[78] Kahneman, D., Tversky, A. Prospect Theory: An Analysis of Decision

under Risk [J]. Econometric, 1979, 47 (2): 263 – 291.

[79] Kahneman, D., Tversky, A. Subjective probability: A judgment of representativeness [J]. Cognitive Psychology, 1972, 3 (3): 430 – 454.

[80] Kahneman, D. Maps of Bounded Rationality: Psychology for Behavioral Economics [J]. American Economic Review, 2003, 93 (5): 1449 – 1475.

[81] Kahneman, D. Maps of bounded rationality: Psychology for behavioral economics [J]. American Economic Review, 2003, 93 (5): 1449 – 1475.

[82] Kahneman, D. Thinking, fast and slow [M]. London: MacMillan, 2011.

[83] Kaplan, R. Two Parties to Take Turns Governing Turkey: Yilmaz, Ciller Will Alternate as Premier [J]. The Washington Times, 1996.

[84] Keller, L. R., Sarin, R. K., Sounderpandian, J. An examination of ambiguity aversion: are two heads better than one? [J]. Judgment and Decision Making, 2007, 2: 390 – 397.

[85] Kerr, N. L., Maccoun, R. J., Kramer, G. P. Bias in Judgment: Comparing Individuals and Groups [J]. Psychological Review, 1996, 103 (4): 687 – 719.

[86] Knott, J. H., Verkuilen, J. Adaptive Incrementalism and Complexity: Experiments with Two – Person Cooperative Signaling Games [J]. Journal of Public Administration Research and Theory, 2003, 13 (3): 341 – 365.

[87] Koosha P., Somayeh M. T., Seyed A., et al. Impulsivity, Sensation Seeking, and Risk – Taking Behaviors among HIV – Positive and HIV – Negative Heroin Dependent Persons [J]. Aids Research & Treatment, 2016 (3): 1 – 8.

[88] Koufaris, M. Applying the technology acceptance model and flow theory to online consumer behavior [J]. Information Systems Research, 2002, 13 (2): 205 – 223.

[89] Kowert, P. A., Hermann, M. G. Who takes risks? Daring and caution in foreign policy making [J]. Journal of conflict Resolution, 1999, 41 (5): 611 – 637.

[90] Lauriola, M., Levin, I. P. Personality traits and risky decision – making in a controlled experimental task: An exploratory study [J]. Personality and Individu-

al Difference, 2011, 31 (2): 215 - 226.

[91] Lauriola, M., Panno, A., Levin, I. P., et al. Individual Differences in Risky Decision Making: A Meta - analysis of Sensation Seeking and Impulsivity with the Balloon Analogue Risk Task [J]. Journal of Behavioral Decision Making, 2014, 27 (1): 20 - 36.

[92] Lazarus, R. S. On the primacy of cognition [J]. Ameirican Psychologist, 1984, 39 (2): 124 - 129.

[93] Lee, E. The relationship of motivation and flow experience to academic procrastination in university students [J]. The Journal of Genetic Psychology, 2005, 166 (1): 5.

[94] Lehman, B., Lee, R. B. The Effects of Time Constraints on the Prechoice Screening of Decision Options [J]. Organizational Behavior and Human Decision Processes, 1996, 62 (2): 222 - 228.

[95] Lejuez, C. W., Aklin, W. M., Jones, H. A., et al. The Balloon Analogue Risk Task (BART) differentiates smokers and nonsmokers [J]. Experimental and Clinical Psychopharmacology, 2003 (11): 26 - 33.

[96] Lejuez, C. W., Aklin, W. M., Zvolensky, M. J., et al. Evaluation of the Balloon Analogue Risk Task (BART) as a predictor of adolescent real - world risk - taking behaviours [J]. Journal of Adolescence, 2003, 26 (4): 475 - 479.

[97] Lejuez, C. W., Read, J. P., Kahler, C. W., et al. Evaluation of a behavioral measure of risk taking: the Balloon Analogue Risk Task (BART) [J]. Journal of Experimental Psychology, 2002, 8: 75 - 84.

[98] Lejuez, C. W., Aklin, W. M., Jones, H. A., et al. The Balloon Analogue Risk Task (BART). Differentiates Smokers and Nonsmokers [J]. Experimental & Clinical Psychopharmacology, 2003, 11 (1): 26 - 33.

[99] Lejuez, C. W., Aklin, W. M., Zvolensky, M. J. Evaluation of the Balloon Analogue Risk Task (BART) as a Predictor of Adolescent Real - world Risk - taking Behaviours [J]. Journal of Adolescence, 2003, 26 (4): 475 - 9.

[100] Lejuez, C. W., Read, J. P., Kahler, C. W., et al. Evaluation of a Behavioral Measure of Risk Taking: The Balloon Analogue Risk Task (BART)[J]. Journal of Experimental Psychology Applied, 2002, 8 (2): 75 - 84.

[101] Leng, Y., Zhou, X. Modulation of the brain activity in outcome evaluation by interpersonal relationship: An ERP study [J]. Neuropsychologia, 2010, 48 (2): 448.

[102] Lerner, J. S., Keltner, D. Fear, anger and risk [J]. Journal of Personility and Social Psychology, 2001 (81), 146 – 159.

[103] Lerner, J. S., Li, Y., Valdesolo, P., Kassam, K. S. Emotion and Decision Making [J]. Annual Review of Psychology, 2015, 66 (1): 799 – 823.

[104] Li, P., Jia, S., Feng, T., et al. The influence of the diffusion of responsibility effect on outcome evaluations: electrophysiological evidence from an ERP study [J]. Neuroimage, 2010, 52 (4): 1727 – 1733.

[105] Li, Y., Ashkanasy, N. M., Ahlstrom, D. The rationality of emotions: a hybrid process model of decision – making under uncertainty [J]. Asia Pacific Journal of Management, 2014, 31 (1): 293 – 308.

[106] Lim, J., Beatty, S. E. Factors affecting couples' decisions to jointly shop [J]. Journal of Business Research, 2011, 64 (7): 774 – 781.

[107] Loewenstein, G. F., Weber, E. U., Hsee, C. K., et al. Risk as feelings [J]. Psychological Bulletin, 2001 (127): 267 – 286.

[108] Loewenstein, G., Lemer, J. S. The role of affect in decision making. Handbook of Affective Sciences [M]. Oxford New York: Oxford University Press, 2003.

[109] Loomes, G., Sugden, R. Disappointment and Dynamic Consistency in Choice under Uncertainty [J]. Review of Economic Studies, 1986, 53 (2): 271 – 282.

[110] Marquis, D. G., Reitz, H. J. Effect of Uncertainty on Risk Taking in Individual and Group Decisions [J]. Behavioral Science, 1969, 14 (4): 281 – 288.

[111] Masclet, D., Colombier, N., Denant – Boemont, L., et al. Group and Individual Risk Preferences: A Lottery – choice Experiment with Self – employed and Salaried Workers [J]. Journal of Economic Behavior and Organization, 2009, 70 (3): 470 – 484.

[112] Maurer, J., Meier, A. Smooth it like the 'joneses'? estimating peer – group effects in intertemporal consumption choice [J]. Economic Journal, 2008, 118

(527): 454-476.

[113] Mayer, J. D., Caschke, Y. N., Braverman, D. L., et al. Mood-congruent judgment is a general effect [J]. Journal of Personality and Social Psychology, 1992, 63 (1): 119-132.

[114] Melis A. P., Grocke, Kalbitz, Tomasello. One for you, one for me: humans' unique turn-taking skills [J]. Psychol Science, 2016, 27 (7): 987-996.

[115] Melis, A. P., Hare, B., Tomasello, M. Engineering cooperation in chimpanzees: tolerance constraints on cooperation [J]. Animal Behaviour, 2006, 72 (2): 275-286.

[116] Melis, A. P., Tomasello, M. Chimpanzees coordinate in a negotiation game [J]. Evolution & Human Behavior, 2009, 30 (6): 381-392.

[117] Mellers, B. A., Schwartz, A., Ho, K., et al. Emotion based choice [J]. Journal of Experimental Psychology, 1999 (128): 332-345.

[118] Metcalfe, D. Leadership in European Union Negotiations: The Presidency of the Council [J]. International Negotiation, 1998, 3 (3): 413-434.

[119] Michaelsen, L. K. A realistic test of individual versus group consensus decision making [J]. Journal of Applied Psychology, 1989, 74 (5): 834-839.

[120] Miller, N. R. Information, individual errors, and collective performance: empirical evidence on the condorcet jury theorem [J]. Group Decision and Negotiation, 1996, 5 (3): 211-228.

[121] Miltner, W. H. R., Braun, C. H., Coles, M. G. H. Event-related brain potentials following incorrect feedback in a time-estimation task: evidence for a "generic" neural system for error detection [J]. Journal of Cognitive Neuroscience, 1997, 9 (6): 788-798.

[122] Miner, F. C. Group versus individual decision making: an investigation of performance measures, decision strategies, and process losses/gains [J]. Organizational Behavior and Human Performance, 1984, 33 (1), 112-124.

[123] Miner, J. B. The Validity and Usefulness of Theories in an Emerging Organizational Science [J]. Academy of Management Review, 1984, 9 (2): 296-306.

[124] Mottiar, Z., Quinn, D. Couple dynamics in household tourism decision making: women as the gatekeepers? [J]. Journal of Vacation Marketing, 2004, 10 (2): 149-160.

[125] Mowrer, O. H. Learning theory and behavior [M]. New Jersey: Wiley, 1960.

[126] Mowrer, O. H. Learning theory and the symbolic processes [M]. New Jersey: John Wiley and Sons, 1960b. 133 (6)

[127] Murray, S., Ma, X., Mazur, J. Effects of Peer Coaching on Teachers' Collaborative Interactions and Students' Mathematics Achievement [J]. The Journal of Educational Research, 2008, 102 (3): 203-212.

[128] Neill, D. B. Cooperation and coordination in the turn-taking dilemma [C]. Paper presented at the Conference on Theoretical Aspects of Rationality and Knowledge, 2003.

[129] Nieuwenhuis, S. Sensitivity of Electrophysiological Activity from Medial Frontal Cortex to Utilitarian and Performance Feedback [J]. Cerebral Cortex, 2004, 14 (7): 741-747.

[130] Nitzan, S., Paroush, J. Collective decision making: an economic outlook [M]. Cambridge: Cambridge University Press, 1985.

[131] Novak, T. P., Hoffman, D. L., Yung, Y. F. Measuring the customer experience in online environments: A structural modeling approach [J]. Marketing Science, 2000, 19 (1): 22-42.

[132] Nowak, M. A., Sigmund, K. The Alternating Prisoner's Dilemma [J]. Journal of Theoretical Biology, 1994, 168 (2): 219-226.

[133] Olofsson, J. K., Nordin, S., Sequeira, H., et al. Affective picture processing: An integrative review of ERP findings [J]. Biological Psychology, 2008, 77 (3): 247-265.

[134] Owen, G., Grofman, B., Feld, S. Proving a distribution-free generalization of the Condorcet jury theorem [J]. Mathematical Social Sciences, 1989, 17 (1): 1-16.

[135] Pachur, T., Hertwig, R., Steinmann, F. How do people judge risks: availability heuristic, affect heuristic, or both? [J]. Journal of Experimental Psychol-

ogy Applied, 2012, 18 (3): 314 - 330.

[136] Palma, A., Picard, N., Ziegelmeyer, A. Individual and couple decision behavior under risk: evidence on the dynamics of power balance [J]. Theory and Decision, 2011, 70 (1): 45 - 64.

[137] Paroush, J. Stay away from fair coins: a condorcet jury theorem [J]. Social Choice and Welfare, 1998, 15 (1): 15 - 20.

[138] Penolazzi, B., Leone, L., Russo, P. M. Individual Differences and Decision Making: When the Lure Effect of Gain Is a Matter of Size [J]. PLOS ONE, 2013, 8 (3): 1 - 7.

[139] Pfabigan, D. M, Alexopoulos, J., Bauer, H., et al. Manipulation of feedback expectancy and valence induces negative and positive reward prediction error signals manifest in event - related brain potentials [J]. Psychophysiology, 2011, 48 (5): 656 - 664.

[140] Plutchik, R. Emotions, evolution, and adaptive processes: Feelings and emotions: the Loyola Symposium [C]. Academic Press, 1970.

[141] Polich, J., Kok, A. Cognitive and biological determinants of P300: An integrative review [J]. Biological Psychology, 1995, 41 (2): 103 - 146.

[142] Pratt, N., Willoughby, A., Swick, D. Effects of Working Memory Load on Visual Selective Attention: Behavioral and Electrophysiological Evidence [J]. Frontiers in Human Neuroscience, 2011, 5 (9): 57.

[143] Raghunathan, R., Pham, M. T. All Negative Moods Are Not Equal: Motivational Influences of Anxiety and Sadness on Decision Making [J]. Organizational Behavior and Human Decision Processes, 1999, 79: 56 - 77.

[144] Rao, H. Y., Korczykowski, M., Pluta, J., et al. Neural correlates of voluntary and involuntary risk taking in the human brain: An fMRI Study of the Balloon Analog Risk Task (BART) [J]. NeuroImage, 2008, 42 (2): 902 - 910.

[145] Rao, H., Korczykowski, M., Pluta, J., et al. Neural correlates of voluntary and involuntary risk taking in the human brain: An fMRI Study of the Balloon Analog Risk Task (BART) [J]. Neuroimage, 2008 (42): 902 - 910.

[146] Ratner, R. K., Herbst, K. C. When good decisions have bad outcomes: The impact of affect on switching behavior [J]. Organizational Behavior an d Human

Decision Processes, 2005 (96): 23 - 27.

[147] Rawls, J. A Theory of Justice [J]. Harvard Law Review, 1971, 85 (8): 311 - 324.

[148] Reynolds, E. K., Macpherson, L., Schwartz, S., et. al. Analogue study of peer influence on risk - taking behavior in older adolescents [J]. Prevention Science, 2014, 15 (6): 842 - 849.

[149] Rigoni, D., Rumiati, P. R., Guarino, R., et al. When people matter more than money: An ERPs study [J]. Brain Research Bulletin, 2010, 81 (4 - 5): 445 - 452.

[150] Rockenbach, B., Sadrieh, A., Mathauschek, B. Teams take the better risks [J]. Journal of Economic Behavior & Organization, 2007, 63 (3): 412 - 422.

[151] Rogers, R. D., Owen, A. M., Middleton, H. C., et al. Choosing between small, likely rewards and large, unlikely rewards activates inferior and orbital prefrontal cortex [J]. Journal of Neuroscience, 1999 (19): 9029 - 9038.

[152] Rose, S., Clark, M., Samouel, P., et al. Online customer experience in e - Retailing: An empirical model of Antecedents and Outcomes [J]. Journal of Retailing, 2012, 88 (2): 308 - 322.

[153] Rosenberg, E. L., Ekman, P. Coherence between expressive and experiential systems in emotion [J]. Cognition & Emotion, 1994, 8 (3): 201 - 229.

[154] Sarin, R. K., Weber, M. Effects of Ambiguity in Market Experiments [J]. Management Science, 1993, 39 (5): 602 - 615.

[155] Schwarz, N., Clore, G. L. Feelings and phenomenal experiences [A].//Social psychology: Handbook of basic principles [C]. New York: Guilford, 1996: 443 - 465.

[156] Schwarz, N., Clore, G. L. Mood, misattribution, and judgments of well - being: Informative and directive functions of affective states [J]. Journal of Personality and Social Psychology, 1983, 45 (3): 513 - 523.

[157] Seda, E., Mehmet, Y. G. Preference Communication and Leadership in Group Decision - Making [J]. Koç University - tusiad Economic Research Forum Working Papers, 2013, 69 (1): 97 - 118.

[158] Shupp, R. S., Williams, A. W. Risk Preference Differentials of Small Groups and Individuals [J]. Economic Journal, 2008, 118 (525): 258-283.

[159] Simon, H. A. Decision making and planning [A].//Perloff H. S. (Ed.), Planning and the urban community [C]. Pittsburgh: Technology and the University of Pittsburgh Press, 1961.

[160] Simonson, I. The influence of anticipating regret and responsibility on purchase decisions [J]. Journal of Consumer Research, 1992, 19: 1-4.

[161] Skadberg, Y. X., Kimmel, J. R. Visitors' flow experience while browsing a Web site: Its measurement, contributing factors and consequences [J]. Computers in Human Behavior, 2004, 20 (3): 403-422.

[162] Slovic, P., Finucane, M. L., Peters, E., et al. The affect heuristic [J]. European Journal of Operational Research, 2007, 177 (3): 1333-1352.

[163] Slovic, P., Peters, E. Risk perception and affect [J]. Current Directions in Psychological Science, 2006, 15 (6): 322-325.

[164] Sniezek, J. A., Henry, R. A. Accuracy and Confidence in Group Judgment [J]. Organizational Behavior & Human Decision Processes, 1989, 43 (1): 1-28.

[165] Soane, E., Chmiel, N. Are risk preferences consistent? The influence of decision domain and personality [J]. Personality and Individual Differences, 2005, 38 (8): 1781-1791.

[166] Stein, N. L., Trabasso, T. The organisation of emotional experience: Creating links amongemotion, thinking, language, and intentional action [J]. Cognition & Emotion, 1992, 6 (3-4): 225-244.

[167] Stephenson, M. T., Hoyle, R. H., Palmgreen, P., et al. Brief measures of sensation seeking for screening and large-scale surveys [J]. Drug and Alcohol Dependence, 2003, 72 (3): 279-286.

[168] Strongman, K. T. The psychology of emotion: From Everyday Life to Theory [M]. West Sussex: John Wiley & Sons, 1987.

[169] Suhr, J., Tsanadis, J. Affect and personality correlates of the Iowa Gambling Task [J]. Personality & Individual Differences, 2007, 43 (1): 27-36.

[170] Suzuki, S., Jensen, E. L., Bossaerts, P., et al. Behavioral Contagion

During Learning about Another Agent's Risk – preferences Acts on the Neural Representation of Decision – risk [J]. Proceedings of the National Academy of Sciences, 2016, 113 (14): 3755 –3760.

[171] Swap, W. C., Miller, H. Risky shift and social exchange in dyads [J]. Psychonomic Science, 1969, 17 (4): 249 –250.

[172] Tara, L. W., Carl, W. Test –Retest Characteristics of the Balloon Analogue Risk Task (BART) [J]. Exp Clin Psychopharmacol, 2008, 12, 16 (6): 565 –570.

[173] Tauer, L. W. Are two heads better than one head in managing the family business? [J]. Applied Economics Letters, 2014, 21 (14): 960 –964.

[174] Tomasello, M. Why we cooperate [M]. Massachusetts: MIT Press, 2009.

[175] Upton, D. J., Bishara, A. J., Ahn, W. Y., et al. Propensity for Risk Taking and Trait Impulsivity in the Iowa Gambling Task [J]. Personality and Individual Differences, 2011, 50 (4): 492 –495.

[176] van Dijk, W. W. Dashed hopes and shattered dreams: on the psychology of disappointment [D]. University of Amsterdam, 1999.

[177] von Neumann, John, Morgenstern, Oskar. Theory of Games and Economic Behavior (3rd ed.) [M]. Princeton, NJ: Princeton University Press, 1953.

[178] Wadsby, M., Priebe, G., Svedin, C. G. Adolescents With Alternating Residence After Parental Divorce: A Comparison With Adolescents Living With Both Parents or With a Single Parent [J]. Journal of Child Custody, 2014, 11 (3): 202 –215.

[179] Wallach, M. A., Kogan, N., Burt, R. B. Are risk takers more persuasive than conservatives in group discussion? [J]. Journal of Experimental Social Psychology, 1968, 4 (1): 76 –88.

[180] Wang, L., Zheng, J., Huang, S., et al. P300 and Decision Making under Risk and Ambiguity [J]. Computational Intelligence & Neuroscience, 2015 (1): 1 –7.

[181] Wang, W., Wu, Y. X., Peng, Z. G. Test of sensation seeking in Chinese sample [J]. Personality & Individual Differences, 2000, 28 (1): 169 –179.

[182] Warneken, F., Gr? fenhain, M., Tomasello, M. Collaborative partner or social tool? New evidence for young children's understanding of joint intentions in collaborative activities [J]. Developmental Science, 2012, 15 (1): 54 -61.

[183] Webber, T. A., Soder, H. E., Potts, G. F., et al. Neural outcome processing of peer – influenced risk – taking behavior in late adolescence: Preliminary evidence for gene × environment interactions [J]. Exp Clin Psychopharmacol, 2017: 31 -40.

[184] Weber, B. J., Huettel, S. A. The neural substrates of probabilistic and intertemporal decision making [J]. Brain Research, 2008 (1234): 104 -115.

[185] Webster, J., Trevino, L. K., Ryan, L. The dimensionality and correlates of flow in human – computer interactions [J]. Computers in Human Behavior, 1993, 9 (4): 411 -426.

[186] White, T. L., Lejuez, C. W., Wit, H. Personality and gender differences in effects of d – amphetamine on risk takin [J]. Experimental and Clinical Psychopharmacology, 2007, 15: 599 -609.

[187] Wickens, C., Kramer, A., Vanasse, L., et al. Performance of concurrent tasks: a psychophysiological analysis of the reciprocity of information – processing resources [J]. Science, 1983, 221 (4615): 1080 -1082.

[188] Wieck, P. R. Balancing the Ticket [J]. New Republic, 1972, 167 (2): 254 -262.

[189] Winkielman, P., Knutson, B., Paulus, M., et al. Affective influence on judgments and decisions: Moving towards core mechanisms [J]. Review of General Psychology, 2007, 11 (2): 179 -192.

[190] Worthy, S. L., Jonkman, J., Blinn – Pike, L. B. Sensation – seeking, risk – taking, and problematic financial behaviors of college students [J]. Journal of Family and Economic Issues, 2010, 31 (2): 161 -170.

[191] Xu, S., Korczykowski, M., Zhu, S. H., Rao, H. Y. Assessment of risk – taking and impulsive behaviors: A comparison between three tasks [J]. Social Behavior Personality, 2013, 41 (3): 477 -486.

[192] Xu S., Yu P., et al. Real and hypothetical monetarg rewards modulate risk taking in the Brain [J]. Scientific Reports, 2016 (6): 1 -7.

［193］Yang, X., Carlsson, F. Influence and choice shifts in households: an experimental investigation［J］. Journal of Economic Psychology, 2016（53）: 54 – 66.

［194］Yates J. F., Stone E. R. Risk – taking behavior［M］. Chi Chester: John Wiley & Sons Ltd, 1992: 1 – 25.

［195］Yates, F. J. Emotion Appraisal Tendencies and Carryover: How, Why, and … Therefore?［J］. Journal of Consumer Psychology, 2007, 17（3）: 179 – 83.

［196］Yeung, N., Sanfey, A. G. Independent coding of reward magnitude and valence in the human brain［J］. Journal of Neuroscience the Official Journal of the Society for Neuroscience, 2004, 24（28）: 6258.

［197］Young, L., Durwin, A. J. Moral Realism as Moral Motivation: The Impact of Meta – ethics on Everyday Decision – making［J］. Journal of Experimental Social Psychology, 2013, 49（2）: 302 – 306.

［198］Young, P. T. Motivation and emotion: A Survey of Determinants of Human and Animal Activity［M］. Hoboken: Wiley, 1961.

［199］Yu, R., Zhou, X. To bet or not to bet? the error negativity or error – related negativity associated with risk taking behavior［J］. Journal of Cognitive Neuroscience, 2009, 21（4）: 684 – 696.

［200］Zajonc, R. B. Feeling and thinking: preferences need no inferences［J］. American Psychologist, 1980, 35（2）: 151 – 175.

［201］Zajonc, R. B., Wolosin, R. J., Wolosin, M. A., et al. Individual and group risk – taking in a two – choice situation［J］. Journal of Experimental Social Psychology, 1968, 4（1）: 89 – 106.

［202］Zhang, H., Lu, Y., Gupta, S., et al. What motivates customers to participate in social commerce? The impact of technological environments and virtual customer experiences［J］. Information and Management, 2014, 51（8）: 1017 – 1030.

［203］Zheng, Y., Li, Q., Wang, K., et al. Contextual valence modulates the neural dynamics of risk processing［J］. Psychophysiology, 2015, 52（7）: 895 – 904.

［204］Zheng, Y., Liu, X. Blunted neural responses to monetary risk in high sensation seekers [J]. Neuropsychologia, 2015 (71): 173-180.

[205] Zheng, Y., Tan, F., Xu, J., et al. Diminished P300 to physical risk in sensation seeking [J]. Biological Psychology, 2015 (107): 44-51.

[206] Zuckerman, M., Eysenck, S. B., Eysenck, H. J. Sensation seeking in England and America: Cross-cultural, age, and sex comparisons [J]. Journal of Consulting and Clinical Psychology, 1978, 46 (1): 139-149.

[207] Zuckerman, M., Kuhlman, D. M. Personality and risk-taking: Common biosocial factors [J]. Journal of Personality, 2000, 68 (6): 999-1029.

[208] Zuckerman, M. Behavioral expressions and biosocial bases of sensation seeking [M]. New York: Cambridge University Press, 1994: 13-14.

[209] Zwart, R. C., Wubbels, T., Bergen, T., Bolhuis, S. Which Characteristics of a Reciprocal Peer Coaching Context Affect Teacher Learning as Perceived by Teachers and Their Students? [J]. Journal of Teacher Education: The Journal of Policy, Practice, and Research in Teacher Education, 2009, 60 (3): 243-257.

[210] 艾伯斯. 现代管理原理 [M]. 杨文士, 译. 北京: 商务印书馆, 1980.

[211] 蔡厚德, 张权, 蔡琦, 等. 爱荷华博弈任务 (IGT) 与决策的认知神经机制 [J]. 心理科学进展, 2012, 20 (9): 1401-1410.

[212] 曹立新. 决策概念研究综述 [J]. 广东技术师范学院学报 (社会科学), 2010 (4): 31-33.

[213] 车文博. 人格心理学最新成果的展现——评黄希庭教授主译的《人格手册: 理论与研究》[J]. 心理科学, 2004, 27 (2): 487-488.

[214] 陈超文, 刘德成. 沈阳电缆厂坚持开展职工代表轮流上岗值班活动 [J]. 经济管理, 1991 (8): 58-59.

[215] 陈洁, 丛芳, 康枫. 基于心流体验视角的在线消费者购买行为影响因素研究 [J]. 南开管理评论, 2009, 12 (2): 132-140.

[216] 陈荣, 贾建民, 何枫. 后悔对消费选择倾向的动态影响研究 [J]. 系统工程理论与实践, 2005, 25 (12): 25-30.

[217] 陈仲庚, 张雨青. 感觉寻求的人格特质及在临床上的应用 [J]. 心理学报, 1988 (3): 328-334.

[218] 董宣. 群体决策和个体决策比较研究 [J]. 决策探索月刊, 2007

(7A): 20-21.

[219] 冯燕. "拉斯巴"制度的新生——嘉绒藏区村组治理的案例研究[J]. 学海, 2016 (5): 80-85.

[220] 郭立夫, 李北伟. 决策理论与方法[M]. 北京: 高等教育出版社, 2006, 1-2.

[221] 郭莲荣, 梅松丽, 张明. 大学生感觉寻求人格特质与网络成瘾[J]. 教育科学, 2009, 25 (3): 57-61.

[222] 郭文. 乡村居民参与旅游开发的轮流制模式及社区增权效能研究——云南香格里拉雨崩社区个案[J]. 旅游学刊, 2010, 25 (3): 76-83.

[223] 郭小聪, 代凯. 政府对公众参与的策略选择——一个"轮流出价博弈"的分析框架[J]. 中国人民大学学报, 2014, 28 (4): 107-115.

[224] 何驽. 良渚文化的社会政治特征探析[J]. 东南文化, 2016 (4): 43-49.

[225] 李敬阳, 张明, 刘桂英. 应对方式和感觉寻求人格特质与学习焦虑的相关性[J]. 中国组织工程研究, 2006, 10 (46): 44-46.

[226] 李军. 同课程教师轮换制的内涵及其意义[J]. 江苏高教, 2001 (3): 122.

[227] 李武, 席酉民, 成思危. 群体决策过程组织研究述评[J]. 管理科学学报, 2002, 5 (2): 55-66.

[228] 李雪丽. 大五人格特质与绩效关系研究[J]. 长江大学学报(社会科学版), 2012, 35 (1): 130-131.

[229] 廉德瑰. 政治文化与日本内阁"短命"的特性[J]. 日本学刊, 2009 (2): 47-57.

[230] 刘惠, 胡振江. 人格特质理论述评[J]. 牡丹江师范学院学报(哲学社会科学版), 2005 (2): 89-90.

[231] 刘永芳, 陈霞. 成就动机和任务框架对职业生涯决策风险偏好的影响[J]. 心理学探新, 2009, 29 (2): 76-80.

[232] 马理, 张卓, 张琴. 基于轮流出价模型的贷款定价与仿真模拟[J]. 中央财经大学学报, 2013, 1 (10): 25.

[233] 马庆国, 王小毅. 从神经经济学和神经营销学到神经管理学[J]. 管理工程学报, 2006 (3): 129-132.

[234] 梅松丽,张明,张秀玲,等.基于延迟折扣任务的网络成瘾者冲动性研究[J].心理科学,2010,33(3):722-755.

[235] 孟昭兰.情绪心理学[M].北京:北京大学出版社,2005.

[236] 潘煜,徐四华,方卓,等.金融风险决策中的主被动决策偏好研究——从情感体验的视角[J].管理科学学报,2016(9):1-17.

[237] 彭世奖.一种节约用水的科学灌溉方法——台湾轮流灌溉制度评介[J].中国农史,1999(2):112-113.

[238] 滕桂原.群体决策的研究:起源、发展和现状[J].心理科学,1988(6):53-58.

[239] 任正非.董事会领导下的CEO轮值制度辨[J].通信世界,2012(16):7.

[240] 荣鹏飞,苏勇,张岚.团队氛围、董事会内部沟通与战略绩效[J].工业技术经济,2016(1):46-54.

[241] 束义明,郝振省.高管团队沟通对决策绩效的影响:环境动态性的调节作用[J].科学学与科学技术管理,2015,36(4):170-180.

[242] 宋国强,肖箭,盛立人.公平性与数学化(I)选举理论[J].运筹与管理,1999,8(1):120-126

[243] 宋振韶,金盛华.情感体验:教育价值及其促进途径[J].教育科学研究,2009(1):64-67.

[244] 孙辉.多人轮流操作与单人独立操作输尿管软镜碎石术的随机对照研究[D].浙江大学,2015.

[245] 孙彦,李纾,殷晓莉.决策与推理的双系统——启发式系统和分析系统[J].心理科学进展,2007,15(5):721-726.

[246] 田鹏,姚锐敏.双师同堂教学模式的探索与反思[J].科教导刊,2011(10):110-110.

[247] 佟月华,韩颖.延迟折扣的任务呈现方式、数学模型与测量指标[J].中国临床心理学杂志,2011,19(5):585-588.

[248] 王绘龙,葛玉辉.基于团队效能感的团队互动对TMT战略决策速度的影响研究[J].物流工程与管理,2016,38(6):177-180.

[249] 王娜.韩国轮流主导式汉语课堂教学案例分析[D].辽宁大学,2014.

[250] 王沛, 康琳. 任务无关积极情绪与时间限制对大学生风险决策的影响 [J]. 心理学探新, 2008, (1): 55 – 58.

[251] 王秋红. 影响个体风险决策因素的实验研究 [D]. 陕西师范大学, 2010.

[252] 王霜玥, 贾隽, 陈健. 群体决策基本理论研究的评述 [J]. 科技信息, 2011 (2): 31 – 31.

[253] 王学军. 群体决策中若干问题的理论与方法研究 [D]. 东北大学博士学位论文, 2005.

[254] 王沂. 顾准: 人民当家作主是空话, "贵族"执政、两党轮流是现实 [J]. 经济研究, 1996 (8): 32 – 33.

[255] 王玉洁. 冲动性对风险决策影响的实验研究 [D]. 广州大学, 2013.

[256] 王宗军. 综合评价的方法、问题及其趋势 [J]. 管理科学学报, 1998, 1 (1): 73 – 79.

[257] 吴强, 邓峰. 人格类型、人格特质对不确定性决策影响分析 [J]. 商业时代, 2013 (34): 78 – 80.

[258] 肖慧琳, 李卫峰. 在不确定环境下的高管决策的情绪调节机制——基于准实验现场的研究 [C]. 第六届 (2011) 中国管理学年会——组织行为与人力资源管理分会场论文集, 2011.

[259] 肖芸茹. 论不确定条件下的风险决策 [J]. 南开经济研究, 2003 (1): 34 – 37.

[260] 谢晓非, 李育辉. 风险情景中的机会和威胁认知 [J]. 心理学报, 2002, 34 (3): 319 – 320.

[261] 谢晓非, 王晓田. 成就动机与机会——威胁认知 [J]. 心理学报, 2002, 34 (2): 192 – 199.

[262] 徐四华, 方卓, 饶恒毅. 真实和虚拟金钱奖赏影响风险决策行为 [J]. 心理学报, 2013, 45 (8): 874 – 886.

[263] 杨洪兰. 现代实用管理学 [M]. 上海: 复旦大学出版社, 1996.

[264] 杨志伟. 卡特尔人格因素问卷 (中文智评版) 的修订及检验 [D]. 中国人民解放军第四军医大学, 2015.

[265] 叶锐. 水权交易市场中的轮流出价博弈问题研究 [J]. 学术界, 2016 (7): 27 – 35.

[266] 于莱菏. 国内外人格特质理论研究综述 [J]. 中外企业家, 2013 (3): 221-223.

[267] 俞国良, 罗晓璐. 卡特尔: 人格理论和十六种人格因素量表 (16PF) 的应用 [J]. 中小学心理健康教育, 2016 (11): 31-43.

[268] 俞国良. 社会心理学 [M]. 北京: 北京师范大学出版社, 2006.

[269] 约瑟夫·派恩, 詹姆斯, 派恩, 吉尔摩, 毕崇毅. 体验经济 [M]. 北京: 机械工业出版社, 2016.

[270] 张蕾. 人格二因素、三因素及大五人格因素理论之比较 [J]. 才智, 2015 (14): 282-283.

[271] 张林, 黎兵, 刘永兴. 关于成就动机的研究综述 [J]. 内蒙古民族大学学报 (社会科学版), 2003, 29 (3): 77-81.

[272] 张曦凤. 国际商务谈判中价格形成的博弈研究 [J]. 上海经济研究, 2008 (8): 104-110.

[273] 张迎秀. 对父母轮流抚养子女的思考 [J]. 政法论丛, 1999 (4): 47-48.

[274] 张咏梅, 张士强, 张暖暖. 基于博弈论的静脉产业资源定价策略研究 [J]. 山东社会科学, 2011 (6): 113-116.

[275] 郑全全, 金剑强, 许跃进, 郑锡宁. 不同沟通方式下群体决策信息利用分析 [J]. 心理科学, 2005, 28 (5): 1043-1046.

[276] 周三多, 陈传明. 管理学原理 [M]. 南京: 南京大学出版社, 2006.

[277] 朱佳俊, 郑建国. 群决策理论、方法及其应用研究的综述与展望 [J]. 管理学报, 2009, 6 (8): 1131-1136.

[278] 卓英子. 美国司法审判中的政党政治因素及其启示 [J]. 国家行政学院学报, 2012 (3): 107-111.

附录1 感觉寻求量表

提示：

以下每题包括两项选择，A 或 B。请在你的答卷上选出你所喜爱的或对你的感觉的最佳描述。在某些情况下你会发现两项选择都描述出了你所喜爱的或你的感觉。请选其中对你所喜爱的或对你的感觉更恰当的描述。在某些情况下，你会发现两项选择都没有描述出你所喜爱的或你的感觉。请选其中较为接近的描述。请不要空着不选。

每题你只能选择一个答案，或 A 或 B。我们只对你所喜爱的或你的感觉感兴趣，而不是别人对这些事情如何感觉或一个人应当如何来感觉。问卷当中没有正确或错误的答案。请坦率地选出你真实的感觉。

1	A. 我经常希望自己能成为一名登山运动员 B. 我对某些人冒险登山感到不理解
2	A. 我发现不同意我想法的人比同意我想法的人更富有刺激性 B. 我不愿与我想法迥然不同的人争论，因为那种争论永远没有结论
3	A. 漫长的一天过后我希望能舒舒服服地休息一晚上 B. 我希望在睡眠上没花掉那么多时间
4	A. 下餐馆时，为了避免失望和扫兴，我常点所熟悉的一些菜 B. 我喜欢尝试以前从没有尝试的新食品
5	A. 我不能忍受再看以前看过的电影 B. 有些电影我愿意欣赏两遍甚至三遍
6	A. 我尝试了大麻（毒品） B. 我永远不会尝试它

续表

7	A. 我常常在我家周围熟悉的环境中打发时间 B. 如果我必须待在家周围,不管多长时间,我都会焦躁不安
8	A. 好的绘画艺术品应当画面上清晰对称,颜色上搭配协调 B. 我经常在现代绘画中色彩上的"冲突"、画面结构上的紊乱中发现美
9	A. 酗酒常常使一个聚会变得一团糟,因为有些人说话声音很大并吵吵嚷嚷 B. 办好一个聚会的关键是大家不断饮酒
10	A. 我愿意尝试冲浪板运动 B. 我不愿意尝试冲浪板运动
11	A. 我十分愿意结识一些同性恋者(男或女) B. 如果我猜想某人是同性恋者(男或女),我就会远离他(她)
12	A. 我愿意与身体上让人兴奋的人约会 B. 我愿意和我思想观念相近的人约会
13	A. 我不愿意尝试任何可能产生异样感觉和危险效应的药物 B. 我愿意尝试一些能产生幻觉的药物
14	A. 人们的穿着应该在品位、整洁和款式上具有一些大众化水平 B. 人们的穿着应该具有个性,即使效果有时让人感到奇特
15	A. 一个聪明的人常常避免危险活动 B. 我有时也做些稍让人惊恐的事情
16	A. 我愿意尝试跳伞 B. 有没有降落伞我都不愿意从飞机上跳下
17	A. 我愿意同实事求是的人交朋友 B. 我愿意从远离现实派,例如艺术家或"瞎侃的人"中找些朋友
18	A. 几乎所有可享受的事情都是违法或不道德的 B. 大多数可享受的事情都是完全合法和道德的
19	A. 我喜欢独自在一个陌生城市或城市中的陌生地区探路,即使我可能会走失 B. 当我在一个不十分熟悉的地方我宁愿找导游
20	A. 一个人在结婚前应该有相当的性体验 B. 两个人结婚后才开始彼此性体验更为合适
21	A. 经常从高山坡上滑下最终要受伤 B. 我非常想有从高山坡上快速滑下的感觉
22	A. 我发现兴奋剂使我很不舒服 B. 我常愿意多饮酒
23	A. 比起流行歌曲或轻音乐,我更愿意欣赏现代爵士乐或古典音乐 B. 比起现代爵士乐或古典音乐,我更愿意欣赏流行歌曲或轻音乐

续表

24	A. 我不欣赏人们过激的争论，因为那常导致人们彼此侮辱	
	B. 我欣赏带有智慧的争论，即使争论中有人会感到不安	
25	A. 我有时愿意做些"令人不可思议的"事情，就想看看别人对我的反应	
	B. 我几乎总是以正常方式为人处世，我对惊吓和打扰别人不感兴趣	
26	A. 我喜欢平静甚至温顺的人	
	B. 我喜欢用情感来表达自己的人，虽然他（她）们有时情绪不稳	
27	A. 我喜欢随快艇划水运动	
	B. 我不喜欢随快艇划水运动	
28	A. 一些朋友的激动兴奋让人无法预料，我喜欢这样的人	
	B. 我喜欢可靠和能让人猜得透的朋友	
29	A. 我喜欢高台跳水	
	B. 我不喜欢站在跳水高台上的感觉（或者我根本不愿意靠近它）	
30	A. 我不愿意学着开飞机	
	B. 我愿意学着开飞机	
31	A. 总是看些老面孔，我已经开始厌倦	
	B. 我喜欢日常朋友间的熟悉自然	
32	A. 我愿意去参加没有预先计划或特定路线或时刻表的旅行	
	B. 如果我去旅行，我愿将路线、时刻表相当仔细地安排一番	
33	A. 总的来说在电影中关于性的描述太多	
	B. 我欣赏电影中很多的性画面	
34	A. 我讨厌飞行中的感觉	
	B. 我欣赏在有趣的公园中骑马（自行车）漫步的感觉	
35	A. 单纯为了经历而去经历，我不感兴趣	
	B. 我愿意有新奇和令人兴奋的经历和感觉，即使那稍有些惊险、不同寻常或非法	
36	A. 喝几杯之后，我感觉最好	
	B. 饮酒才觉痛快的人一定是有毛病	
37	A. 我不喜欢那些只为了惊吓或打扰别人才说才做的人	
	B. 当你几乎完全预料某个人将要做什么或说什么，那么他（她）一定惹人厌烦	
38	A. 看家庭录像带或旅行幻灯片很有趣	
	B. 看别人的家庭录像带或旅行幻灯片特别使我厌烦	
39	A. 我喜欢戴着氧气桶潜水的运动	
	B. 我喜欢浮在水面而非潜入水底	
40	A. 我喜欢没有约束的"野性"聚会	
	B. 我喜欢安静的聚会，大家可以好好聊聊	

附录2　决策模式选择意愿问卷

第一部分　行为选择

假设你是企业某个层级的决策者或者创始人,你有一个同事(和你同性别)或是一个合伙人,级别、职务、话语权和你相当,你们在平时也会就某些问题合作,在企业遇到以下风险问题时,需要你自己或者你们进行决策。决策的前提是,最大限度地为企业带来利益或规避风险。

请按顺序排列你选择的决策方式:A. 自己决策,并对结果负责;B. 这次自己做决策,下次类似问题同事做;C. 和同事商量做决策,并共同承担结果。

一、战略风险

1. 你的公司是行业的佼佼者,几年前公司开始不断向其他行业发展,力图在复杂多变的世界市场上保持竞争力。近几年,由于投入减少、市场竞争加剧等诸多因素影响,公司在主营业务领域的竞争力逐渐下降。现在公司要讨论是继续目前多领域的经营状况,还是放弃不相关业务,专注于主营业务。这将关系到企业的未来和命运,针对这种风险决策,你更倾向于哪种?

2. 你的公司所在行业是新兴行业,政府大力扶持,为了能在市场竞争中获得更大优势,几年前公司加大投入力度。随着行业的不断饱和,政府开始关注行业发展产生的副作用,并在很多领域加以限制,公司利润率下降。政府政策的变化,使得你的公司要重新考虑是否继续投入,这关系到公司未来的发展和命运。

针对这种风险决策，你更倾向于哪种？

二、市场风险

3. 你的企业生产某种产品，由于外国同行进入中国，他们的产品质量好，价格还低，你所在的企业被迫停产。当时公司决定，引进新的生产线，改进加工工艺，但是当经过改进的产品进入市场后，国外同行同时降价，对你们的成品进行打压，你们的成本还是高于对方，于是你所在的公司又第二次被迫停产。面对来自市场竞争的风险，是要继续投入还是就此放弃？针对这种风险决策，你更倾向于哪种？

4. 你公司生产的一款产品深受消费者喜爱，具有很高的市场占有率，是你们公司的主打产品。但近年来，由于消费者品位的变化，部分消费者更倾向于竞争对手的同类产品。现在你要进行决策，是改变自身产品，向竞争对手产品靠拢，还是在维持自身原有特色的基础上进行改进。针对这种风险决策，你更倾向于哪种？

三、财务风险

5. 你的公司目前正在考虑为某项目向银行贷款，贷款后如果项目顺利推进，公司将通过这个项目打开市场，赢得巨额收益；如果一旦推进不顺利，则可能造成资金链断裂，公司因无法偿还贷款，而陷入资不抵债的境地。你来决定，是否进行贷款。针对这种风险决策，你更倾向于哪种？

四、法律风险

6. 你的公司现在要决定是否在某一领域进行投资。国家目前并未对这一领域进行立法，但不排除今后会对这一领域进行法律界定。如果选择投资，后期国家一旦认定该领域违法，公司将会血本无归；如果认定合法，公司将成为该领域内第一的公司，利润率大幅增加。针对这种风险决策，你更倾向于哪种？

五、运营风险

7. 你的公司要进行某种新产品的生产，如果做充分的前期调研，将可能错过最佳上市时间，在市场竞争中处于不利地位；但如果不做前期调研，生产出来的产品可能质量低劣，无法满足客户需求，造成严重库存积压。针对这种风险决策，你更倾向于哪种？

第二部分　认知选择

8. 总的来说，每个人在生活中都不可避免会面临风险选择和不确定性需要决策，你更喜欢哪种选择方式？	A. 我比较喜欢自己做风险决策； B. 我比较喜欢和同事轮流做风险决策； C. 我比较喜欢和同事共同做风险决策。
9. 你对于自己做风险决策意愿的强烈程度（1 为弱，10 为强）	1 2 3 4 5 6 7 8 9 10
10. 你对于和同事轮流做风险决策意愿的强烈程度（1 为弱，10 为强）	1 2 3 4 5 6 7 8 9 10
11. 你对于和同事共同做风险决策意愿的强烈程度（1 为弱，10 为强）	1 2 3 4 5 6 7 8 9 10

第三部分　人口统计特征

12. 您的性别	1. 男；2. 女
13. 您的年龄	1. 20 岁以下；2. 21～30 岁；3. 31～40 岁；4. 40 岁以上
14. 您的教育水平	1. 本科以下；2. 大学本科；3. 硕士；4. 博士
15. 您的年收入水平	1. 4 万元以下；2. 4～8 万元；3. 8～12 万元；4. 12～16 万元；5. 16～20 万元；6. 20 万元以上